Klassische Reisen

DER
THÜRINGER WALD
besonders
FÜR REISENDE
geschildert
von K. E. A. v. Hoff, und C. W. Iacobs.

ERSTE oder NORDWESTLICHE HAELFTE

DER SPITTERFALL

GOTHA,
ETTINGERSCHE BUCHHANDLUNG.
1807.

K. E. A. von Hoff und C. W. Jacobs

Der Thüringer Wald – besonders für Reisende geschildert

Herausgegeben und bearbeitet
von Thomas Martens
und Wolfgang Zimmermann

VEB F. A. Brockhaus Verlag Leipzig

ISBN 3-325-00091-6

1. Auflage

Lizenz-Nr. 455/150/6/87. D 2/4/87
LSV 5009
Lektor: Rüdiger Thomas
Buchgestaltung: Hans-Jörg Sittauer
Gesamtherstellung: Grafische Werke Zwickau
Printed in the German Democratic Republic
Redaktionsschluß: 28. 2. 1986
Bestell-Nr. 587 269 7
01350

Inhalt

Lage und Ausdehnung des Thüringer Waldes 7

Richtung des Gebirges und sein Zusammenhang mit anderen Gebirgen 8

Höhe des Gebirges 14

Flüsse des Thüringer Waldes 16

Wesergebiet 16

Elbegebiet 19

Flüsse, welche der Saale unmittelbar zufallen 19

Flüsse, welche der Unstrut zufallen 21

Seen und Teiche 23

Gesundbrunnen und Salzquellen 25

Das Klima 27

Naturprodukte des Mineralreichs 34

Metalle 49

Das Pflanzenreich 54

Das Tierreich 56

Die Einwohner des Thüringer Waldes 62

Bearbeitung der Produkte des Mineralreichs 100

Bereitung der Produkte des Pflanzenreichs 108

Bereitungen aus Produkten des Tierreichs 111

Beschreibung der einzelnen Orte und Gegenden der Täler des nördlichen Abhanges 116
Tal der Suhl 117
Tal der Elte 118
Tal der Hörsel 120
Ruhlaer Tal 133
Tal der Emse 148
Tal der Laucha 153
Reinhardsbrunner Tal 165
Tal von Friedrichroda 174
Tal der Leina 180
Tal der Apfelstädt 182
Tal der Ohra 190
Tal der Gera 204

Nachwort 225

Anmerkungen 243

Literaturverzeichnis 247

Lage und Ausdehnung des Thüringer Waldes

Der Thüringer Wald ist einer der schmalen, langen Gebirgszüge, die sich als Arme der größeren deutschen Hauptgebirgsketten in das nördliche Deutschland herab erstrecken. Er ist in Nordosten das äußerste von allen diesen Gebirgen, denn auf seiner nördlichen Seite findet man nur noch einige unbeträchtliche Hügelreihen, ehe die großen Flächen anfangen, welche sich bis an die sandigen Ufer des Baltischen Meeres hinziehen.

Nach den Bestimmungen der mathematischen Geographie erstreckt sich sein höchster Rücken ungefähr von 50° 58' nördlicher Breite, wo er unter dem 27° 58' östlicher Länge (Paris zu 20° angenommen) anfängt, bis zu 50° 10' nördlicher Breite unter 29° 20' östlicher Länge. Wir werden sogleich die Gründe angeben, warum wir seinen Anfang und sein Ende in diese Punkte setzen.

Daß wir die eben bemerkte Ausdehnung des Thüringer Waldes angenommen haben, ist der Natur angemessen, obgleich die herkömmlichen Benennungen der Einwohner und Erdbeschreiber hiervon einigermaßen abweichen, denn der östliche Teil des von uns zu beschreibenden Gebirges wird eigentlich der Frankenwald genannt, und die südliche Seite erstreckt sich durchaus in Franken hinein. Die nähere Darstellung des Gebirges wird jedoch zeigen, daß es in der hier angegebenen Ausdehnung wirklich ein Ganzes ausmacht, daß es einen fortlaufenden hohen Rücken und nirgends einen denselben unterbrechenden beträchtlichen Abfall hat und daß es noch viel weniger durch ein Haupttal oder einen Fluß ganz durchschnitten wird. Solche großen Durchschnitte, bei welchen sogleich die Lage des höchsten Gebirges oder Landrückens eine andere Richtung nimmt, kommen bloß an den beiden von uns angegebenen Endpunkten dieses Gebirges vor. Am nordwestlichen nämlich bildet die Werra ein großes Tal, welches senkrecht auf die Richtung des Thüringer Gebirgsrückens fällt und denselben abschneidet; am südöstlichen kommt die Saale fast in derselben Richtung vom Fichtelgebirge herab, und jenseits derselben erhebt sich ein neues Gebirge. Zwischen diesen Endpunkten aber fließen alle Gewässer von dem langen Gebirgsrücken nach zwei Richtungen ab, nach Nordost und Südwest, weshalb man ihn ohne Bedenken für ein von der Natur selbst dargestelltes Ganzes annehmen kann.

Nach dieser Ansicht hat der Thüringer Wald folgende natürliche Grenzen. Er erhebt sich nordwestlich aus dem Werratale in der Nähe der Städte Eisenach, Marksuhl und Salzungen und zieht sich südöstlich fort, bis er in der Gegend von Lobenstein im Vogtlande ins Saaletal und um Kronach im Bayreuthischen ins Maintal abfällt. Diese Ausdehnung in die Länge beträgt ungefähr fünfzehn geographische Meilen (1). Bei dieser Länge ist er indessen sehr schmal. Auf der Nordostseite liegen dicht an seinem Fuße die Städte Waltershausen, Ohrdruf, Ilmenau, Gräfenthal, Leutenberg, auf der Südseite Schmalkalden, Suhl, Schleusingen, Eisfeld, Sonneberg, Kronach. An den meisten Orten ist er nur zwei Meilen breit, und seine größte Breite in der Gegend zwischen Ohrdruf und Suhl sowie zwischen Eisfeld, Sonneberg und Schwarzburg beträgt drei bis drei und eine halbe Meile.

Richtung des Gebirges und sein Zusammenhang mit anderen Gebirgen

Die Richtung des Gebirges nach den Weltgegenden ergibt sich ziemlich von selbst aus der vorhergehenden Beschreibung. Sie ist im ganzen von Nordwest nach Südost, nur ein wenig neigt sie sich nach dem Westpunkte zu. In einzelnen Abteilungen des Gebirgszuges bemerkt man kleine Abweichungen von dieser Hauptrichtung, durch welche – wie bei allen Gebirgen – eine Art von Zickzack oder Schlangenlinie entsteht, welche sich um die in Gedanken angenommene Hauptrichtung herumwindet. Den größten Bogen macht der Rücken im coburg-hildburghäusischen, meiningischen und coburg-saalfeldischen Distrikte, wo er sich wie ein S von Kahlert über Fehrenbach, Friedrichshöhe, Limbach, Spechtsbrunn bis Kehlbach im Bambergischen krümmt. In der ganzen westlichen Hälfte hingegen, von Eisenach bis Ilmenau, sowie am östlichen Ende nach der Saale zu weichen die einzelnen Teile des Gebirgsrückens nur sehr wenig von der Hauptrichtung ab.

Sein Zusammenhang mit anderen Gebirgen ist sehr deutlich. Er ist nämlich eine Fortsetzung, ein Arm des Fichtelgebirges, und hängt im Südosten mit diesem zusammen, so wie dieses wiederum im Zusammenhange mit dem Gebirge steht, welches Bayern von Böhmen trennt. Die Verbindung zwischen dem Fichtelgebirge und dem Thüringer Walde ist in der Gegend von Münchberg und Gefrees im Bayreuthischen sichtbar. Die beiden Gebirge fallen zwar nach dieser Gegend zu ab, aber ein hoher Landstrich verbindet sie. Kein Fluß durchschneidet ihn von Norden nach Süden, sondern alle Bäche fließen von ihm nach zwei Richtungen, entweder nach Nordost oder nach Südwest hinab. Das Fichtelgebirge macht einen höheren Punkt aus und sendet seine Gewässer in die Nordsee und das Schwarze Meer.

Niedriger zieht sich der Thüringer Wald nach Nordwest hin und dient nur zur Scheidungslinie von drei Flußgebieten, die alle der Nordsee angehören. Von dem größten Teile seines nordöstlichen Abhanges – von Lobenstein im Vogtlande an bis nach Tambach im Fürstentum Gotha, fallen alle Bäche der Elbe zu. Der westlichste Teil dieses Abhanges und zwei Dritteile des südlichen bis nach Friedrichshöhe und Eisfeld im hildburghäusischen Anteil des Fürstentums Coburg gehören zum Wesergebiet, und nur der kleinste Teil im Südosten im meiningischen Oberlande und im Fürstentume Bayreuth, eben dieser Teil, welcher gewöhnlich nicht mehr Thüringer Wald genannt wird, sendet seine Gewässer in den Main. Die großen Täler des Mains und der Werra scheiden also unser Gebirge ganz vom westlichen Frankenlande.

An der nordwestlichen Spitze des Thüringer Waldes hat das im Norden liegende Land wieder eine beträchtliche Erhöhung, und man bemerkt sehr leicht, daß in den Zeiten, deren keine Geschichte denkt und die der Geologe allein ahnt, hier ein Zusammenhang zwischen unserem Gebirge und dem hohen Eichsfelde stattgefunden haben muß. Wahrscheinlich hat die Hörsel diesen Zusammenhang gewaltsam durchbrochen und sich das tiefe Bette gegraben, in welchem sie sich vor Eisenach vorbei in die Werra ergießt, nachdem sie vorher alle Bäche von dem westlichen Ende des nördlichen Abhanges des Gebirges aufgenommen und der Werra zugeführt hat. Man sieht nicht undeutliche Spuren davon in der Gegend von Eisenach und von dort nach Gotha zu. Denkt man sich, daß ein solcher Durchbruch nicht stattgefunden habe, daß vielmehr die engen Täler, welche die Hörsel über Eisenach bis zur Werra durchströmt, geschlossen wären, so würde die ganze Gegend auf der linken Seite der Straße von Gotha nach Eisenach, von dem Dorfe Teutleben an bis in die Gegend des Hörselberges nur ein einziger See ungefähr von sieben Meilen im Umfange sein, auf dessen ehemaligem Boden jetzt die Dörfer Mechterstädt, Fröttstädt, Laucha, Hörselgau, Ibenhain, Wahlwinkel, Leina, Cumbach, Gospiteroda und die Stadt Waltershausen liegen. Daß ein solcher See wirklich vorhanden gewesen ist, davon finden sich noch deutliche Merkmale, z. B. die großen Lager von angeschwemmten Kieseln und Geröllen (2), welche diese ganze Gegend bedecken, die übrigens aus sehr gutem Getreideboden und vortrefflichen Wiesen besteht.

Im Nordwesten ist der Harz der letzte bedeutende Arm der deutschen Gebirge, und dieser hängt mit dem Eichsfelde zusammen. Im Nordosten findet man, sobald man den Thüringer Wald von Süden her überstiegen hat, kein einziges mehr, welches eine bedeutende Erhöhung hätte. Niedrige Hügelreihen ziehen sich zwischen den Bächen hin, die der Unstrut und Saale zufallen, und verflachen sich ganz bei den Ufern des letzteren Flusses. Jenseits desselben fängt die große Ebene an, die – einige Sandhügel ausgenommen – bis an die Ufer der Ostsee reicht.

Die Gestalt des Thüringer Waldes läßt sich leicht aus dem Vorhergehenden bestimmen. Es ist ein langer Gebirgszug mit einem schmalen Kamm, von welchem die Haupttäler im ganzen nach zwei Richtungen, Nordost und Südwest, abfallen. Ein großer Gebirgskörper, von welchem nach allen Punkten Täler auslaufen, findet sich hier nicht. Es gibt eine einzige Stelle, an welcher der Kamm zur breiten Fläche wird. Diese befindet sich in der Nähe des Schneekopfes an der Straße zwischen Suhl und Ohrdruf. Hier ist das Gebirge überhaupt am breitesten, und die obere Fläche mag eine Meile im Durchmesser haben. Dagegen ist an manchen Stellen der Kamm so schmal, daß man in die nächsten Täler beider Abhänge hinabsehen kann.

Ein Hauptcharakter der Gestalt des Gebirges im ganzen ist der steile Abfall der Nordostseite und die sanftere Verflachung der Südwestseite. Im Nordosten steigt das Gebirge überall schnell und prall aus dem Lande hervor, daher es auch hier, z. B. zwischen Eisenach und Gotha, einen überaus malerischen Anblick gewährt. Die Täler sind auf dieser Seite kurz. In zwei Stunden kann man an vielen Stellen vom Fuße bis auf den höchsten Rükken gelangen. Diese Täler sind eng und wild, zum Teil voll von den schönsten Felsengruppen. Die Waldbäche stürzen sich schnell und schäumend herab und bilden an einigen Orten Wasserfälle.

An der südwestlichen Seite verhält sich alles dieses anders! Die Täler sind länger und stärker gekrümmt. Oft enthalten sie große Weitungen, wie bei Brotterode, Zella-Mehlis, Suhl, Eisfeld usw. Zwischen dem Rücken und dem südwestlichen Fuße sind mehr hohe Berge stufenweise übereinanderstehend. Daher sieht man von der Südseite her in eine große Masse von Bergen, ohne daß sich die hohen Punkte des Rückens so scharf und malerisch darstellen, als wenn man sich von Norden dem Gebirge nähert. Die Felsenmassen sind auf der Südseite seltener, und von bedeutenden Wasserfällen ist uns an derselben nichts bekannt. Von beiden Seiten stellt übrigens der Profilumriß des Gebirges fast lauter Wellenlinien dar. Spitzen und Zacken wird man nirgends gewahr, und es gibt überhaupt auf dem ganzen Gebirgsrücken nur drei kahle Felsengipfel, welche in einigen Gesichtspunkten als ausgezeichnete Kegel bemerkt werden: der Gerberstein unweit Altenstein, der Drehberg bei Winterstein und der Hermannsberg bei Oberschönau.

Übrigens sind die ausgezeichnetsten Punkte des Gebirges für dessen Ansicht der Inselsberg, unstreitig für das Auge der schönste Berg der ganzen Gebirgsreihe, der sich majestätisch und hoch über die ganze Kette emporhebt und eine sehr regelmäßig flach gewölbte Kuppe bildet, und der Schneekopf. Dieser kann, da er auf dem breitesten Teile des Gebirges aufsitzt und von anderen sehr hohen Bergen umgeben ist, nicht überall gesehen werden. Auch zeichnet er sich durch seine Gestalt bei weitem nicht so aus wie der Inselsberg, weiter der Küchelheyer, gewöhnlich Kickelhahn genannt, bei Ilmenau und der Burzel bei Breitenbach. Beide können auf der Nordseite sehr weit unterschieden werden.

Diese vier Berge liegen alle mehr nach dem nördlichen Abhange zu. Am südlichen zeichnet sich vor allem der Dolmar bei Kühndorf aus; er liegt am äußersten Ende eines der südwestlichen Gebirgsarme und seine große runde Basaltkuppe wird deshalb, ungeachtet er mit den drei erstgenannten Bergen an Höhe nicht zu vergleichen ist, auf der ganzen fränkischen Seite gesehen.

Das ganze Gebirge ist bis auf die äußersten Höhen mit Wald be-

Felsental am Inselsberg

deckt. Nur der Boden der Täler, da, wo sie sich weiter vom Rükken entfernen, einige wenige Kuppen und Flächen auf der Höhe und die allernächsten Bezirke um die Städtchen und Dörfer herum sind frei von Holzung und bestehen aus Wiesen oder Heiden. Getreidefelder sieht man nur in der Nähe der Ortschaften, und auch da sind sie von sehr unbeträchtlichem Umfange.

Der bei weitem größte Teil der Waldung besteht aus Tannen und Fichten. Nur die Gegend, welche nordwestlich vom Inselsberg liegt, ist mit Laubholz, größtenteils Buchen, bewachsen. Jede dieser beiden Arten von Waldung hat ihre eigentümlichen Schönheiten, und dem Wanderer, der beide oft besucht hat, wird es schwer, einer von ihnen den Vorzug zu geben.

Höhe des Gebirges

Die Höhe dieses Gebirges ist, mit den Hauptgebirgen Europas und ihren wichtigeren Seitenarmen verglichen, nicht bedeutend. Der höchste Berg ist unstreitig der Schneekopf. Die Angaben über seine Höhe sind jedoch unter sich sehr abweichend. Denn wenn er nach einer mehrere Jahre vor 1785 unternommenen barometrischen Messung auf 3316 Fuß (3) über dem Meere gesetzt wurde, so bestimmte ihn dagegen eine trigonometrische Messung des Herrn Kammerrat von Lindenau nur auf 2673 Par. Fuß. Daß eine von beiden Messungen fehlerhaft sein müsse, leuchtet von selbst ein. Eine andere barometrische Messung, die für uns das überzeugendste Gewicht hat, gibt die Höhe dieses Berges auf 2760 Par. Fuß an. Selbst wenn man indessen die obige höchste Angabe von 3316 Par. Fuß als richtig annimmt, stellt ihn diese Höhe dennoch unter den Fichtelberg (nach Silberschlag 3621 Fuß) und unter die Schneekoppe im Riesengebirge (nach Gerstner 4887 Fuß), und es ist schon aus diesen Angaben mehr als wahrscheinlich, daß das Riesengebirge, das Fichtelgebirge, der Schwarzwald an vielen Punkten den Thüringer Wald beträchtlich an Höhe übertreffen.

Über die Höhe des Harzgebirges sind die vorhandenen Angaben so verschieden, daß eine Vergleichung des höchsten Punktes des Thüringer Waldes mit der Höhe des Harzes ebenfalls nur unzuverlässig sein kann. Nach de Luc soll der Brocken 3276 Par. Fuß hoch sein, und nach dieser Bestimmung bliebe er sogar hinter dem Schneekopf, nach der von Voigt angegebenen Messung desselben, zurück. Die Messungen von Rosenthal bestimmen hingegen den Brocken auf 3486, die von Lasius auf 3489, die von Silberschlag auf 3496 Pariser Fuß. Hiernach übertrifft er also den Schneekopf in jedem Falle, und der Unterschied wird sogar sehr beträchtlich (700 Fuß und darüber), wenn man die von uns als die wahrscheinlichste angesehene Höhe des Schneekopfes zugrunde legt.

Der nächste Berg nach dem Schneekopf ist, der Höhe nach, der Inselsberg, über welchen man ebenfalls sehr verschiedene Bestimmungen hat. Die eine setzt ihn auf 3127 Par. Fuß über die Meeresfläche, die andere, nach einer trigonometrischen Messung des Herrn von Lindenau, auf 2449 Par. Fuß. Die uns von demselben Physiker, welchem wir die uns am glaubwürdigsten scheinende Bestimmung der Höhe des Schneekopfes verdanken, mitgeteilte Barometermessung gibt sie auf 2604 Par. Fuß an. Der Vergleich zwischen ihm und dem Schneekopf springt hernach von selbst in die Augen. Der Inselsberg behauptet immer nur den zweiten Rang. Er ist niedriger als der Schneekopf, nach den Voigtischen Angaben um 189 Fuß, nach Lindenau 224 Fuß, nach unserem Ungenannten 156 Fuß.

Aus demjenigen, was wir über die Gestalt des Rückens unseres Thüringer Waldes bisher angeführt haben, ergibt sich, daß die Ungleichheiten desselben nicht sehr grell und hervorspringend sind. Das nordwestliche Ende steigt ziemlich stark an bis zum Inselsberg. Dann zieht sich der Rücken ziemlich tief herab und bildet seinen wahrscheinlich allerniedrigsten Punkt da, wo die Landstraße von Gotha über Tambach nach Schmalkalden führt, eine Stelle, die auch durch geognostische Erscheinungen als die niedrigste des ganzen Rückens bezeichnet wird. Von ihr steigt der Rücken in sanften Stufen nach dem Schneekopfe zu, und neben diesem höchsten Berge westwärts liegt auch die höchste und zugleich breiteste Fläche, die sogenannte Suhler Leube. Hoch zieht sich dann der Rücken, ohne großen Fall und ohne bedeutende Hervorragungen, oberhalb der Quellen der Schleuse, Ilm und Schwarza hinweg und steigt von Steinheid über Spechtsbrunn, Kehlbach usw. nach den Ufern der Saale herab.

Wenn sich hiernach der Rücken des Thüringer Waldes wenig durch auffallende Eigenheiten seiner Gestalt auszeichnet, so findet sich dagegen auf ihm eine Merkwürdigkeit, die vielleicht kein Gebirge außer ihm weiter aufzuweisen hat. Dieses ist ein Weg, welcher vom Anfange des Thüringer Waldes bei Eisenach bis zur Saale und also an fünfundzwanzig bis dreißig Meilen lang (die verschiedenen Krümmungen des Rückens mitgerechnet) ununterbrochen auf der Höhe des Rückens, ohne diese zu verlassen, fortläuft. Er wird der Rennweg oder Rennsteig genannt und berührt in seiner Richtung kein Dorf oder anderen bewohnten Ort. Von Hessen an bis ins reußische Gebiet ist er überall mit hohen Grenzsteinen besetzt und überall breit genug, um befahren zu werden. Vielleicht bezeichnete er vormals die Grenze zwischen Thüringen und Franken, und es wäre möglich, daß sein eigentlicher Namen Reinweg gewesen wäre, da Rain oder Rein in Thüringen noch jetzt oft einen zur Grenze dienenden schmalen Strich Rasen oder Wiese bedeutet.

Flüsse des Thüringer Waldes

Von den Flüssen und Bächen, die den Thüringer Wald durchströmen, haben wir schon oben, als wir die ihm zugeschriebene Ausdehnung zu rechtfertigen suchten, angegeben, daß sie in drei Hauptflußgebiete, das Wesergebiet, das Maingebiet und das Elbegebiet, gehören. Nach dieser von der Natur selbst vorgezeichneten Abteilung wollen wir sie aufzählen.

Wesergebiet. Die *Werra* ist der Fluß, welcher alle diesem Gebiete zugehörigen Nebenflüsse aufnimmt. Er selbst gehört dazu. Die Werra begleitet den südlichen und westlichen Fuß des Gebirges auf zwei Dritteilen seiner ganzen Länge in einem an anmutigen Gegenden reichen Tale.

Die Hörsel besteht aus folgenden Haupt- und Nebenbächen: Die *Leina*, das stärkste unter den zum Werra-Gebiete gehörigen Wassern an der Nordseite des Thüringer Waldes, entspringt am hinteren Langen Berge im sogenannten Thiergarten, nahe bei den gothaischen Pürschhäusern, eine Meile von Finsterbergen und ebensoweit von Tambach. Schon in der ersten Hälfte ihres Laufes fallen ihr einige kleine Bäche aus Nebentälern zu, wodurch sie stark genug wird, bei Finsterbergen eine Mühle zu treiben. Einer dieser Seitenbäche heißt die Trockene Leina, weil er im Sommer selten Wasser führt. Die größten Seitenbäche kommen vom linken Ufer her, vom Körnberge das Körnsche Wasser, der Engelsbach von dem Dorfe gleichen Namens.

Von dieser eigentlichen Leina ist unter der Regierung des Landgrafen Balthasar von Thüringen im Jahre 1369 ein Arm zwischen den Dörfern Schönau und Gospiteroda abgeteilt und durch große Umwege nach der von Natur sehr wasserarmen Stadt Gotha geleitet worden. Dieser künstliche Bach führt ebenfalls den Namen Leina.

Die Tradition sagt, daß die Stadt Gotha die große Wohltat dieser Leitung einem Augustinermönche zu danken habe. Aber seine undankbaren Zeitgenossen ließen seinen Namen verlorengehen. Im Zeughause auf dem Friedenstein zu Gotha weist man noch jetzt einen Pflug vor, welcher, der Sage zufolge, bei jener Unternehmung ihrem Urheber gedient haben soll, um durch Versuche , in Ziehung einzelner Furchen, den Lauf und Fall des Wassers zu beobachten und so nach und nach dahin zu kommen, daß er die durch unzählige Krümmungen sich hinziehende Linie bis Gotha gefunden habe – eine Methode, deren Zeitspieligkeit und Geduld ermüdende Weitläufigkeit nur von einem Mönche zu begreifen ist. Nach dem Austreten aus dem Gebirge verstärkt sich die Leina beträchtlich durch das Schilfwasser, den Bach, welcher zwischen dem Regenberge, dem Spießberge und der Kniebreche entspringt, durch das Wasser aus dem Kesselgraben verstärkt wird, dann durch die kleine Stadt Friedrichroda fließt und bei Ernstroda aus dem Gebirge heraustritt. Er fällt bei dem Dorfe Leina in den Fluß gleichen Namens.

Das *Badewasser* entsteht aus zwei verschiedenen Bächen. Der größere entspringt im Ungeheueren Grunde, fließt von da herab nach dem Kloster Reinhardsbrunn, bildet unterhalb desselben mehrere Fischteiche und tritt bei Schnepfenthal aus dem Gebirge. Von da floß er sonst nach dem Dörfchen Wahlwinkel. Durch eine Übereinkunft aber ist der Stadt Waltershausen vergönnt worden, ihn über das Dörfchen Ibenhain in ihre Mauern zu leiten. Der zweite Bach entspringt zwischen den niedrigen Bergen hinter dieser Stadt. In und bei derselben vereinigen sich beide

Bäche, bilden zwischen der Stadt und dem Dorfe Hörselgau einen großen Fischteich und fallen bei diesem Dorfe in die Leina.

Die Vereinigung dieser drei Bäche erhält nun unterhalb des Dorfes Hörselgau den Namen Hörsel. Sie fließt, nachdem sie unterhalb des Dorfes Teutleben durch einige Quellen, die Hörselquellen genannt, verstärkt worden ist, durch ein überaus reizendes Tal am Fuße des Hörselberges nach Eisenach, vereinigt sich unter der Stadt mit der Nesse, einem Flusse, der ihr an Stärke nichts nachgibt, aber nicht aus dem Thüringer Walde, sondern aus dem flachen Lande von Nordosten herkommt, und fällt bei dem eisenachischen Dorfe Hörsel in die Werra. Während dieses Laufes nimmt sie noch folgende auf dem Thüringer Walde entspringende Bäche auf:

Die *Laufe* oder *Laucha* entspringt zwischen dem Großen Wagenberg, Jagdberg und Tenneberg, nahe am Inselsberg, fließt durch die Dörfer Tabarz, Langenhain und Laucha und fällt unweit Mechterstädt in die Hörsel.

Die *Emse* entspringt an dem steilen nördlichen Abhange des Inselsberges, welcher, wie manche vermuten, von ihr den Namen (Emseberg) erhalten haben soll, durchströmt ein enges tiefes Tal, in welchem sie von Westen her das Wasser aus dem Ilmengraben und die Sembach aufnimmt, bis Winterstein, wo das Gebirge niedriger und sanfter wird. Von da fließt sie durch Sondra und fällt bei dem gothaischen Dorfe Sättelstädt in die Hörsel.

Der *Erbstrom* hat seine Quelle ebenfalls nahe am Inselsberge unter dem kleinen Weißenberge im Gothaischen, geht durch den großen Fabrikort Ruhla, in welchem er die Grenze zwischen dem gothaischen und eisenachischen Gebiete macht, nimmt mitten in diesem Orte einen kleinen aus einem westlichen Seitentale und unter demselben bei dem Dorfe Thal einen anderen aus einem südöstlichen Seitentale herabkommenden Bach auf, fließt sodann durch den eisenachischen Ort Farnroda, wo er sich nochmals mit einem von der Hohen Sonne durch das Dorf Mosbach herabströmenden Bache vereinigt, und fällt bei dem Dörfchen Wutha im Eisenachischen in die Hörsel.

Der *Löber-Bach* entspringt im Landgrafenloche und fließt durch das Mariental bei Eisenach und durch diese Stadt in die Hörsel.

Die *Elte* quillt zwischen dem eisenachischen Dorf Etterwinden und dem meiningischen Waldfisch, fließt bei dem ersteren und bei dem Lustschlosse Wilhelmsthal vorbei, wo sie einige Teiche bildet und einen südlich von Burkhardtroda herabkommenden Bach aufnimmt, nach Unkeroda, Ober- und Unterellen und fällt bei Lauchröden in die Werra.

Elbegebiet. Alle Gewässer, die auf der Nordseite des Gebirges der Elbe zufließen, werden diesem Strome durch die Saale zugeführt, welche am östlichen Ende des Thüringer Waldes an demselben vorbeiströmt. Nicht alle aber fallen unmittelbar in die Saale, sondern diejenigen, deren Quellen der Grenze des Wesergebietes am nächsten liegen, werden erst weit nördlich vom Gebirge von der Unstrut aufgenommen und durch diesen Fluß in die Saale gebracht. Ich zähle sie in der Richtung von Osten nach Westen auf.

Flüsse, welche der Saale unmittelbar zufallen. Die *Schwarza* ist der einzige Fluß am Thüringer Walde von dieser Beträchtlichkeit, welcher von seiner Quelle bis zu seiner Mündung nur eines Herren Land durchströmt. Sie entspringt im schwarzburg-rudolstädtischen Gebiete an der Hildburghäuser Grenze. Nahe am hohen Gebirgsrücken zwischen Fehrenbach und Friedrichshöhe stehen ihre beiden Quellen am nördlichen Abhange dem Ursprung der Werra am südlichen gerade gegenüber. Sie verstärkt sich sehr bald durch viele ihr zufallende kleine Seitenbäche; bei Goldisthal die Masse, bei Rohrhammer die Oelze, bei Katzhütte und Meuselbach unbedeutende Waldbäche, etwas weiter unten der Breitenbach und bei Mellenbach ein ebenfalls von Westen zuströmendes Wasser. Zwischen dem letzteren Orte und den malerischen Ruinen des Schlosses Schwarzburg nimmt sie einen starken Bach auf, dessen einer Arm, der Lichtebach genannt, von Schmalenbuche, der andere aber, der Kieselbach, aus dem Saalfeldischen von Wallendorf herabkommt, auch Zufluß von Reichmannsdorf her erhält. Bei Blankenburg kommt die Rinne hinzu, ein beträchtlicher Nebenbach, dessen Hauptarm über Königsee entspringt und durch einige Nebenarme von Gösselborn, Paulinzella, Schölling und von Solsdorf her vergrößert wird. Zwischen Saalfeld und Rudolstadt fällt die Schwarza bei dem Dorfe gleichen Namens in die Saale. Sie ist berühmt wegen des Goldsandes, welchen sie führt und welcher noch immer benutzt wird, berühmt wegen der reizenden Gegenden, die ihre Ufer umgeben. In dem langen Tale, welches sie bewässert, findet man eine Menge von Eisenwerken und große Betriebsamkeit der armen Einwohner, denen die Natur nur Holz, Wasser und Eisen gab und die selbst einen Fußbreit Erde bearbeiten und fruchtbar zu machen bemüht sind. Das Gold ihres Baches macht sie nicht reich.

Die *Ilm*, dieser gepriesene Fluß, entspringt zwischen dem Dorfe Stützerbach und der Schmücke, einem einzelnen Viehhaus, in einem der einsamsten, finstersten und wildesten Täler des Thüringer Waldes, unter den Felswänden des Sachsensteins. Seine beiden Hauptquellen sind die eine dicht unter der Schmücke, die andere unter dem sogenannten Mordfleck auf der Grenze zwischen dem königlich-sächsischen Henneberg, dem gothaischen und dem weimarischen Amte Ilmenau. Von da bis zum Dorf Manebach macht der Bach die Grenze zwischen beiden zuletzt genannten Territorien, nimmt von seinem linken Ufer den Sperberbach, den Silberbach, den Moosbach und andere Bäche auf, auch einige vom rechten Ufer, unter welchen der Langebach und der Stützerbach die stärksten sind. Dann fließt die Ilm über Ilmenau und nimmt hier den Gabelbach auf, der aus den Tälern des hohen Kickelhahns herabkommt. Ein herrliches Tal durchströmt sie bis Langewiesen, in welchem sie beim Grenzhammer die Schorte aufnimmt, die aus dem höchsten Teil des Gebirges herunter die Grenze zwischen den Ämtern Ilmenau und Gehren macht. Weiter unten fällt ihr der Bach zu, der aus dem Zusammenflusse der Wohlrose, der Schobse und eines dritten, von Altenfeld und Möhrenbach herabkommenden Baches entsteht und bei Amt Gehren vorüberfließt.

So verstärkt fließt nun die Ilm durch das Schwarzburgische über Oberilm, Stadtilm nach Kranichfeld, ohne bis dahin einen bedeutenden Zufluß von der Seite zu erhalten. Unter Kranichfeld bei Tannroda nimmt sie wieder einen starken Nebenbach auf, geht nach Berka und nach den schönen geschmückten Fluren der Dichterstadt, der sie ihren Ruhm dankt, und verläßt auch von da an nicht eher die Lande des Herzogs von Weimar bis kurz vor ihrer Vereinigung mit der Saale, die oberhalb Kösen bei dem Dorfe Heringen geschieht.

Am Körnbach bei Elgersburg

Flüsse, welche der Unstrut zufallen. Die *Gera*, nach der Unstrut der ansehnlichste Fluß in Thüringen, nimmt alle hierhergehörigen Bäche auf. Sie quillt am östlichen Fuße des Schneekopfes aus drei Quellen, bei Gehlberg und an dem Fuße des Sachsensteins, nicht weit von der Quelle der Ilm, in einem finsteren tiefen Felsentale, und fließt herab über Arlesberg und Geraberg nach Plaue im Schwarzburg-Arnstädtischen. Dort fällt ihr zu auf dem rechten Ufer ein von Martinroda und Neusiß herkommender Bach, auf dem linken die Wilde Gera, die aus mehreren Hauptquellen entspringt, der einen unter dem östlichen Fuße des Schneekopfes im Schneetiegel; der anderen am westlichen Fuße im Steinbrücksgraben (Langenbach genannt); der dritten, dem Sattelbach unter dem Beerberge, und der vierten, dem Schnabelbach südlich von Oberhof. Sie nimmt bei einer Pechhütte hoch im Gebirge den Haselbrunn, beim Ausgebrannten Stein den Schuderbach, über Dörrberg die Lütsche auf und fließt dann über Gräfenroda und Liebenstein herab. Bei Liebenstein verliert die Wilde Gera in den heißen Monaten ihr Wasser auf eine halbe Meile lang. Dieses scheint sich unter dem Steingerölle zu verbergen. Dann, über Plaue, füllt sich das vorher ganz trockene Flußbett wieder unvermerkt. Im Spätherbst, wenn die Regen kommen, fängt der Bach an, ununterbrochen zu laufen, bis in den Juli. Die ganze Gera fließt von Plaue über Arnstadt, Ichtershausen und Molsdorf nach Erfurt und von da bei Gebesee in die Unstrut.

Vom Thüringer Walde her nimmt sie noch folgende größere Nebenbäche auf: Die *Wipfra* quillt in den niedrigen Vorgebirgen des Thüringer Waldes unweit Ilmenau bei Ober- und Unterpörlitz, fließt durch wenig ausgezeichnete Gegenden nach Wipfra, Willingen, Marlishausen, Elxleben und bei Eischleben, zwischen Ichtershausen und Molsdorf, in die Gera.

Die *Apfelstädt* entsteht aus zwei Bächen, die an Stärke wenig verschieden sind, der Ohra und der Apfelstädt. Der Ursprung der ersteren ist unweit Oberhof im Gothaischen, am Fuße des Saukopfes. Mehrere kleine Waldbäche, worunter der Eimersbach und Silberbach, kommen dort aus tiefen Tälern, vereinigen sich bei dem Dorfe Schwarzwald, gehen dann das Dorf Stutzhaus, das Eisenschmelzwerk Luisenthal und die Stadt Ohrdruf vorbei und verbinden sich eine halbe Meile unter derselben mit der Apfelstädt.

Diese entsteht ebenfalls aus mehreren Bächen, die am Gebirgsrücken oberhalb Tambach, einem großen gothaischen Dorfe, entspringen.

Die Ufer der meisten dieser Bäche zeichnen sich durch große Felsenwände aus. Der westlichste ist die Spitter; sie entspringt unter den Hühnbergen an der hessischen Grenze, bildet kurz nach ihrem Ursprunge den schönsten Wasserfall des ganzen Gebirges, der unter dem Namen Gespring bekannt ist. Der Bach stürzt sich hier von einem sechzig Fuß hohen Felsen in zwei Absätzen, einem kleinen und einem größeren, mit Schäumen und Brausen senkrecht herab. Das Tal aber ist daselbst so enge zusammengedrängt, so dicht mit Wald bewachsen und so gekrümmt, daß man den Fall nur ganz in der Nähe beobachten kann.

Der zweite Seitenbach ist die Tammich, welche aus zwei Armen, Rechte und Linke Tammich genannt, am Rosengarten entspringt. Der dritte, die eigentliche Apfelstädt, entsteht aus zwei Quellen hoch im Gebirge, von welchen die eine nicht immer fließt, daher auch der aus ihr entstehende Arm die Trockene Apfelstädt heißt. Nach ihrer Vereinigung fällt ihnen noch das Mittelwasser zu, bei dessen Mündung man einen sonderbaren, mit einer großen Öffnung durchbohrten Felsen sieht.

Der östliche Arm, das Schmalwasser, strömt aus einem langen, äußerst felsigen und wilden Tale hervor, in dessen Hintergrund die größte und imposanteste Felsenmasse des Thüringer Waldes, der Falkenstein, hervorragt. Es bekömmt Zuflüsse von Westen durch den Bach aus dem Nähertal und den Walsbach.

Alle diese Bäche vereinigen sich unter Tambach, erhalten dann noch Zuflüsse durch den Rotebach, Marderbach und den Bach aus dem Kesseltale und fließen von da, nach Aufnahme einiger unbedeutender Bäche, nach Georgenthal, wo von ihrem Zusammenfluß drei große Teiche gebildet werden.

Von Georgenthal geht der Lauf der Apfelstädt nach Herrenhof und Hohenkirchen, dann, mit der Ohra vereinigt, durch den sogenannten Kollerstedter Grund über Wechmar, Wandersleben und die Herrnhuter Kolonie Neudietendorf. Zwischen Molsdorf und Stedten fällt sie in die Gera.

Die Apfelstädt ist also der westlichste Fluß im Elbegebiete. Gegen Westen ist sie durch Anhöhen von der Leina, dem östlichsten im Wesergebiete, von Natur getrennt. Aber das Wasserbedürfnis der Stadt Gotha hat hier eine künstliche Vereinigung dieser beiden Flußgebiete veranlaßt. Die Leina gab der Stadt nicht hinlängliches Wasser. Daher ließ Herzog Ernst der Fromme im 17. Jahrhundert einen Teil der Apfelstädt von Georgenthal in vielen Krümmungen über Petriroda nach Emleben leiten. Unter Emleben vereinigt sich dieser Kanal mit dem nach Gotha geleiteten Arme der Leina. Den glücklichen Gedanken zu dieser Wasserleitung (gewöhnlich das Georgenthaler Flößwasser genannt) gab der Forstmeister David Schmidt seinem jeder guten Anstalt so geneigten Fürsten im Jahre 1653, und er wurde zum Besten der Stadt realisiert, obgleich die fürstlichen Einkünfte dabei Einbuße litten, denn die Kammer verlor dadurch einige Mühlen.

Seen und Teiche

Wenn nach dieser Übersicht der Thüringer Wald an fließenden Gewässern keinen Mangel leidet, wenn diese vielmehr seine Wiesen und Auen beleben und reizender machen, so sind er und die nächste Gegend um ihn her dafür desto ärmer an Wasserflächen von größerem Umfange, welchen man den Namen eines Sees mit Recht beilegen könnte. Er besitzt keine Wasserfläche, welche nur den Umfang des bekannten Oderteiches am Harze hätte. Die größten stehenden Gewässer kommen am Fuße des Gebirges vor, und die wenigsten unter ihnen mögen ihr Dasein ganz allein der Natur zu danken haben. Vielmehr sind wahrscheinlich die meisten von Menschenhänden zum Behuf der Fischerei oder mancher Fabriken entweder ganz neu angelegt oder wenigstens erweitert und künstlich eingedämmt worden. Wir erwähnen nur die ausgezeichnetsten von ihnen, ohne der kleinen Floß- und Fischteiche zu gedenken, die fast in allen Tälern in größerer oder kleinerer Anzahl angetroffen werden:

Der *Cumbacher* Teich liegt bei dem kleinen Dorfe Cumbach unweit Friedrichroda im Gothaischen. Er wird zu 120 ACKER(4) groß (den Acker zu 160 Quadratruten gerechnet) angegeben und ist ein künstlicher Fischteich.

Der *Hörselgauer* Teich ist ein ähnlicher Teich, etwas größer, zwischen der gothaischen Stadt Waltershausen und dem gothaischen Dorfe Hörselgau, ein und eine halbe Stunde weit vom vorhergehenden. Wegen seiner von hohen Erlen umschatteten Ufer und der herrlichen Aussicht von da auf das nahe Gebirge verweilt man gern an diesem Teiche.

Die *Teufelskauten* sind kleine stehende Wasser, eigentlich nur große Sumpflöcher, zwischen dem eisenachischen Dorfe Seebach und dem gothaischen Dorfe Thal. Es geht von ihnen die Sage, daß sie grundlos seien.

Der *Hautsee* liegt bei dem hessischen Dorfe Dönges zwischen Marksuhl und Vacha. Dieser kleine See ist wegen einer schwimmenden Insel merkwürdig. Sie gleicht einem Wäldchen, das mit Birken und Buschwerk bestanden ist, zwischen welchen hohes Gras wächst, und wird vom Winde auf der Wasserfläche hin- und hergetrieben. Sie soll sehr alt sein, und die Zeit und die Art ihres Ursprungs sind unbekannt.

Der *Salzunger See*, der zwar schon jenseits der Werra und also außer den eigentlichen Grenzen des Thüringer Waldes liegt, darf in

Rücksicht seiner physisch merkwürdigen Beschaffenheit hier wohl erwähnt werden. Er liegt dicht bei der meiningischen Stadt Salzungen am Fuße eines steilen Felsens, auf welchem das Schloß Schnepfenburg erbaut ist. Dieser See ist ein Werk der Natur und eines der merkwürdigsten. Sein Flächeninhalt beträgt 83 Acker, und seine Tiefe wird auf 30 Klafter (5) geschätzt. Er hat starke Salzquellen. Der Ausfluß dieses Teiches, die Silge genannt, wird auf das Salzwerk geleitet.

Am Tage des großen Erdbebens, das Lissabon zerstörte, am 1. November 1755, trat auf einmal das Wasser dieses Sees mit fürchterlichem Getöse zurück, und seine Höhe nahm sehr ab, daß man den trockenen Boden sah. Nach wenigen Minuten stieg es wieder mit solcher Heftigkeit empor, daß es über den am Ausfluß befindlichen Rechen hinschoß. Einige Minuten darauf erfolgte mit Brausen ein zweites Zurückziehen des Wassers und ein zweites Anschwellen. Dieselbe Erscheinung hatte noch zum dritten Male statt, alles in der Zeit von einer Viertelstunde.

Die zwei *Schwallunger Seen* oder die sogenannten Cralacher Teiche liegen unweit Schmalkalden, von welchen der eine 137 Acker, der andere aber nur 36 hält.

Zu erwähnen sind weiter die Teiche zwischen Neustadt und Mönchroden im Coburgischen, die Teiche bei der Quelle der Rodach im Frankenwalde und verschiedene Teiche bei Ilmenau, welche größtenteils künstlich und zum Behuf des vormaligen Bergbaues angelegt sind.

Gesundbrunnen und Salzquellen

Quellen, welche mineralischen Gehalt haben, zeigt der Thüringer Wald mehrere auf, und zwar sowohl solche Mineralwasser, denen man medizinische Wirkungen zuschreibt, als Salzquellen.

Der *Gesundbrunnen* zu Ruhla ist als ein leichtes, eisenhaltiges Wasser vorzüglich zum Baden empfohlen worden.

Der *Sauerbrunn* bei Liebenstein zeichnet sich durch seinen Reichtum an Kohlensäure aus.

Dem *Schmalbrunn* bei Schwallungen schreibt man Ähnlichkeit mit dem Liebensteiner zu, doch soll er sich durch seinen Vitriolgehalt von jenem unterscheiden.

Zwei Quellen, eine im Grehlesgrunde, die andere im Roten Graben bei Benshausen, wurden im Jahre 1769 von D. Glaser entdeckt, und dieser hoffte von ihrem Eisengehalt und ihren flüchtig alkalischen Bestandteilen, die mit Schwefelsäure innig verbunden wären, große Heilkräfte. Man hat jedoch keine Veranstaltung zur Benutzung dieser Quelle getroffen.

Der *Fressbrunn* liegt am Dellberg bei Suhl-Neundorf. Nach den damit angestellten Versuchen ist er eisenhaltig, und er soll den Appetit sehr reizen. Er entspringt aus den Stollen eisenhaltiger Bergwerke.

Der *Wilhelmsbrünn* bei Gottfriedsberg im Amte Schleusingen erhielt seinen Ruf schon im Anfange des 16. Jahrhunderts, und Graf Wilhelm der Siebente von Henneberg ließ, um seinen Gebrauch zu befördern, ein Haus bei der Quelle erbauen. Allein sein Ansehen hat sich nicht erhalten, und das errichtete Gebäude ist wieder verfallen. Neuere Untersuchungen seines Wassers sind nicht bekannt. Nach den älteren Angaben ist es wahrscheinlich, daß es ein vorzüglich reines Quellwasser ist, welches nicht einmal beim Kochen einen Sinter anlegt und übrigens nicht die mindesten ausgezeichneten mineralischen Bestandteile hat. Ein ähnliches Schicksal haben der sogenannte Bettlersbrunnen bei Fischbach im Amte Schleusingen und der Wunderbrunnen bei Christes im Amte Kühndorf gehabt.

Bei der Stadt Sonneberg, am oberen Ende derselben, quillt in einem Garten am Fuße des Schloßberges ein Brunnen, welcher nach den davon gesammelten Erfahrungen purgiert (6), einen juckenden Ausschlag verursacht, von säuerlichem Geschmack ist, auf Eisenspäne gegossen violett schwärzlich wird, etwas Luftsäure (7) und Schwefel enthält. Dieser schon geraume Zeit bekannte Brunnen wird jedoch nicht benutzt.

Die Salzquellen, welche im Thüringer Wald selbst und in dem ihm zunächst angrenzenden Flözgebirge vorkommen, sind folgende:
An den Salzquellen bei Creuzburg wurde um das Jahr 1452 ein Salzwerk angelegt. Im Jahr 1525 wurde es von den thüringischen Bauern verwüstet und lag hierauf öde bis ins Jahr 1726, wo es unter dem Namen Wilhelm Glücksbrunn wieder eingerichtet und bis auf den heutigen Tag betrieben wurde. Die Sole ist beim Hervorquellen nur anderthalb Grade stark.

Die Salzquellen bei Schmalkalden, welche gleichfalls versotten werden, sind unbeträchtlicher als die bei Salzungen und zwischen 2¾ und 3 löthig. Im Jahre 1455 geschieht die erste Erwähnung von der Errichtung dieses Salzwerkes.

Bei Suhl am Domberge wurde in der Mitte des 16. Jahrhunderts eine Salzquelle entdeckt. Die Sole gab außer dem Salzgehalt auch noch eine große Fettigkeit zum Gewinn, wahrscheinlich Bergöl, welches in Fässern verschickt wurde. Wann dieses Salzwerk liegengeblieben ist, weiß man nicht. Im Jahre 1707 wurde es wiederum untersucht, aber nicht abbauwürdig gefunden.

In Plaue, zwischen Arnstadt und Ilmenau, war vormals auch ein Salzwerk, welches aber schon vor dem 17. Jahrhundert eingegangen ist. Im Jahre 1738 versuchte man es wieder einzurichten, allein die Veranstaltung dazu kam nicht zustande.

Nach Tradition und Mutmaßung sollen auch bei den Städten Sonneberg und Schalkau vormals Salzwerke gestanden haben.

Das Klima

So leicht es vielleicht scheinen kann, schon aus der Richtung, die das Gebirge des Thüringer Waldes nimmt, aus den Graden der Länge und Breite, in welche es sich beschränkt, aus der Bestimmung der äußersten Grenzen, in welchen es sich hinauf in die Luft-Region erstreckt, mit einiger Bestimmtheit und nach der

Analogie anderer Erdstriche zu schließen, welches Klima in demselben herrsche, so sind gleichwohl die Schwierigkeiten, hierüber allgemeingültige und sichere Angaben aufzustellen, nicht gering. Die einzelnen Verhältnisse, auf welchen die Schilderung der klimatischen Beschaffenheit einer Gegend beruht, sind in dem Thüringer Walde sehr verschieden, und oft ist das, was man von irgendeinem Teile desselben sagen kann, schon in der Entfernung weniger Stunden nicht mehr ganz geltend. Überhaupt ist es weniger Nähe der einzelnen Teile und Orte als Ähnlichkeit ihrer Lage und anderer Eigenschaften im Verhältnis zu dem ganzen Gebirge, was eine Übereinstimmung in ihrer physischen Beschaffenheit hervorbringt. Außer den inneren Schwierigkeiten dieser Bestimmungen kommt noch der Mangel von Beobachtungen hinzu, die in einer längeren Zeitperiode auf mehreren Punkten von gleich geschickten und aufmerksamen, zu einem Zweck hinarbeitenden Beobachtern gesammelt worden wären. An solchen Hilfsquellen fehlt es uns fast ganz, und nur, was eigene Erfahrung und Aufmerksamkeit uns darzubieten vermocht hat, sind wir anzugeben imstande.

Was wir im vorhergehenden über die Punkte des Thüringer Waldgebirges gesagt haben, bestimmt schon, daß dasselbe nicht bis zur Grenze des ewigen Schnees oder auch nur der Alpengebirge emporstrebe und sich selbst in seinen höchsten Punkten dieser Grenze noch nicht nähere.

So wie also von den Erscheinungen, welche durch jene größere Höhe hervorgebracht werden, hier keine Rede sein kann, so fallen auch die Folgen, die der unwirtliche Schnee für die ihm angrenzenden Gegenden hervorbringt, von selbst hinweg.

Im ganzen genommen nähert sich indessen das Klima des Thüringer Waldes dem rauhen, und wenigstens sind die kalten und kühlen Tage an Zahl überwiegend gegen die heißen und warmen.

Ein zweiter Charakter dieses Klimas ist Unbeständigkeit. Es ist ebenso selten, daß eine bedeutende Kälte lange anhält, als daß warme Tage in größerer Zahl ununterbrochen aufeinander folgen und nicht Regenwetter und Kälte sich zwischen sie einschaltet.

An sich ist bei trockenem Wetter die Luft des Gebirges rein, reicher an Sauerstoffgas und minder von Dünsten geschwängert als die Luft des platten Landes, zumal in den höheren und von dem letzteren entfernten Gegenden. Eben diese Reinheit macht sie jedoch auch rauher, reizbaren Nerven und schwachen Lungen empfindlicher.

Sobald hingegen in der Atmosphäre des Gebirges sich einmal Dünste entwickeln, so ist auch die Gebirgsluft um so mehr mit ihnen angefüllt, je mehr die Waldungen selbst zur Entwicklung dieser Dünste beitragen und je gewisser die Attraktionskraft ist, die die Gebirge, die sie überziehenden Moosdecken und die Waldungen auf die Dünste im Luftkreise äußern. Daher ist auch der Tau in den Waldgegenden sehr stark sowie auch die Nebel, wenn diese stattfinden. Doch stehen unsere Gegenden in der Zahl und Stärke dieser Lufterscheinungen gegen andere Gebirge zurück, welche reicher an Sümpfen und Seen sind als der Thüringer Wald, der in dieser Rücksicht sich insbesondere von dem benachbarten Harze merklich unterscheidet.

Diese verschiedene Luftbeschaffenheit sowie die Veränderung der Witterung selbst hängt vorzüglich mit den Winden zusammen, die eben wehen.

Am herrschendsten sind die Westwinde, die jedoch seltener in der bestimmten Richtung von Abend her und fast immer mehr südlich oder mehr nördlich sich einstellen. Der Südwestwind, lau und mild, bringt häufig Gewitter, fruchtbare Regen und Tauwetter, der Nordwestwind, rauh und kalt, Schneegestöber oder kalte Regen. Der eigentliche Westwind steht zwischen beiden in Temperatur und Wirkung. Nächst dem Westwind herrscht am häufigsten und längsten der Ostwind. Kalt und durchdringend, führt er zwar oft aus dem Lande Nebel und Schneegestöber herbei, hat er diese jedoch abgelagert, so läßt er alsdann gewöhnlich heiteren Himmel und beständige Witterung folgen. Als Nordost und eigentlicher Ost mäßigt er indessen die Temperatur der Luft so, daß sie oft in empfindliche Kälte übergeht. Als Südost hingegen erhält er eine wohltätige Milde. Allein in der ersteren Richtung ist er fast immer beständiger und anhaltender als in der letzteren, aus welcher er oft in Süd übergeht und dann, nach Verschiedenheit der Jahreszeit, im Sommer durch Gewitter, im Winter durch heftiges Tauwetter und Regen, der Beständigkeit der Witterung ein Ende macht. Kein Wind läßt so bestimmt auf eine schnelle Umwandlung der Witterung schließen als der Südwind.

Gewöhnlich macht er den Übergang aus dem Ost- in den Westwind, und wenn dies der Fall ist, so klärt sich der von Süden her getrübte Himmel fast immer aus Westen wieder auf, und das anhaltende Regenwetter geht in abwechselnde oder vollkommene Heiterkeit des Himmels über.

So macht auch der Nordwind, der ebenfalls ungleich seltener und minder beständig als der Ost- und Westwind ist, gewöhnlich den Übergang des letzteren in ersteren. Er ist kalt, rauh und führt uns vom Harz her fast immer Schneegestöber und Regen herbei.

Von diesen allgemeiner verbreiteten und auch in den höheren Regionen herrschenden Winden sind die einzelnen Windstriche verschieden, die den Gebirgen eigentümlich sind. Auch bei der stillsten Witterung weht stets, vorzüglich des Morgens und Abends, bald mit minderer, bald mit größerer Stärke, ein Luftzug auf dem Gebirge und zum Teil auch in den nicht ganz verschlossenen Tälern, welcher ohne Zweifel in den in verschiedenem Grade erwärmten Luftschichten und in dem zwischen ihnen aufgehobenen Gleichgewichte seine Entstehung hat und seine Richtung nach dem verschiedenen Verhältnis der einzelnen Luftmassen gegeneinander bestimmt.

Vor allem wichtig ist der Einfluß, den die Richtung des Gebirges, der Lage desselben und seiner Täler gegen die sie durchstreichenden Winde und gegen die Sonne auf die Beschaffenheit des Klimas seiner einzelnen Teile haben. Da die Haupttäler des nordwestlichen Gebirgsabhanges nach Nordwest, Nord und zum Teil Nordost, die des südlichen Abhanges nach den entgegengesetzten Richtungen geöffnet sind, so sehen sich jene den rauhen nördlichen und östlichen Winden preisgegeben, während diese den milden Einfluß der Süd- und Südwestwinde genießen. Die wohltätige Einwirkung der Sonne auf die gegen Süd liegenden Flächen ist von selbst begreiflich, und diese wird auf der südlichen Seite des Gebirges noch dadurch verstärkt, daß dort wegen des sanften Verflachens der Abhänge, wegen der größeren Weitungen und der geräumigeren Täler, wegen der geringeren

Höhe der südlich vorliegenden Berge dem Sonnenlichte weit weniger Hindernisse sich entgegenstellen, als dies auf der Seite des nördlichen Abhanges der Fall ist, wo die steilen und höheren Berge enger aneinandergedrängt nur zu minder ausgedehnten Tälern Raum lassen und die gegen Süd liegenden Flächen durch die gegenüberstehenden Höhen weit mehr in Schatten gestellt und erhalten werden. Dieses macht die Temperatur der einen von der anderen Seite merklich abweichend, und die Vegetation des südlichen Gebirgshanges ist, wo nicht besondere Verhältnisse des Bodens und der Lage eine Ausnahme machen, im Durchschnitt genommen, vor der des nördlichen Teils an Zeit und Kraft merklich voraus. Ebenso unterscheiden sich aus eben diesen und ähnlichen Gründen auf ein und derselben Seite des Gebirges die engeren, dem Einfluß der Sonne später und weniger ausgesetzten Täler auffallend in Wärme und Fruchtbarkeit von den offenen Tälern und Weitungen, die sich in ihrer Nähe finden. Sie unterscheiden sich um so mehr, je weniger die letzteren der Einwirkung rauher Winde offenstehen oder je mehr sie sich von dem höheren Rücken des Gebirges entfernen. Denn sehr viel entscheidet auch dies letzte Verhältnis auf der einen wie auf der anderen Seite.

Die Rauhigkeit, die wir als allgemeinere Eigenschaft des Klimas unseres Gebirges angaben, bestimmt auch die Gestalt und Dauer der verschiedenen Jahreszeiten. Je höher und weiter im Gebirge hinauf, um so früher und länger behaupten der Winter und seine Begleiter, Schnee und Frost, ihre Rechte. Nicht selten sind schon Ende Oktober oder Anfang November die mittleren und hohen Berge mit Schnee bedeckt und bleiben es bis in den April und selbst bis Mai. Ja in einigen versteckten Schluchten der höheren Gebirgsstellen, z. B. am Schneekopf und Inselsberg, lassen sich oft nur kurz vor Johannistag (8) Überbleibsel von Schnee aufweisen. Die Kälte ist streng, und die reinere Luft auf den Gebirgen macht sie an heiteren Tagen dem Körper und insbesondere der Brust noch empfindlicher.

Der Frühling, vorzüglich wenn wir ihn im etwas poetischen Sinne nehmen, verdient diesen Namen in der Tat in unseren Gebirgen höchst selten. Fast immer machen ihm die unaufhörlichen Abwechslungen zwischen Schneegestöber und einzelnen täuschenden Sonnenblicken im März und April und eine oft sehr anhaltende Kälte im Mai seine Rechte streitig. Die schöneren Tage gewährt im Durchschnitte der März. Oft bringt insbesondere in den Schwarzholzwaldungen (9), wenn die Sonne die Oberhand über die Morgennebel gewinnt, in den wärmeren Mittagsstunden das neue Grün der Wiesen und der glänzende Moosgrund mit dem immer grünen Laube der Tannen und Fichten die Täuschung von Sommertagen hervor.

Diese Sommertage treten indessen erst sehr spät ein, und wenn man vorzüglich warme Nächte für einen Charakter der Sommerwitterung ansehen will, so sind diese auch nach den schwülsten Tagen so selten, daß in dieser Rücksicht der Übergang vom Frühling zum Herbst oft sehr nahe liegt. Die Tage hingegen sind indessen oft sehr heiß und schwül, zumal in den Tälern, wo sich die Hitze – von den Bergen zurückgeworfen – gleichsam verdichtet.

Jene immer zunehmende Kühle der Nächte abgerechnet, bringt der Herbst bis gegen Ende des Oktober im Gebirge gewöhnlich die schönste Witterung. Zwar birgt sich an den meisten Morgen Wald und Höhe im Nebel. Allein gewöhnlich zieht sich nach einigen Stunden der Wolkenvorhang zurück und entschleiert die Gegenden. Seltener als im Frühjahre und Sommer unterbricht anhaltendes Regenwetter die Reihe schöner und freundlicher Tage, bis ihnen der herannahende November in der Regel auf einmal ein Ende macht.

Unter dem Einfluß der Jahreszeit und der herrschenden Winde behauptet nun die Witterung im Gebirge überhaupt den Charakter der Unbeständigkeit, welchen wir dem ganzen Klima beigelegt haben. Auch im flachen Lande sind lang dauernde Perioden derselben Modifikationen der Witterung sehr selten. Das Gebirge unterscheidet sich in dieser Rücksicht keineswegs von dem flachen Lande, aber wohl darin, daß zufolge der natürlichen Anziehungskraft, welche die höheren Erdstriche zu den in ihrer Nähe befindlichen Dunstsammlungen zeigen, die Anhäufung und Ergießung dieser Dünste im Gebirge anhaltender und häufiger vorkommt als in den Ebenen. Schwüle Tage im Sommer führen bald Gewitter herbei, welche gewöhnlich die Luft so abkühlen, daß nicht selten sich Schneeflocken zwischen den Regengüssen erzeugen oder Nachtfröste ihnen folgen, deren man sich bis zu Johannis hin von mehreren Jahren erinnert. Heitere Tage im Winter werden bald von Nebeln, die den ganzen Tag über die Gegend bedecken, abgelöst. Doch finden diese Abwechslungen fast nie ohne vorhergehende Anzeigen statt, wohin, wie eben bemerkt, im Sommer die Gewitter, in anderen Jahreszeiten die Abwechslungen der Winde gehören, die der Wetterveränderung fast immer vorangehen.

Die Kenntnis dieser Witterungszeichen ist daher dem Waldbewohner und wegen des augenblicklichen Interesses, das der Reisende mit jenem gemein hat, auch diesem sehr wichtig. Schon oben haben wir etwas von dem, was der Windwechsel ahnen läßt, gesagt. Der Westwind, wenn er auf den Ostwind folgt, bringt gewöhnlich milde Witterung und Regen. Tritt er nach Nordwind und Südwind ein, so verspricht er eine, im Verhältnis zu jener, minder regenhafte und unbeständige Witterung, macht, wie man im Gebirge zu sagen pflegt, die Wolken fest und hat oft selbst beständiges Wetter zur Folge. Der Südwind nach dem Westwind bringt fast mit Gewißheit Regen, minder schnell folgt er, wenn der Südwind nach dem Ostwind eintritt.

In großem und verdientem Ansehen als Wetterprophet steht bei den Bewohnern des Thüringer Waldes und der angrenzenden Gegenden, soweit sie ihn im Auge haben, der Inselsberg. Sein mit Wolken bedeckter Gipfel verkündet stets Regenwetter, dagegen das heitere Ansehen desselben schöne Tage verspricht. Nur im Herbst leidet dies einige Ausnahme. Hier hebt sich oft der Nebel, welcher in dieser Jahreszeit fast täglich den Scheitel des Berges einschleiert, gegen Mittag hinweg, ohne sich in Regen zu ergießen, und gewährt im Überreste des Tages die heiterste Witterung. Gewöhnlich hingegen und insbesondere im Frühjahr und Sommer darf man auch von dem unbedeutendsten Dunstwölkchen, das sich am Inselsberg oft kaum merklich zeigt, baldiges Regenwetter erwarten. Der Thüringer Wald selbst aber verkündigt schon durch die Abänderung seiner Farbe die Launen der Witterung. Je reiner und heller das Blau ist, in welches sich die entfernteren Berge hüllen, um so gewisser läßt sich auf die Dauer der günstigen Witterung rechnen. Selbst eine leichte Nebeldecke bringt hierin keinen Unterschied, sobald sie nur das Blau des

Berges nicht dunkler färbt. Je dunkler hingegen dieses Blau erscheint, je mehr sich einzelne hellere Gegenstände, Orte, Gebäude und dergleichen, z. B. der Tenneberg, Schnepfenthal, Elgersburg usw., aus der blauen Masse hervorheben, um so gewisser ist der Abfall der guten Witterung in Regenwetter. Noch hat jede Gegend insbesondere einzelne Punkte, die ihr zu Propheten dienen. Die Orte, welche den Schneekopf und Ruppberg im Gesichte haben, richten sich nach diesen wie andere nach dem Inselsberg. Im Tal der Apfelstädt sieht man Regen voraus, wenn die Luft von Tambach her sich trübt. Wolken, die aus dem Werratal emporsteigen, gehören vorzüglich zu diesen Andeutungen. Am schnellsten erfüllen ihre Verkündigung die kleinen Nebel, welche in Gestalt einzelner aus Schloten emporsteigender Rauchsäulen oder dampfender Kohlenmeiler sich zuweilen aus dem Gebirge erheben. Hier darf man nicht zweifeln, daß nach wenigen Stunden Regenwetter eintreten wird.

Beobachtet der Reisende diese Zeichen der bevorstehenden Witterung, setzt er damit die aus der Naturgeschichte bekannten Prophezeihungen in Verbindung, die das Verhalten einzelner Naturgeschöpfe gewährt, so wird er mit ziemlicher Gewißheit seinen Plan nach dem kommenden Wetter bestimmen und sie, soweit es sein Zweck gestattet, nach diesem abändern oder näher ausbilden können.

Wir werden auf den Einfluß, den das bisher geschilderte Klima auf die Gestalt der Landwirtschaft, auf ihre verschiedenen Zweige, auf die Lebensart und die Gesundheit der Bewohner des Thüringer Waldes äußert, in der Folge zurückkommen, wo wir von diesen Gegenständen selbst handeln.

Naturprodukte des Mineralreichs

Vorzüglich merkwürdig ist der Thüringer Wald wegen seiner mineralischen Produkte, obgleich der Bergbau auf demselben nicht von sehr großer Beträchtlichkeit ist. Die Mannigfaltigkeit der Steinarten in diesem Gebirge ist groß. Es enthält die ältesten aller bekannten Gebirgsarten, und rings um seinen Fuß sind auch die jüngsten gelagert, so daß man oft auf einem Wege von wenigen Stunden eine fortlaufende Folge von beiden sammeln kann.

Der höchste Rücken des ganzen Thüringer Waldes sowie die vornehmsten Berggipfel um und neben demselben bestehen aus Granit, Porphyr und Tonschiefer(10). Granit findet sich doch hauptsächlich nur an dem westlichen Ende und an der ganzen Südseite des Rückens. Auf der Nordseite ist er weit seltener, weil ihn da fast überall Porphyr und andere Gebirgsarten bedecken. Die größte Masse von Granit findet man zwischen Ruhla, Winterstein, Brotterode, meiningisch Steinbach, Altenstein und Waldfisch. Dort bildet er ganze Berge und steht auf dem Gebirgsrücken und in den Tälern zuweilen in großen Felsenmassen zu Tage an, unter welchen sich der Gerberstein, ein hoher Berggipfel, wegen seiner wilden, zertrümmerten Gestalt sehr auszeichnet. In den Tälern über Ruhla findet man die schönsten Abänderungen von Granit. Er ist hier sowohl in Rücksicht der Feinheit des Korns als der Proportion der Bestandteile sehr mannigfaltig, obgleich die Bestandteile selbst, in der letztgenannten Gegend nur die drei bekannten, Quarz, Feldspat und Glimmer, sind. Der Quarz bildet dort oft kleine Adern und Drusen, die hier und da eisenhaltig sind und daher ehemals verschiedene Bergbauversuche veranlaßt haben, die nachher wieder liegenblieben. Zuweilen kommt der Quarz in sehr großen Partien darin vor, und alsdann wird er, wenn er rein ist, in Porzellanfabriken und Blaufarbewerken benutzt.(11)

Bei dem Orte Ruhla, am Leisenberge, ist neuerlich ein Bergwerk in diesem Granite angelegt worden. Auf einem wirklichen Gange, der zum Teil aus Quarz, Flußspat, Schwerspat und Hornstein(12) besteht, fand man rotes Kupfererz, Kupferkies und die schönsten Malachite. Ein Teil des Ganges ist merkwürdig, da er aus Hornstein besteht, durch welchen eine Menge Granitstückchen zusammengekittet sind.

Den gewöhnlichen Granit umgeben unmittelbar beträchtliche Lager von anderen granit- und gneisähnlichen Gebirgsarten. Bisweilen bestehen sie aus wahrem Gneise, bisweilen aus übermengtem Granit, aus sehr feinkörnigem sandsteinartigem Granit, aus porphyrartigem Granit, aus Urgrünstein und anderen

Hornblendegesteinsarten. Und alle diese Lager sind wieder mit mächtigen Lagern von Glimmerschiefer bedeckt, welche in jener Gegend die größten Berge bilden. Die Abänderungen von granit- und gneisartigem Gestein findet man vorzüglich schön und mannigfaltig bei Waldfisch, Steinbach, Liebenstein und Brotterode, den Glimmerschiefer in unendlicher Verschiedenheit bei Ruhla, Brotterode und zwischen Pappenheim und Seligenthal.

Die Lager von Urgrünstein finden sich sowohl mit jenen gneisartigen Gesteinen als auch im Glimmerschiefer selbst, und in beiden kommen auch bedeutende Lager von Porphyr vor, der sich durch seine Struktur von den anderen, weiter östlich in ungeheuren Massen vorkommenden Porphyren deutlich unterscheidet. Die Grundmasse des ersteren besteht nämlich aus einer dichten Feldspatmasse, die alle Kennzeichen des dichten Feldspats hat und häufig in Hornstein übergeht. Eines dieser Lager ist mit seinem ganzen Vorkommen im Glimmerschiefer bei dem Gasthof Heiligenstein unweit Ruhla sehr deutlich wahrzunehmen. Mehrere andere findet man am Kissel und Streifling unweit Waldfisch, auch bei Liebenstein.

Alle diese Lager enthalten Gänge von Quarz und Schwerspat, die man durchgängig, besonders an den Orten, wo ehemals Bergbau getrieben worden ist, wahrnehmen kann.

Der Granit mit diesen seinen Begleitern zeigt sich überall am südlichen Abhange des Hauptrückens und steigt hie und da auf denselben hinauf, auch bisweilen eine kurze Strecke über ihn auf die Nordseite hinüber, wie am Großen Weißenberg über Winterstein, in welcher Gegend auch der Drehberg, aus einer Masse von Hornblende und Feldspat bestehend, hervorragt, sowie am Großen Wagenberg zwischen Brotterode und Cabarz. Östlich von Pappenheim verliert sich der Glimmerschiefer ganz und wird in dem übrigen Teile des Gebirges nicht wieder gefunden. Aber zwischen Pappenheim, Floh und Tambach nehmen dagegen die Urgrünsteine so sehr überhand, daß sie ganze Stücken des Gebirges bilden. Man findet hier die verschiedensten Mengungen von Hornblenden, Feldspat und Quarz. Manche gleichen in ihrer Struktur den Graniten, manche sind so feinkörnig, daß sie den Grünsteinen und Basalten nahekommen. Aus der ersten Art bestehen die hohen Kuppen der Hühnberge, und von den feineren Gemengen finden sich merkwürdige Partien an der Landstraße von Schmalkalden nach Tambach. Auch besteht aus einem ähnlichen Gestein die Felsenschlucht, in welcher der herrliche Wasserfall, das Gespring genannt, herabfällt.

Nahe dieser Stelle verliert sich der Granit mit allen Urgebirgsarten unter der großen Masse von altem Konglomerat, welche dort das ganze Gebirge überdeckt. Weiterhin bedecken ihn große Porphyrlager, und erst in der Gegend von Mehlis, Zella und Suhl wird man wieder Granit am südlichen Gebirgsabhange gewahr. Dieser ist merkwürdig wegen seiner groben Gemengteile und besonders wegen der großen, ziemlich vollkommenen Feldspatkristalle, die er hier und da enthält. Auch dort wird er von verschiedenen Urtrapparten (13) begleitet.

So findet man ihn bei Vesser, Schmiedefeld, im Bibergrund bis in den Werragrund. Die Gegend um diese zuletzt bemerkten Punkte ist wegen der besonderen Struktur der granitartigen Gesteine sehr merkwürdig, weil der Granit dort alle seine Eigentümlichkeiten zu verlieren und in manche ihm naheliegenden Gebirgsarten überzugehen scheint. Jenseits des Werragrundes verbirgt er sich ganz unter dem Tonschiefer, welcher in der östlichen Hälfte des Thüringer Waldes den Platz einnimmt, an welchem in der westlichen der Glimmerschiefer steht. Dieser Tonschiefer zeigt sich im Glasbach, Nahe-, Vesser-, Schleuse- und Bibergrund auf der fränkischen, dann in den Tälern nach Möhrenbach und Gehren zu auf der thüringischen Seite. Er ist von schwärzlichasch- und rötlichgrauer Farbe und hat vieles mit dem Glimmerschiefer gemein. Die großen Tonschiefermassen, die noch weiter östlich im Gebirge liegen, scheinen in anderen Verhältnissen vorzukommen. Der Tonschiefer, von welchem hier die Rede ist, bildet den Burzel, einen hohen Berg unweit Großbreitenbach, und den Pleß. Er enthält sehr viel Quarz in mancherlei Gestalt, unter welchen die stengelige oder faserige besonders merkwürdig ist. Er kommt in Körnern, Trümmern, zwischen den Schieferblättern und in mächtigen Lagern vor, wie ein Glimmerschiefer. Einige dieser Schiefer sind zum Dachdekken zu gebrauchen, zu welchem Gebrauch sie im Schwarza- und Lichtegrund, an der Eichwand, am Bilscheyber Berg, bei Weißbach, Cursdorf usw. gebrochen werden. Einige Partien, die sehr

Abdruck fossiler Farne im Schiefergestein

mit Quarzstoff gemischt sind, werden als Wetzschiefer benutzt, von welchem sich die berühmtesten Brüche am Fuße des Hiftenberges, zwischen Steinheid und der Siegmundsburg, auch am Schloßberg bei Lauenstein befinden.

Die am weitesten verbreitete unter den alten Gebirgsarten des Thüringer Waldes ist unstreitig der Porphyr (14). Sie charakterisiert eigentlich den Thüringer Wald, den man vorzugsweise ein Porphyrgebirge nennen kann, und auf zwei Dritteilen seiner ganzen Länge von Westen an gerechnet, nimmt sie die größten

Strecken im Gebirge ein und bildet die größten Berge und die höchsten Gipfel. Der Porphyr ist dabei von sehr mannigfaltiger Art. Doch lassen sich alle seine Abänderungen in drei Hauptklassen bringen: Feldspatporphyr, Tonporphyr und Grünsteinporphyr. Was man gewöhnlich Hornsteinporphyr nennt, sind am Thüringer Walde immer nur einzelne Partien in dem Feldspat- und Tonporphyr. In dem letzteren sind diese ohne erkennbare Ordnung vorkommenden Partien häufig grün gefärbt. Des Feldspatporphyrs ist schon gedacht. Er kommt mit den gneisartigen Gesteinen und mit dem Glimmerschiefer in der eigentlichen Granitgegend und um dieselbe herum gelagert vor. An der Grenze dieser Gegend aber, bei den gothaischen Dörfern Schmerbach und Winterstein, fangen die großen Massen von Tonporphyr an, die sich auch überhaupt am meisten auf der thüringischen Seite und auf dem Rücken des Gebirges finden. Der Porphyr bildet über Schmerbach die ungeheure Felsenwand, den Meisenstein, bei Winterstein den Treppenstein und mehrere große Felsengruppen im Tale der Sembach. Der ganze Große Inselsberg besteht aus rötlichgrauem Tonporphyr mit inliegendem gelblichrotem Feldspat und vollkommenen Quarzkristallen von dunkelgrauer Farbe. An der Südwestseite des Gipfels besteht die Felsenwand, der Inselsbergstein, aus dieser Masse, und die Südseite ist mit Trümmern davon bedeckt. Keine Gebirgsart zeichnet sich durch viele hohe schroffe Felsen in ganzen Wänden und einzelnen Zacken so aus wie diese. Fast jedes Tal bietet einige dar. Eines der wildesten ist in dieser Hinsicht das Tal der Laucha. Vorn an seinem Eingang steht der große Übelberg, an dessen steilem Abhang ein kahler Porphyrfelsen hervorragt und dessen Gipfel in einem Kamm von solchen Felsen endigt, die mit zahllosen größeren und kleineren Trümmern umschüttet sind. Der Porphyr besteht hier aus einer rötlichen Tonmasse mit großen Feldspatkristallen. Diesem Berge gegenüber sind der Datenberg und die Leuchtenburg voll von Felsen von einem Porphyr mit Grünstein oder trappartiger Grundmasse, und noch weiter hinten im Tale bildet die mehrere hundert Fuß hohe Felsenwand des Bärenbruchs mit den ihr gegenüberstehenden einzelnen Zakken und Trümmern eine malerische, wilde Gegend.

Die hintere Hälfte des Ungeheuren Grundes, der Regenberg, die Hohe Warte bei Pappenheim, die höchsten Berge nach der Quelle der Leina zu, sind Porphyrberge. Zwischen der Quelle dieses Baches und der der Apfelstädt ist es, wo auch diese Urgebirgsart ganz von dem alten Konglomerat bedeckt wird. Aber um die Quellen der Apfelstädt her erhebt sie sich wieder in desto größeren Massen und breitet sich dann immer weiter im Gebirge aus.

Auf der Nordseite zeigt sie sich zuerst wieder bei dem Hubenstein, ein und eine halbe Stunde von Tambach. Dann weiter östlich in dem wunderschönen Tale des Schmalwassers, in welches man aus dem Dorfe Dietharz kommt und welches die schönsten, größten und malerischsten Felsenpartien im ganzen Gebirge darbietet, die meistenteils aus der bei dem Übelberge schon bemerkten Porphyrart mit sehr großen Feldspatkristallen bestehen. Ganz im Hintergrunde dieses Tales, nahe am Rücken des Gebirges, werden die Felsen noch häufiger und grotesker, aber dort verändert sich die Porphyrart. Die Feldspat- und Quarzkristalle werden ganz klein und die Grundmasse dunkler. Aus diesem Porphyr besteht der Falkenstein, von welchem wir seiner malerischen und zugleich imposanten Gestalt wegen eine Abbildung liefern.

Auf dem südlichen Abhange dieser Gebirgsstrecke sind die Möst, der Donnershauk, der Große Hermannsberg, der Ruppberg, lauter ausgezeichnete hohe Berge, aus Porphyr von verschiedenen Abänderungen gebildet. Die ersteren dieser Berge sind wegen ihrer felsigen Wände und Gipfel merkwürdig, der letztere wegen des Vorkommens des Porphyrs in Säulen, welches Anschüz an ihm bemerkt hat. Zwischen diesen Bergen und den Orten Steinbach-Hallenberg, Ober- und Unterschönau, Mehlis, Suhl, Goldlauter, Schmiedefeld, Frauenwald, Stützerbach, Ilmenau, Manebach, Gehlberg, Arlesberg, Stutzhaus und Dietharz ist alles Porphyr.

Der Schneekopf ist das Haupt dieser Porphyrberge, und sein Gipfel besteht aus einem Tonporphyr von perlgrauer Grundmasse mit kleinen Feldspatpunkten von erdigem Gefüge und sehr wenigen Quarzkristallen. Die anderen größeren Berge auf der nördlichen Seite sind der Saukopf, der Kickelhahn, der Kienberg usw.

Bergbau kommt im eigentlichen Porphyr nicht vor, sondern nur auf seiner Scheidung mit neueren Gebirgsarten.

Um den Schneekopf herum in der Gegend von Oberhof, Schwarzwald usw. finden sich vorzüglich schöne grüne Porphyre. Die wichtigste Art des Porphyrs für die Gewerbe ist der poröse Porphyr von hellrötlicher, auch perlgrauer Grundmasse, mit kleinen Feldspat- und Quarzkristallen, von welchen besonders die letzteren häufig sind, auch kleine Drusen in den Höhlungen bilden. Diese Abänderung kommt hauptsächlich in der Gegend von Schwarzwald, Oberhof, Dörrberg, Friedrichsanfang usw. vor. Er gibt vortreffliche Mühlensteine, welche sich wegen der kleinen Quarzkristalle immer von selbst scharf erhalten, daher er auch in ganz Thüringen und noch in entfernteren Gegenden zu Mühlensteinen gebraucht wird. Bei den angeführten Orten findet man große Brüche in dieser Gebirgsart angelegt, und da die Einwohner des gothaischen Dorfes Crawinkel den meisten Handel mit diesen Steinen treiben, so ist er unter dem Namen Crawinkler Mühlenstein überall bekannt. Bei Erbauung der Sternwarte Seeberg ließ man ungeheuere Quader aus diesen entfernten Steinbrüchen auf den Seeberg schaffen und baute davon die großen Mauern zu den Quadranten, deren jede nur aus zwei aufeinandergesetzten Quadern besteht.

Der Porphyr hält im Gebirge noch weiter östlich an, doch findet man nach dieser Gegend zu noch weit mehr den Porphyr mit trappartiger Grundmasse, welcher auf der westlichen Seite nicht so verbreitet ist. Man trifft auf ihn von der Gegend bei Suhl an, am Rinnberg und Dellberg, an dem hohen Kopf des Eisenbergs, in den Tälern um Frauenwald, oben bei Schmiedefeld und jenseits des Arolsberges bis Masserberg. Fast alle in diesen Gegenden von dem Hauptrücken des Gebirges auslaufenden Seitenäste sind mit dieser Steinart überzogen. Besonders mächtig steht er auf der thüringischen Seite von oben herab bis an den Fuß des Gebirges zwischen den Tälern der Oelze, Rischel, Möhrenbach, der Wohlrose und Schobse. Außerdem findet man ihn noch in mehreren mit diesen Stellen nicht durchaus zusammenhängenden einzelnen Partien, auf den Gipfeln des Hundsrücks, Pferdekopfs und Heidelbergs, im Stützerbacher Grund, im Ilmtal usw. Östlich von einer Linie vom Amt Gehren über Möhrenbach durch das Rischeltal und den Oelzegrund nach Masserberg und von da mit der Straße weiter fort und bis Eisfeld gezogen, hört im Gebirge die Porphyrregion auf, und dort fangen die Tonschiefer an.

Eine besondere Abänderung des Porphyrs ist der sogenannte

Kugelporphyr. Er ist ein Tonporphyr von rötlichgrauer Grundmasse mit Quarz und Feldspatkörnern, in welchem sich aber größere und kleinere Höhlungen befinden, deren Wände mit Drusen besetzt oder die inwendig ganz mit einer anderen Masse überzogen sind. Die Höhlungen finden sich von sehr verschiedener Größe von der einer Erbse an bis zu einem halben Fuß im Durchmesser. Doch bemerkt man, daß in einer jeden Gegend oder Partie dieses Porphyrs die Höhlungen ziemlich von gleicher Größe sind, so daß man nicht große und kleine in einem Stücke vermengt finden wird. In dem Inneren der Höhlung ist solche stets entweder ganz mit einer chalzedon- oder hornsteinartigen Masse ausgefüllt, oder die Wände sind wenigstens zuerst damit überzogen, und auf diesem Überzuge sitzt gewöhnlich kristallisierter Quarz, teils weiß, teils amethystfarbig, teils rötlichweiß, meistens sehr von Eisenkalken verunreinigt oder mit kristallisiertem Eisenglanz, auch Eisenrahm überzogen. Oft ist die ganze Höhle mit zerreiblicher Eisenerde oder Eisenschwärze ausgefüllt. Zuweilen findet man auf den Quarzkristallen auch dreiseitig pyramidale Kalkspatkristalle. Beide sind in großen Kugeln oft über zollgroß. Die Kieselmasse dieser Kugeln, welche auch den Porphyr zunächst durchdringt, gibt ihnen eine Rinde, die härter ist als die übrige Masse des Porphyrs. Daher erhalten sie sich, wenn diese verwittert, und werden in den Bächen weit fortgeführt.

Es ist merkwürdig, daß immer die äußersten Teile der Porphyrlager, auf welchen dann die folgenden Gebirgsarten aufliegen, aus diesem Kugelporphyr bestehen, daher man ihn stets in der Nähe der Mandelsteine und der alten Konglomerate findet. Er kommt vor am Anfang der großen Porphyrlager über der Öhrenkammer zwischen Winterstein und Ruhla, auf der ganzen Strecke von Friedrichroda bis auf die Höhe der Kniebreche nach Pappenheim zu und weiter östlich bis an die Quelle der Leina, eine Gegend, in welcher das alte Konglomerat und die Mandelsteine den Porphyr immer begleiten und ihn selbst auf der Höhe des Gebirges bedecken, jenseits dieser Bedeckung wieder am Totenkopf über Georgenthal und noch etwas weiter hinauf, dann am östlichen Fuße des Schneekopfes auf der sogenannten Güldenen Brücke.

Der Mandelstein (15) ist fast steter Begleiter des Porphyrs und besonders des Kugelporphyrs, doch ist sein Vorkommen noch nicht genau untersucht. Seine Grundmasse ist trapp- oder wakkenartig, mehr oder minder fest. Die Mandeln sind teils in der gewöhnlichen Mandelform, aus Chalzedon und Kalkspat bestehend, teils runde Löcher mit Grünerde, Kalkspat und Quarzkristallen überzogen, oder auch ganz leer. Vorzüglich schön findet man ihn auf der Schönen Leite über Tabarz, im Kesselgraben bei Friedrichroda, zwischen Georgenthal und Altenbergen.

Übergangskalkstein scheint auf der ganzen westlichen Hälfte des Gebirges zu fehlen. Dagegen zeigt er sich in der östlichen unter den Tonschiefern neuerer Formation (vielleicht Grauwackeschiefer?) und der Grauwacke (16). Man bemerkt seine meistens in tiefen Gegenden ausgehenden Lager, wenn man quer über die Bergkette, von Mengersgereuth auf der fränkischen, über Hämmern, Steinach, Haselbach, Hasenthal, Spechtsbrunn, Buchbach, Gräfenthal und Reichmannsdorf bis Hoheneiche auf die thüringische Seite geht. Im Sorbitzgrunde bei Döschnitz sind Steinbrüche in demselben angelegt, und er ist unter dem Namen Schwarzburgischer Marmor bekannt. Seine Farben sind meist dunkel, grau und schwärzlich, oft beinahe ganz schwarz, rötlich und braungelb gefleckt und häufig mit weißen Kalkspatadern durchzogen. Er enthält Versteinerungen von Trochiten (17), Schraubensteinen, auch einigen zweischaligen Muscheln, aber keine Spur von Korallengewächsen.

Zu Übergangstonschiefer und Grauwacke gehört die ungeheure Ablagerung von schwarzem und grauschwarzem Tonschiefer, die von Steinheid bis Lehesten die ganze thüringische Seite des Gebirges, eine große Strecke der fränkischen Seite von Theuern bis über Hasenthal hinauf einnimmt, zu beiden Seiten dieser Gegend sich bis an den äußeren Fuß des Gebirges erstreckt und zugleich auf seinen höchsten Punkten bei Steinheid und Spechtsbrunn liegt. Es kommen auch noch einzelne Striche davon zwischen der Grauwacke am Fredersberg und dem Geheg und in der Tettau vor. Die eigentliche Grenze zwischen ihm und der Grauwacke macht der Langenhauer Grund im bambergischen Amte Lauenstein. Seine Hauptfarben sind schwarz und grau. Da dieser Schiefer fast durchaus dünn- und gradschiefrig ist, so wird er zu Schiefertafeln stark benutzt. Man findet große Brüche über Sonneberg am Wege nach dem Feldberge, an der Ehnesleite bei Forschengereuth, bei Dittersdorf über Blankenburg, bei Ludwigstadt am Donnersberg, bei Schmiedebach am Bärenstein und bei Lehesten. Dieser letztere ist der größte von allen und verdient, gesehen zu werden. Eine besondere Abänderung findet sich am Feldberge über Sonneberg, wo der Schiefer in lange Splitter springt und eine gewisse zähe Weichheit hat, daher er zu Schreibgriffeln verarbeitet wird. Man kennt nirgends eine Art, welche dieser ganz gleich käme. Nicht weit von diesem Bruche findet sich ein anderer, dessen Schiefer wieder von beiden Arten verschieden ist und zu Wetzsteinen benutzt wird. Diese ganze Schieferablagerung enthält hier und da Partien von Zeichenschiefer und andere von Kieselschiefer, auch ist ihm an einigen Orten Schwefelkies und auch Quarz beigemengt, der letztere jedoch selten und bisweilen in Nieren.

Eigentliche Grauwacke findet sich bloß an dem östlichen Flügel des Thüringer Waldes und folgt auf den eben beschriebenen Tonschiefer, mit welchem sie hier und da abwechselt. Heim nimmt an, daß sie unter demselben liege. Ihr Anfang ist beim Tonschiefer bemerkt worden. Sie steht fast ganz auf der fränkischen Seite, nur in der Gegend von Ludwigstadt, Lauenstein und Lehesten zieht sie sich ein wenig auf die thüringische Seite herüber. Alle in die Kronach auslaufenden Täler bestehen aus dieser Gebirgsart, und so erstreckt sie sich bis auf die Höhe über Lehesten und Teuschnitz. Die Poststraße von Sonneberg nach Judenbach führt ganz über dieselbe. Gewöhnlich kommt sie in Bänken vor, die durch geradlaufende Absonderungsklüfte voneinander getrennt werden und ungleicher Mächtigkeit sind. Sie haben zuweilen bis zwölf Fuß Mächtigkeit, werden aber in der Regel immer schwächer, je näher sie dem Tonschiefer kommen und wahren Grauwackenschiefer bilden. Auch kugelige Partien kommen in derselben vor. Ihre Farbe ist meistens grau, doch kommt sie schwärzlich, weißlich, rötlich, gelb und grünlich vor. Ihre Grundmasse ist dieselbe wie die der Tonschiefer. Die anderen Gemengteile bestehen aus Quarz, Feldspat, einer roten, dem Porphyr ähnlichen Masse und silberfarbenen Glimmerblättchen. Der Quarz ist am häufigsten. Selten erreichen diese Körner die Größe einer Haselnuß. Sie sind rundlich und haben selten scharfe Ecken. Eine merkwürdige Felsengruppe von

Grauwacke, die einem Konglomerat ähnlich ist, sieht man bei Oberhasloch.

Das Konglomerat (18), alter Sandstein, rotes und graues Todliegendes (19), Waldplatten genannt, das unterste Flözlager, ist am Thüringer Wald eine der wichtigsten Gebirgsarten und unter allen am weitesten verbreitet. Der westliche Flügel des Thüringer Waldes steigt mit solcher aus den niedrigen, neuen Flözgebirgsarten steil empor, und man trifft dort ein ganzes Stück Gebirge an, das aus derselben besteht. Dieses ist die Gegend um Eisenach und Wilhelmsthal. Die hohen steilen Berge der Wartburg, des Mädelsteins, das ganze Marienthal bei Eisenach, alle Berge um Mosbach, Hohe Sonne, um Wilhelmsthal herum bis gegen Etterwinden, Altenstein und Ruhla hin sind lediglich Konglomerat, und diese Gebirgsart bildet dort ungeheure, schroffe Felsen. Darunter sind der Mönch und die Nonne bei Eisenach, das Verfluchte Jungfernloch, der Gehauene Stein, die Felsenschlucht des Landgrafenlochs, die großen Felsenwände am Schwarzenberg, der Wachstein über Mosbach mit der vortrefflichen Aussicht und mehrere schöne Felsenpartien im Park bei Altenstein bekannt und zum Teil sehr sehenswürdig. Auf der thüringischen Seite zieht es sich an dem ganzen Fuß des Gebirges hin und steigt mehrmals bis an den höchsten Rücken hinan. So findet man es am Breitenberge, Mittelberg und Drehberg über Winterstein, weiter östlich am Zimmerberg und Tenneberg bei Tabarz, mit Gängen von Flußspat, Schwerspat und Eisenstein am Wolfssteig bei Friedrichroda, wo ein nicht unbedeutender Bergbau auf Eisen betrieben wird. Bei Georgenthal und Tambach wird das Lager ungeheuer mächtig und legt sich über den ganzen Rücken des Gebirges am Sperrhügel hinüber bis an den fränkischen Abhang, an welchem es von Altenstein an sich ebenfalls am Fuße bis in jene Gegend hinzieht und sich nicht minder an einigen Stellen, z. B. an der Kniebreche bei Pappenheim, bis nahe an den höchsten Rücken anlegt.

Am mächtigsten zeigt es sich eben da, wo es über das Gebirge herübergelagert ist, zwischen Finsterbergen, dem Neuen Haus, Tambach-Dietharz, im Leinagrund, Spittergrund bis zum Schmalwassergrund, gegen den Hubenstein und Falkenstein hin. Sein höchster Punkt ist der Sperrhügel, über welchen es sich an der fränkischen Seite über den Kernberg in den Ebertsgrund bei Steinbach-Hallenberg hinabzieht. Dann findet es sich wieder einzeln am Fuße nördlich bei Friedrichsanfang, südlich bei Benshausen, Albrechts und Suhl. Bei Dörrberg unter dem Schneekopf wird es abermals sehr mächtig und steigt bis gegen den Schneetiegel und die Güldene Brücke herauf. Am Fuße des Gebirges hält es an bis zur Sturmheide bei Ilmenau. Dort steigt es im Ilmgrund hinauf und ist zum zweitenmal, aber in einem sehr schmalen Striche über den Gebirgsrücken hinübergelagert, beim Sachsenstein, Mordfleck und über Goldlauter hinunter nach Suhl zu.

Nun setzt es auf der fränkischen Seite noch eine kurze Strecke in der finsteren Erle und dem Vessergrund fort, auch weiterhin im Schleusegrund, doch mit veränderter Gestalt als braunroter Sandstein, bis gegen Eisfeld hin, wo es mit einem Male abgeschnitten wird und erst acht Stunden davon bei Föritz sich wieder zeigt und über Neuhaus und Stockheim bis Kronach sich hinzieht. Auf der thüringischen Seite zeigt sich dasselbe ebenfalls in dieser Gestalt von Langewiesen an östlich. Die äußeren Kennzeichen dieses merkwürdigen Gebirgslagers sind unendlich verschieden. Man findet es als ein Konglomerat von Kopfgröße bis zu der äußersten Feinkörnigkeit des Sandsteins, ja bis zu der täuschendsten Ähnlichkeit mit Schiefer, und zwar bald Sandschiefer, bald Tonschiefer, sowie außerdem von allen zwischen diesen Extremen nur denkbaren Abstufungen. Wo es als deutliches Konglomerat erscheint, da bestehen seine Gemengteile allezeit aus Brocken der nächstliegenden Urgebirgsarten. Seine Hauptmasse ist Tonstein von roten und grünlichen Farben. Aus dieser Masse besteht das schiefrige Gestein ganz, wenn es keine Geschiebe enthält. Bisweilen sind ihm auch Kalkteile beigemischt, und dann braust es mit Säuren. Erscheint es als feiner Sandstein, so enthält es gemeiniglich Glimmerblättchen, und die Tonmasse liegt in Nieren darin.

Die Steinkohlenformation des Thüringer Waldes scheint offenbar eigentlich dem vorhergehenden Lager anzugehören. Ihr eigentliches Vorkommen ist nicht leicht zu bestimmen, und man findet sie sehr zerrissen, meistens am oberen Ende enger Schluchten und immer in Verbindung mit jenem Konglomerate und dem sogleich zu beschreibenden Flözkalkstein oder Alpenkalkstein (20). Die Arten des Schiefertons und Sandsteins, die sie häufig begleiten, gehören ohne Zweifel den ersteren jener beiden Gebirgsarten an. Auf der thüringischen Seite findet man sie an der Öhrenkammer unweit Ruhla mit feinkörnigem Sandstein und Schieferton, welche Abdrücke von Farnkräutern enthalten. Am Tenneberg unweit Tabarz sind sie vom Zechstein oder Alpenkalkstein bedeckt.

Bei Manebach und Ilmenau kommen sie wieder mit Kräuterschiefern (21) vor und ebenso am Mordfleck unweit der Schmükke. Weiter östlich findet man auf der thüringischen Seite keine Steinkohlen mehr. Auf der fränkischen Seite stehen sie im Altental bei Pappenheim mit Schieferton, an der Birkleite unweit Steinbach-Hallenberg ebenso, dann in dem Haselbach, bei der Bermbacher Mühle, am Regberge unweit Benshausen, bei Breitenbach am Ausgang des Vessergrundes, bei Crock unweit Eisfeld und endlich bei Stockheim an der bambergischen und meiningischen Grenze, wo ein ansehnlicher Steinkohlenbau betrieben wird.

Der Alpenkalkstein zeigt sich am Thüringer Walde in sehr verschiedener Art und Mächtigkeit. Zu dieser Gebirgsart gehört der sogenannte Zechstein mit dem bituminösen Mergelschiefer, der Gryphitenkalk (22), mancher Stinkstein und der rauhe Kalk. Der bituminöse Mergelschiefer, welcher da, wo er vorkommt, die unterste Lage ausmacht und wegen seines hier und da sehr bedeutenden Kupfer- und Bleigehaltes, wegen der in ihm vorkommenden Steinkohlen und der häufigen Fisch- und selteneren Kräuterabdrücke merkwürdig ist, zeigt sich am westlichen Ende des Gebirges erst bei Kupfersuhl. Dort wurde der merkwürdige Abdruck eines Skeletts in ihm gefunden, der ehedem in Speners Sammlung war, jetzt in der königlichen Mineraliensammlung zu Berlin zu sehen ist und den man für den Abdruck eines Krokodilskeletts erkannt hat.

Dann findet sich der Mergelschiefer weiter auf der thüringischen Seite bei Mosbach, Farnroda, Seebach, Fischbach, Cabarz, Tabarz, Catterfeld, im Mittelwassergrund hinter Tambach, am Sperrhügel, bei Ilmenau, wo der große Bergbau darauf betrieben wurde, bis nach Saalfeld. Auf der fränkischen Seite findet man es bei Waldfisch, Gumpelstadt, Glücksbrunn mit sehr starkem Kupfergehalt, an der Kniebreche über Pappenheim, an der Hohenwarte, im Klinggraben bei Floh, am Rinderberg im Ebertsgrund, am Kernberg und der Birkleite, bei Goldlauter mit Kupfernieren und Arsenkies. Weiter östlich findet man auf der Südseite das bituminöse Mergelschieferflöz nicht mehr.

Wo dieses Flöz vorkommt, ist es in der Regel von dem Zechstein bedeckt, der oft Gryphiten enthält. Wird dieser sehr mächtig, so findet man seine übrigen Abänderungen gewöhnlich mit ihm. An der nordwestlichen Ecke des Gebirges ist er überaus mächtig. So von Eisenach gegen Oberellen, Förtha, Eckhardtshausen, Burkhardtsroda, Kupfersuhl, Waldfisch und Schweina. Bei letzterem Orte erhebt er sich als rauher Kalk in ungeheuern Massen und bildet einige mit großen Felsengruppen besetzte Berge, wovon in einem sich unter Altenstein die große Höhle findet, durch welche ein beträchtlicher, bei Glücksbrunn ins Freie brechender Bach rauscht. Der Hohle Stein über Glücksbrunn besteht aus diesem Kalk. Er streicht dann weiter fort über Steinbach, die Klinge, am südlichen Fuß des Gebirges über Bairoda und die Mommel, über Herges, Wallenburg und den Stahlberg und wird bei Seligenthal von dem Sandstein bedeckt. Oft liegt er in diesem Striche, ebenso wie das Konglomerat, unmittelbar auf Urgebirgsarten auf. Jenseits von Floh erscheint er im Ebertsgrund in einzelnen Partien bei Helmershof und am Komberge. In der Gegend des Dolmars tritt er bis an diesen eigentlich schon außerhalb der Gebirgskette liegenden Berg herüber, und der Kleine Dolmar besteht aus demselben. Dann zieht er sich bei Viernau vorüber nach Benshausen und Albrechts, wo er wieder vom Sandstein bedeckt wird. Zwischen Suhl und Schleusingen in der Erlau kommt er wieder hervor, zieht sich über den Schleusegrund, bildet zwischen Schleusingen und Eisfeld zwei Berge bei Wilhelmsbrunnen und bei Gerhardsgereuth und hört nicht weit davon gänzlich auf.

Auf der thüringischen Seite kommt er mit noch mehreren Unterbrechungen hervor. Er zieht sich dort von Eisenach nach den Ebertsbergen und bildet bei Seebach die hohen Wartberge mit großen Felsengruppen und mit einer Höhle, die unter dem Namen das Backofenloch bekannt, aber noch wenig untersucht ist. Diese Wartberge haben eine besonders reiche und schöne Vegetation.

Stückweise sieht man ihn ferner bei Cabarz, Tabarz, am Zimmerberge, am Schorn, bei Engelsbach, Catterfeld, Dörrberg,

Martinroda, Ilmenau, und zuletzt macht er noch einen langen Strich aus von Königsee über Quittelsdorf, Blankenburg und Könitz bis Kamsdorf. Seine Farben sind immer grau und gelblichgrau, bald heller, bald dunkler. Sein Gefüge ist dicht, mit splittrigem Bruch oder, besonders im rauhen Kalk, löcherig und knollig. Häufig ist er mit Bitumen durchdrungen und wird dann zum Stinkstein. Er enthält fast immer Versteinerungen, besonders der rauhe Kalk, der voll von kleinen zweischaligen Muscheln ist. Am seltensten mögen sie im Stinkstein sein. Charakteristisch für ihn sind seine Zerklüftungen, wodurch die Höhlen entstehen, die sich an mehreren Orten in ihm finden.

Metalle. Ihrer kann am schicklichsten an diesem Orte gedacht werden. Denn zwischen dem Alpenkalkstein und den Urgebirgsarten scheint am Thüringer Walde die eigentliche Erzablagerung vorgegangen zu sein. Alle Erzlagerstätten, Rücken, Gänge, Flöze, Lager usw. fangen in keiner neueren Flözgebirgsart als im Zechstein an, und alle verlieren sich entweder schon, ehe sie das Urgebirge erreichen, oder setzen wenigstens nicht tief in dasselbe hinein. Die größten Erzlager finden sich zwischen dem Alpenkalkstein, Todliegenden und dem Urgebirge.

Eisen ist das Metall, welches diesem Gebirge vorzüglich angehört. Es durchdringt fast alle Gebirgsarten und Gangarten und kommt außerdem in besonders großen Massen vor, vorzüglich auf der Südseite. Von Schweina über Liebenstein, Bairoda, Herges und Seligenthal bis Asbach begleiten die Eisensteinlager unaufhörlich die Grenze der Ur- und Flözgebirge, und dort liegen die ungeheuren Massen davon in der Mommel und dem Stahlberge, in welchem ein alter und sehr bedeutender Bergbau getrieben wird.

Das Eisen kommt hauptsächlich als dichter Brauneisenstein, brauner Glaskopf, Spateisenstein und noch in anderen Arten vor und ist immer von Schwerspat begleitet. Der Stahlberg enthält schöne Stufen von diesen Arten, unter welchen die getropften schwarzen Glasköpfe mit weißen Dendriten und die blau angelaufenen kristallisierten Spateisensteine merkwürdig sind.

Dort, wo der Kalkstein nach dem Kleinen Dolmar zu streicht und von neuerem Sandstein umgeben ist, verliert sich der Eisenstein, kommt aber bei Suhl und bei Albrechts wieder zum Vor-

J.G.K. fe.
1. St. Andreas Stollen.
2. Soweit stehet dieser Stollen in Gezimer
3. Mundloch des St. Andreas Stollens.
4. Halte dieses Stollens
5. Der Mühl Graben.
6. Der Alte Hammer Gra
7. Die Mühle.
8. Die Ilm. Welche das S
Gothaische und Sachsen
marische Scheidet.
9 Mundloch des St. Philipp
Stollens.

Bergwerksanlagen bei Manebach und Kammerberg

schein. Auch dort findet man Grubenbau auf denselben. Bei Ahlstädt, Neuhof, Gethles, an der Schleuse steht er zwischen Granit, Urgrünstein und dem Flözgebirge, weiterhin aber verliert er sich.

Auf der thüringischen Seite finden sich einzelne Spuren von Eisenstein und altem Bergbau im Eisenachischen zwischen Farnroda und Thal, bei Ruhla und Winterstein. Der Bergbau im Wolfsstieg bei Friedrichroda ist noch stark im Umtriebe. Die dortige Eisensteinniederlage kommt im Todliegenden und zwischen diesem und dem Urgebirge vor und liefert hauptsächlich Glaskopf und dichten Brauneisenstein mit Quarz und Schwerspat. Weiterhin trifft man auf einzelne Spuren hinter Tambach im Spittergrunde, im Schmalwassergrunde unweit des Falkensteins, bei Schwarzwald – alle an der Grenze des Todliegenden – und so weiter bis Königsee, Blankenburg, Kamsdorf und Könitz. Bei den letzteren vier Orten liegen die Eisensteine auf der Grenze des Tonschiefers.

Kupfer ist, seiner Menge nach, das zweite Metall im Range, welches der Thüringer Wald liefert. Es kommt hauptsächlich als Kies in dem bituminösen Mergelschiefer eingesprengt vor, welcher zuweilen überaus reich daran ist. Bei der Beschreibung dieses Flözes ist schon der Orte Erwähnung geschehen, an welchen Bergbau darauf getrieben worden ist. Auch des Ganges, welcher mit schönen Kupfererzen bei Ruhla im Granit streicht, ist schon gedacht worden. Die Kupfernieren bei Goldlauter enthalten größtenteils Fahlerz. Auf den Saalfelder Gängen brechen alle Arten von Kupfererzen, zum Teil von vorzüglicher Schönheit.

Blei ist auch dem bituminösen Mergelschiefer eingesprengt als Bleiglanz, bald in größerer, bald in geringerer Menge. Es war ehedem bei dem Ilmenauer Bergbau von großer Wichtigkeit, wegen seines ansehnlichen Silbergehaltes. Dieses ist auch die einzige Art, wie das Silber auf dem Thüringer Walde vorkommt.

Gold findet sich bekanntlich in dem Sande der Schwarza, und nach neueren von Voigt und Heim angestellten Beobachtungen liegt es eigentlich im Quarz, auf der Grenze zwischen zwei aneinandergelagerten Tonschieferarten, wo auch Schwefelkies, Arsenkies, Eisenocker vorkommen.

Kobalt ist an mehreren Stellen in Menge angetroffen worden. Er findet sich vornehmlich auf Gängen, die im Zechsteine durch den bituminösen Mergelschiefer bis ins Todliegende streichen. So zeigt er sich bei dem Blaufarbenwerke Glücksbrunn unweit Altenstein und Schweina am Heidelberg. Hier war der Bergbau sonst äußerst beträchtlich. Aber jetzt ist das Werk sehr ausgebaut. Man findet hier den schönsten Glanzkobalt und Kobaltblüte, dann die gewöhnlichen Begleiter dieses Metalls, Wismut und Arsen, letzteres in verschiedener Gestalt und vorzüglich schön als Pharmacolith. Auf den Glücksbrunner Gruben findet man noch als Gangart Kalkspat, Schwerspat und besonders eine eigene Art von pistaziengrünem, in dreiseitigen Pyramiden kristallisiertem Kalkspat oder Braunspat, der große kugelige und knollige Drusen bildet, dann Erdpech in Schwerspat. Auf dem südlichen Abhange des Thüringer Waldes ist noch ein Bergbau auf Kobalt unweit Asbach am Komberge, auf dem nördlichen – im Kesselgraben bei Friedrichroda und vormals bei Catterfeld im Gothaischen. Diese letzteren Werke sind schon seit mehreren Jahren auflässig. Endlich ist auch bei Saalfeld eine reiche Niederlage dieses Erzes, auf welcher noch gebaut wird.

Titan scheint hier und da eingesprengt vorzukommen, besonders in einigen Granit- und Syenitarten.

Braunstein findet sich bei Ilmenau in Porphyr, im Stahlberge usw. und wird auf den Glashütten benutzt.

Das neue Flözgebirge, welches den Thüringer Wald in kleinen Vorbergen rundherum umgibt, besteht aus Gips, Stinkstein, Sandstein und Flözkalk, und sein Verhalten ist aus den Schriften des verdienten Voigt hinlänglich bekannt. Der Sandstein bildet die meisten und ansehnlichsten dieser Vorberge.

Basalt findet sich nur an einigen Punkten, welche aber schon ziemlich außer der eigentlichen Gebirgskette liegen. Diese sind die Pflasterkaute bei Eisenach, die Stopfelskuppe bei Marksuhl, der Dolmar bei Kühndorf und die Steinburg bei Suhl, wo der Basalt entweder auf Sandstein oder auf Flözkalk gelagert ist.

Andere Steinarten, die sich noch als Gangart, als einzelne Partie, hier und da als Geschiebe finden und einiges Interesse haben oder benutzt werden, sind: Kalkspat; Flußspat an dem großen Gange am Floßberge über Steinbach, bei Catterfeld, Suhl usw.; Gips, vorzüglich in bewunderungswürdig schönen Drusen und sehr großen Kristallen im Herzog-Ernst-Stollen unweit Reinhardsbrunn; Fischschiefer bei Glücksbrunn, Schmerbach, Kupfersuhl, Ilmenau und an vielen anderen Orten; Olivin in den Basalten; Granat in einigen Graniten bei Liebenstein; Lepidolith unweit Ruhla; Hornblende in mancherlei Gestalt; Schörl im Granit bei Schweina; Jaspis als einzelne Partien in gewissen Porphyren; Chalzedon, Carneol, Hornstein und Achatarten ebenso und häufig als Geschiebe; Feldspat, Quarz von vielen Abänderungen; Amethyst besonders bei Brotterode und in den Porphyrkugeln. Die Serpentin- und Talkarten scheinen ganz im Thüringer Gebirge zu fehlen.

Schon aus dieser kurzen Übersicht der mineralogischen Eigentümlichkeiten unseres Thüringer Waldes wird der Kenner beurteilen können, ob dieses Gebirge es wert sei, daß der Freund der Mineralogie in seinen Grenzen verweile. Es ist wahr, daß sich in ihm kein reichhaltiger Vorrat merkwürdiger einfacher Mineralkörper darbietet, ohnerachtet einzelne vorkommende Stücke jedem Sammler willkommen sein werden. Desto mehr Interessen gewährt er hingegen durch die Erscheinungen und Belehrungen, die er für Gebirgslehre und Geologie aufstellt. Wir werden auf mehrere von ihnen da, wo von den Gegenden und Orten, bei welchen sie insbesondere sich finden, die Rede ist, zurückkommen, um dem Beobachter die nähere Aufmerksamkeit auf sie zu erleichtern.

Das Pflanzenreich

Die Flora des Thüringer Waldes – soviel die bisherigen, bei weitem noch nicht in alle seine Teile vorgerückten Untersuchungen urteilen lassen – umfaßt den größten Teil der in Deutschland überhaupt vorkommenden und nicht einzelnen Gegenden und Orten ausschließlich eigentümlichen Pflanzen. Von den 472

Gattungen sichtbar blühender Gewächse, unter welchen Hofmann 1833 Arten (mit Ausschluß der Varietäten) aufzählt, finden sich im Thüringer Wald bei der Musterung seiner bis jetzt bekannt gewordenen Bürger 420 Gattungen und wenigstens 1 200 Arten, die sich als solche bestimmen lassen. Weniger genau läßt sich die Anzahl der kryptogamischen Gewächse schätzen. Ihnen ist bis jetzt nur eine äußerst beschränkte, wenig über die Familien der Laubmoose hinausschreitende Aufmerksamkeit gewidmet worden, und wir getrauen uns von ihnen kaum 300 Arten mit Sicherheit angeben zu können, obgleich wir überzeugt sind, daß ihre Anzahl ungleich größer sein müsse.

Ohnerachtet jedoch die Zahl der Vegetabilien, die der Thüringer Wald umfaßt, so bedeutend ist, so ist dennoch dagegen die Reihe der Pflanzen, die ihm allein oder neben ihm nur wenigen anderen Gegenden eigentümlich sind, nicht so ansehnlich, als man erwarten möchte. Sollte indessen nicht der Mangel fleißiger Nachforschungen noch manche minder gemeine Pflanze in einzelnen, noch von keinem Botaniker besuchten Tälern und Gegenden versteckt halten? Sollten nicht vielleicht die Sammler, die unser Gebirge durchstreiften, in Erhebung der ihnen vorgekommenen Abarten zu eigenen Arten in eben dem Grade zu schüchtern gewesen sein, wie andere in gleicher Hinsicht nicht selten zu voreilig sind? Fortgesetzte Forschungen werden dies vielleicht näher ins Klare setzen.

Wenn aber auch der Thüringer Wald an Reichtum seltener Gewächse bescheiden gegen die höheren alpinischen Gebirge zurücktritt, so ist er gleichwohl nicht ganz arm an Pflanzen, welche auch für den geprüften Botaniker die Mühe des Aufsuchens und Sammelns belohnen (23).

Es ist übrigens nicht zu zweifeln, daß der Thüringer Wald in botanischer Hinsicht seine Gestalt im Verhältnis zu den früheren Jahrhunderten merklich geändert hat. Eine bekannte Tatsache ist es, daß sich schon seit einer geraumen Reihe von Jahren das Nadelholz von Osten nach Westen immer weiter verbreitet und das Laubholz mehr und mehr verdrängt. So wie schon dadurch eine andere Vegetation an die Stelle der alten trat, so mußten sich auch nach und nach die Begleiter der Laubwaldungen verlieren und die minder zahlreichen Schützlinge der Nadelhölzer ihre Plätze einnehmen. Mit der zunehmenden Kultur wurden überhaupt die Wälder lichter und durch den Anbau unkultivierter Strecken der Sümpfe und Lehden weniger. Die Teiche wurden, weil sie mindere ökonomische Vorteile gewährten als die Wiesengründe, in diese umgeschaffen. Mit den Sümpfen, Teichen und Lehden (24), mit den Dickichten der Wälder verschwanden auch die sie bewohnenden Vegetabilien, und andere sprossen nach und nach auf dem umgewandelten Boden hervor, entweder von der Natur selbst herbeigeführt oder von dem Kunstfleiße des Menschen in der fremden Wohnung einheimisch gemacht. Dies ist z. B. der Lärchenbaum (Pinus Larix) in manchen Gegenden bereits wirklich geworden, und wir haben kein Bedenken gehabt, ihn unter den vegetabilischen Bürgern des Thüringer Waldes aufzuzählen. Die Zirbelnußkiefer (Pinus Cembra) wird so, wenn ihre (z. B. bei Stützerbach in Ilmenau) unternommenen Anpflanzungen den erwünschten Erfolg haben, vielleicht auch bald einheimisch bei uns sein.

Wir lassen die Gewächse unerwähnt, welche durch den menschlichen Fleiß jährlich neu gebaut werden, aber wahrscheinlich, um dem Zweck ihres Anbaues zu entsprechen, beständig Kulturpflanzen bleiben müssen, wie z. B. die allgemein verbreitete Kartoffel.

Das Tierreich

Dieselben Ursachen, welche auf die Vegetabilien wirkten und dem Thüringer Wald eine veränderte Gestalt gaben, haben auch auf das Tierreich ihren Einfluß erstreckt. So wie die Waldungen lichter, die zwischen ihnen vorhandenen oder gemachten Blößen angebauter, bewohnter wurden, hat sich nicht nur die Zahl der Tiere, die in ihnen ihren Aufenthalt suchten, vermindert, sondern manche Gattungen haben sich ganz und in eben dem Verhältnisse daraus verloren, als die Nachstellungen der Menschen ihre Ausrottung mehr oder weniger lebhaft bezweckten. Daß es in früheren Jahren selbst Elentiere und Auerochsen in dem Thüringer Walde gab, beweisen uns mehrere historische Zeugnisse.

Und noch vor nicht so langer Zeit konnte man Bären, Wölfe und Luchse unter seine gewöhnlichen Bewohner zählen, so daß im Anfange des 17. Jahrhunderts die Wölfe herdenweis ihn durchzogen und noch im Jahre 1642 von der gemeinschaftlichen hennebergischen Regierung zu Meiningen wegen Ausrottung der Wölfe und Luchse sowie im Jahre 1656 von Herzog Ernst dem Frommen für seinen Anteil an den herzoglichen Landen wegen der Wolfsjagden ausführliche Regulative erlassen wurden. Seit dem Anfange des vorigen Jahrhunderts sind alle diese Tiere seltene Erscheinungen geworden. Der letzte im Herzogtum Gotha selbst, auf dem Wintersteiner Forste, erzeugte junge Bär wurde im Jahre 1686 von dem Büchsenmacher Hans Löfler erschossen. In späteren Jahren haben sich wohl noch hier und da einige Bären aus den böhmischen Wäldern dahin verirrt. Allein aus der letzten Hälfte des 18. Jahrhunderts ist uns kein Beispiel bekannt, daß ein Bär daselbst angetroffen und erlegt worden wäre. Wölfe und Luchse aber lassen sich äußerst selten spüren. Kaum fällt in jedes Jahrzehnt einmal der Besuch eines dieser Gäste.

Unter den zahlreichen Bewohnern aus dem Tierreich, welche wir jetzt etwas näher angeben wollen (25), gehören von den Säugetieren der Rothirsch und das Reh. Sie sind ebenso allgemein bekannt, als sie überall verbreitet sind. Das wilde Schwein (Sus Scrofa) hingegen kommt nicht in einer Gegend so häufig vor als in der anderen. In dem ganzen zum Herzogtum Gotha gehörigen Anteil des Thüringer Waldes sind sie seltene Erscheinungen. Auch im königlich-sächsischen Henneberg sind sie fast ganz ausgerottet. Häufiger sind sie im Fürstentum Eisenach, in den hessischen Bezirken und im Schwarzburgischen und Meiningischen anzutreffen.

Wilde Katzen (Felis Catus ferus) trifft man nur sehr selten an. Vom Wieselgeschlecht leben außer dem Steinmarder (Mustela foina), dem Baummarder (M. martes) und dem gemeinen Iltis (M. putorius), von welchen der zweite am seltensten angetroffen wird, dann dem großen und dem kleinen Wiesel (M. herminca et vulgaris), deren Bälge die Waldbewohner als Heilmittel zur Vertreibung geschwollener oder sonst beschädigter Teile am menschlichen und tierischen Körper schätzen, auch die Fischotter (M. Lutra) einzeln an Teichen und fischreichen Bächen. Die drei in Deutschland einheimischen Schläfer (Myoxus) finden

Siebenschläfer und Gartenschläfer

sich sämtlich auch auf unserem Walde. Der Siebenschläfer (M. glis), welcher dem aufmerksamen Bechstein entging, daher dieser ihn in Thüringen unter die Ausländer zählt, wohnt wirklich in den Laubholzwaldungen bei Cabarz im Gothaischen.

Wanderfalke

Von dem gemeinen Eichhorn (Sciurus vulgaris) findet sich, neben der roten Art, auch die schwarze Varietät sehr oft. Ihre große Zahl macht sie der Ernte des Waldsamens oft sehr schädlich.

Der gemeine Hase (Lepus timidus) ist in Vorhölzern und Wiesengründen häufig. Das Kaninchen hingegen (L. cuniculus) findet sich nur einzeln in einigen kahlen Untergebirgen des Thüringer Waldes. Endlich zählen von den Fledermäusen zu der Fauna dieses Gebirgsstriches die große Hufeisen- (V. ferrum equinum Gm., Noctilio ferrum equinum Bechst.) und die kleine Hufeisenfledermaus (Noctilio Hipposideros Bechst.).

In der Klasse der Vögel machen die Landvögel eine sehr zahlreiche Abteilung aus. Der Wanderfalke (F. peregrinus), der Baumfalke (F. subbuteo) nisten bei uns, gehen aber im Herbste weg. Die große Ohreule (Schuhu, Strix bubo L.) macht sich wegen der häufigen Nachstellungen selten. Der gemeine Bienenfresser (Merops apiaster L.) ist kein gewöhnlicher Bewohner vom Thüringer Wald und verfliegt sich nur zuweilen dahin. Allein, dann erscheint er auch fast immer in größeren Familien. Der Eisvogel (Alcedo ispida L.) ist an den Ufern der Flüsse ziemlich häufig zu finden. Von Krähen wohnen der Kolkrabe (Corvus Corax L.) und die Rabenkrähe (C. Corone) beständig bei uns. Die Nebelkrähe (C. cornix) zieht im Sommer und die Saatkrähe (C. frugilegus) im Winter von uns weg. Die Eichelkrähe (Holzhäher, C. glaudarius) und die Nußkrähe (Tannenhäher, C. caryocatactes) halten sich in unseren Laub- und Schwarzwäldern, die erstere jedoch häufiger als die letztere, auf. Der gemeine Seidenschwanz (Ampelis garrula L.) kommt gewöhnlich nur sehr einzeln zu uns. Zuweilen erscheint er jedoch in ungewöhnlich starken Herden, wie es in dem jetzigen Winter der Fall war. Der gemeine Wasserschwätzer (Cinclus aquaticus Bechst., Sturnus Cinclus L.) kommt an den kalten Bächen in bergigen Gegenden nicht eben selten vor.

Von hühnerartigen Vögeln finden sich drei Arten des Waldhuhns; das große (Auerhahn, Tetrao Urogallus L.), das gabelschwänzige (Birkhuhn, T. tetrix L.) und das schwarzkehlige (Haselhuhn, T. Bonasia L.), das letztere seltener, das erstere am häufigsten.

Die zweite Hauptabteilung der Wasservögel umfaßt nur wenige unseren Waldgegenden bleibend eigentümliche Arten. Die größere Zahl besucht uns nur auf Durchzügen, ohne einen längeren Aufenthalt zu nehmen, wasserreiche Erdstriche locken sie zu sich!

Der weiße Storch wird sich wohl schwerlich in einem eigentlichen Waldorte ansiedeln, hingegen nistet der schwarze Storch (Ciconia nigra Bechst.), welchen Bechstein noch nicht unter die thüringischen Vögel zählt, wirklich auf dem Thüringer Wald. Er fand sich nicht allein nistend unweit Wilhelmsthal bei Eisenach. Sartorius (26), der das dort lebende Paar beobachtete, hält ihn für eine Spielart des gemeinen Storches. Allein, er ist ganz ohne Zweifel eine eigene Art. Auch bei Dörrberg, eine Stunde vom Schneekopf, hatte ein Paar seinen Sommeraufenthalt an einem Felsen genommen, von welchem ein junger Storch geschossen wurde, den wir ausgestopft vor uns haben.

Die übrigen Klassen des Tierreiches haben auf unserem Thüringer Walde noch keine so sorgfältigen Beobachter gefunden als die beiden ersten. Denn, obwohl der fleißige Bechstein auch die dahin gehörigen Geschöpfe nicht unbeachtet gelassen hat, so sind doch seine Untersuchungen über sie noch bei weitem nicht so weit gediehen, als es bei den Säugetieren und Vögeln der Fall ist. Wir dürfen daher für diese Fächer der Naturgeschichte noch künftig manche interessante Entdeckungen hoffen, die das Wenige, was wir aus ihnen hier anführen können, berichtigen und erweitern.

Schleichende Amphibien oder Schlangen, die in unserem Gebirge angetroffen werden, können wir folgende Arten nennen: Die unschuldige Ringelnatter (Hausunke, Coluber natrix L.) an manchen Orten, z. B. bei den Ruinen zu Winterstein, häufig, und die europäische Natter (Kreuzotter in Thüringen, C. Berus L.), deren Biß zwar an sich nicht tödlich, aber doch die Veranlassung sehr gefährlicher Wunden werden kann. Fische finden sich in unseren Waldgewässern folgende: Das kleine Neunauge (Petromyzon Planeri L.), der gemeine Schmerl (Cobitis barbatula L.), der Steinbeißer (C. taenia), der Schlammpeitzger (C. fluviatilis L. Wetterfisch), der Lachs (Salmo salar L.) wird nur zuweilen in der Werra, wohin er sich aus der Weser versteigt, gefangen, die gemeine Forelle (S. forio L.), die Blüte (Schneider, C. alburnus L.) und der Bitterfisch (Ellritze, C. phoxinus L.).

Daß die Zahl der hier genannten Insekten nicht bloß mit den überall gemeinen Arten, die wir nicht genannt haben, sondern im ganzen beträchtlich vermehrt werden könne, wird ihre Vergleichung mit der Ausdehnung des Thüringer Waldes von selbst einleuchtend machen (27).

Ebenso verhält es sich mit den Würmern, deren bis jetzt bekannte Arten sich fast nur auf einzelne Beispiele aus verschiedenen Gattungen beschränken. Wir können daher von ihnen nur folgendes Wenige anführen: Der medizinische Blutegel (Hirudo medicinalis) findet sich in verschiedenen Gewässern, vorzüglich in der Gegend von Eisenach. Der Karpfen-Kiemenwurm (Lernaea cyprinacea) wird oft an den Karpfen gefunden. Mahlermuscheln (Mya pictorum) leben in verschiedenen Teichen und Flüssen. Auch versichert man, die Perlenmuschel (Mya margaritifera) angetroffen zu haben. Kaum werden sich auch zu den hier genannten Geschöpfen außer dem gemeinen Regenwurm und einigen ebenso häufigen Schneckenarten noch viele hinzuzählen lassen, bevor genauere Forschungen den Bürgern dieser Ordnung weiter nachgespürt haben.

Von den allgemeineren Ansichten, auf welche uns der Zweck einer vollständigen Kenntnis des Thüringer Waldes hinleitet, bleiben uns noch die Menschen, die in ihm leben, und die Verhältnisse übrig, unter welchen sie in ihm ihr Dasein finden.

Die Einwohner des Thüringer Waldes

Die Menschenart, die wir hier antreffen, zeichnet sich fast überall durch einen starken, kraftvollen Körper aus. Die Übung ihrer Kräfte, zu welcher sie von ihrer frühen Jugend an ihre Lage auffordert, erhöht das Vermögen ihrer Muskeln bis zu einem Grade, welchen der Bewohner des platten Landes nur selten besitzt. Eine Last von 150 bis 200 Pfund für einen Mann und von 100 Pfund und mehr für eine Weibsperson ist nichts Ungewöhnliches. Daß diese Lasten selten in der Ebene, sondern fast immer über die Gebirge fortgeschafft werden, erhöht noch die Schwierigkeit der Aufgabe und die Gültigkeit des Beweises, der in ihrer Auflösung für die körperliche Kraft unserer Waldbewohner liegt.

Tracht aus Friedrichroda

Ihr Körperbau ist jedoch nicht bloß muskelhaft. Er ist, im Durchschnitt genommen, auch wohlgebildet, keineswegs schwerfällig, sondern leicht, zugleich aber auch fest. Kleine, unansehnliche, verkrüppelte Personen gehören in den Waldgegenden weit mehr unter die Ausnahme als im flachen Lande. Gewöhnlich sind die Gesichtszüge unserer Waldeinwohner regelmäßig, oft selbst schön. Sprechende Augen, blühende Farbe, schlanker Wuchs, Fülle der Gesundheit und Lebenskraft in allen Teilen des Körpers – dies sind Eigenschaften, welche sich sehr oft sowohl unter dem männlichen als unter dem weiblichen Geschlechte finden. Allein, freilich und vorzüglich in Ansehung des letzteren bleiben sie nur den Jugendjahren eigen. Auffallend ist die schnelle und gänzliche Veränderung, die fast immer der Verheiratung folgt. Man könnte sich geneigt finden, an Verwandlung zu glauben, wenn man nicht selten das Mädchen, das ein paar Jahre früher noch in voller Blüte der Jugend vor uns stand, in ein altes, gebeugtes Mütterchen umgeschaffen sieht. Freilich wirken dahin mehr oder minder Sorgen, Kindbetten und Berufsarbeiten auf das Unverkennbarste und folglich auch unter sehr verschiedenen Modifikationen.

Die den Körpern der Waldbewohner eigentümliche Kraft und ihr nicht schwerfälliger Bau macht sie auch in ihren Bewegungen lebhaft und rasch. Ihr Gang ist leicht und schnell, und frühe Gewohnheit macht es ihnen fast ganz gleichgültig, ob sie Berg oder Tal durchwandern. Man rechne daher, wenn ein Waldbewohner die Entfernung eines Ortes angibt, nur nicht nach dem gewöhnlichen Maße unserer Schritte, sondern setze der Angabe, um sie unserem Maßstabe anzupassen, sogleich ein Beträchtliches hinzu. Allein, nicht bloß schnell und lebhaft ist diese Tätigkeit, sie besitzen in ihren Bewegungen und Handlungen zugleich eine Gewandtheit und Geschicklichkeit, die als charakteristisch für die Waldbewohner im Gegensatz zu dem plumperen und schwerfälligeren Landbauern gelten kann.

Diese Körperkraft, die wir unseren Wäldlern (so nennen sich die Bewohner des Gebirges in einigen Gegenden selbst) zuschreiben, wird schon schließen lassen, daß ihr Gesundheitszustand gut sein müsse, und dies ist allerdings der Fall. Die Luft, welche sie einatmen, ist reiner und von schädlichen Teilen freier, und ihr früh abgehärteter Körper trotzt schon an sich weit mehr dem Einflusse der Witterung. Epidemien sind aus dem ersteren Grunde sehr selten. Nur äußerst wenige Beispiele sind bekannt, daß eigentlich ansteckende Krankheiten (etwa die Pocken ausgenommen, welche bei der Behandlungs- und Lebensart der Waldbewohner noch am ehesten gefährlich werden können) große

Verwüstungen unter ihnen angerichtet hätten. Man weiß sogar, daß die Pest, welche sich in den Jahren 1679 bis 1681 durch Deutschland nach Thüringen verbreitet hatte, nicht in und über den Thüringer Wald vordringen konnte. Die Sterblichkeit in den Jahren 1771 und 1772 war nebst den sie veranlassenden Krankheiten unverkennbar nur eine Folge der in diesen Jahren eingetretenen Hungersnot und des Genusses weniger und schlechter Lebensmittel.

Was den Einwohnern des Thüringer Waldes noch am meisten gefährlich wird, ist die schnelle Abwechslung von Hitze und Kälte, die vorzüglich in den Sommermonaten im Verhältnis der Temperatur der Abende und Nächte zu den schwülen Tagen fühlbar wird. Das bis zu 27 Grad in den Mittagsstunden emporgehobene Thermometer sinkt nicht selten am Abend bis zu 11 und 10 Grad wieder herunter. Die Folgen der durch diese schnell eintretende Kälte unterdrückten Ausdünstungen äußern sich dann oft teils in ruhrartigen Übeln, teils in hitzigen Nerven- und Brustfiebern, und vorzüglich sind diejenigen Orte Krankheiten dieser Gattung ausgesetzt, welche dem Einfluß der rauhen Nord- und Morgenwinde offen liegen. Allein, stets bleibt die Wirkung der Krankheiten dieser Art, die sich begreiflich gegen Mitte und Ende des Sommers am meisten zeigen, nur gering gegen die, welche sich unter ähnlichen Umständen in den Dörfern des flachen Landes äußert.

Endemische Krankheiten finden sich in einigen Orten. Dahin gehören z. B. die Kröpfe, welchen die Einwohner des Ortes Ruhla und einiger anderer Bergorte sehr ausgesetzt sind. Wahrscheinlich rührt dieses Übel mehr von dem Trinkwasser als von dem Tragen schwerer Lasten her, dem es gewöhnlich beigemessen wird. Viele Waldorte sind in der letzteren Rücksicht mit der Ruhlas vergleichbar, ohne daß sie jene Beschwerde in eben der Ausdehnung kennen.

In dem gut gebauten, dauerhaften und dabei gewandten Körper unserer Waldleute wohnt gewöhnlich auch ein ihm entsprechender Geist. Fast immer besitzen sie einen gesunden, natürlichen Verstand. Sie fassen schnell und gut und halten das, was sie gefaßt haben, ziemlich fest. Nicht selten findet sich in ihnen ein nicht gemeiner Scharfsinn, der sie zu mechanischen Arbeiten und Unternehmungen aufruft oder sich durch Erleichterung in ihren gewöhnlichen Arbeiten an den Tag legt. Und ebenso unverkennbar ist, wenn man diese Menschenart im freien Handeln und Treiben unter sich beobachtet, die Ader des Witzes, die sie oft in wirklich reichem Grade besitzen. Ihre ursprüngliche Gemütsstimmung ist frei und fröhlich. Wo jedoch Sachlichkeit ins Spiel kommt, da zeigt sich diese gegen Verstand und Überlegung überwiegend. An sich genügsam in hohem Grade, fassen sie jedes Gute, was ihnen geboten wird, dankbar auf und genießen es mit dem leichten jovialischen Sinne, der den bevorstehenden Druck des folgenden Morgens bei dem Frohsein des heutigen Tages vergessen läßt. Es bedarf bei dieser Genügsamkeit und bei der hohen Reizbarkeit ihrer Sinnlichkeit nur wenig, um sie zur Freude zu stimmen, und im ganzen sieht und hört man in den dürftigen Hütten der Waldorte weit öfter die Äußerungen des Frohsinns als in den wohlhabenden Wohnungen des Ackerbauern. Diese glückliche Stimmung paart sich mit dem Sinne zur gefälligen Hilfeleistung gegen andere. Nicht leicht wird man in einem Waldorte umsonst und lange nach irgendeinem Beistande suchen. Jene Neigung zur freundlichen Beihilfe und die rege Tätigkeit des Waldbewohners treibt ihn ohne große Aufforderung dahin, wo es darauf ankommt, jemandem zu helfen. Wir haben mehr als einmal erlebt, daß in einsamen Gegenden ganz unbekannte Menschen, die sahen oder ahnten, daß wir einer Zurechtweisung bedürften, ganze Strecken Weges hinter uns hereilten, um uns über die Richtung unserer Reise zu befragen und zu belehren, oder uns, sich von ihrem eigenen Ziele entfernend, stundenlang begleiteten, um uns einen sicheren, bequemeren oder kürzeren Weg zu führen oder auf andere Weise unseren Zweck zu befördern.

Diese Eigenschaften, so geltend sie sich im allgemeinen erhalten, finden sich freilich oft durch individuelle Umstände sehr modifiziert und abgeändert. Wo die Armut so drückend ist, daß auch die angestrengteste Bemühung des Arbeiters ihm doch nicht mit Sicherheit oder nur allzu spärlich seine Bedürfnisse gewährt, da wird der freie Geist bald niedergedrückt, der Sinn zu helfen verliert sich. Der unablässige Druck eigener Not macht unempfindlich gegen fremde Verlegenheit. Der Scharfsinn übt sich nur noch in Auffindung von Mitteln des augenblicklichen Erwerbs ohne Rücksicht ihrer Rechtmäßigkeit und bildet den tätigen,

Tracht aus Tabarz

aber hilflos schmachtenden Mann zum Betrüger um. Traurige Beispiele dieser Art finden sich in mehreren Gegenden, so wie uns auch unter anderem ein Ort bekannt ist, wo bloß ein emporgehobener Nahrungszweig und die bessere Lage der Einwohner diese Fehler des Gemütes heilte und dem alten, besseren Sinn wieder hervorhalf.

Nicht selten artet der Leichtsinn, mit der Sinnlichkeit gepaart, in wirkliche Verschwendung aus. Zu sparen auf Zeit der Not, ist nicht die Sache des lebhaften, genußliebenden Waldbewohners. Am auffallendsten zeigt sich dies in Fabrikorten. Geht der Absatz der Fabrikate stark und vorteilhaft, sieht sich der Arbeiter in einen besseren, behaglicheren Zustand gesetzt als vorher, so denkt er nicht daran, daß das einmal wieder anders sein werde. Er benutzt vielmehr den Augenblick, und oft scheint es, er habe nichts emsiger zu tun, als sich seines übrigen Gewinnes wieder zu entledigen. Er genießt in jeder Art, was Reiz für ihn hat, befriedigt jede Lieblingsneigung und läßt diese nicht selten in kindische Torheiten ausarten, läßt mit großmütiger Freigebigkeit seine Freunde, Vorgesetzten, Lehrer gern und ohne Aufforderung an seinem Besserbefinden teilnehmen und kehrt vielleicht nach wenigen Monaten schon wieder in die beschränkte Lage, in welcher er sich früher befand, zurück, ohne zu murren – glücklich genug, wenn er nicht im Taumel seines Genusses den Trieb zur Tätigkeit selbst verlor; ein Fall, der nur selten ist.

Freilich schwebt dann in den Stunden, wo der Druck des Mangels fühlbarer eintritt, die Erinnerung der besseren, genußreicheren Zeit lebhaft vor und weckt die Begierde, dieses Wohlbefinden erneuert zu sehen. So wie dies zur augenblicklichen Tätigkeit anspornt, so erwacht zugleich manche abenteuerliche Spekulation mit, bereitet einer Menge wunderbarer Geschichten von verborgenen Schätzen, reichen Metalladern, Gruben voller Edelsteine, von reisenden Venetianern (Venzigenern in der Sprache des Waldes) und von Schatzgräbern, die jene Kostbarkeiten sammeln, unbedingten Zugang und verführt zu ebenso törichten als fruchtlosen Unternehmungen, die sich nur mit dem empfindlichsten Schaden der Teilnehmer und mit dem Spotte anderer endigen, die sich im Augenblicke klüger finden und in der folgenden Woche vielleicht auf gleiche Weise betören lassen.

Mit Gutmütigkeit und Leichtsinn scheint eine oft bis in Halsstarrigkeit ausartende Anhänglichkeit an alte Einrichtungen im Widerspruch zu stehen, die sich bei den Waldbewohnern oft findet. In der Tat zeigt sie sich in Harmonie mit den ursprünglichen Eigentümlichkeiten ihres Charakters, sobald man die Richtungen ins Auge faßt, in welchen sich diese Anhänglichkeit ans Alte äußert. Dieses sind vorzüglich die religiöse und politische Verfassung, welche auf sie vererbt sind. Auch der Leichtsinnige, mag er gleich selbst nicht mit Anstrengung an einem soliden Gebäude seines Wohlstandes arbeiten, findet viel Tröstliches und Beruhigendes darin, etwas Festes und Dauerhaftes neben sich zu erblikken, woran er sich halte. Dies sind ihm Religion und Staatsverfassung, unter deren Einfluß schon seine Voreltern lebten und sich wohl befanden. Nicht gewohnt, seinen Verstand mit Entwicklung spekulativer Wahrheiten zu beschäftigen, ahnt er nichts von den Fortschritten des Zeitalters, die da oder dort wohltätige Modifikationen veranlassen oder sogar gebieten. Er sieht in dem Verbesserer nicht den Befestiger jener Stützen seiner Ruhe, sondern ihren Zerstörer. Was Wunder also, wenn er diesen vermeintlichen Zerstörungen entgegenstrebt. Kommt nun dazu, daß hierbei falsche Vorschritte von seiten seiner Lehrer und Obrigkeiten, unzeitige Strenge, Kränkungen der Sinnlichkeit eintreten, wie fast in jedem einzelnen Beispiele der Fall war,. wo sich jene Halsstarrigkeit zeigte, so geht die Liebe für die gewohnte wohltätige Verfassung in beharrliches Auflehnen gegen die versuchten Einrichtungen über. Allein, Duldung der Irrenden, sanftes Zurechtweisen, Belehrung von Personen, welche ihr Zutrauen besitzen, verfehlen bei den gutmütigen Waldbewohnern fast nie ihren Zweck.

Im Durchschnitt genommen, ist überhaupt der religiöse Sinn der Einwohner des Thüringer Waldes viel größer und lebhafter als derer im platten Lande, und es kann daher ihren Geistlichen nicht an Mitteln fehlen, ihre Achtung und Zutrauen zu gewinnen, wenn sie nur mit Rücksicht auf ihren Charakter und auf ihre Sinnesart mit ihnen umgehen wollen. Dasselbe gilt von der Liebe zum Vaterlande und von ihren weltlichen Vorgesetzten und dem Verhältnis zu ihnen.

Wenn wir fragen, wie die Geisteseigenschaften, die wir dem Waldbewohner zuschreiben, ausgebildet sind, so können wir mit Recht antworten, daß sie, im Durchschnitt genommen, auf einem höheren Grade von Bildung stehen als die Bewohner des platten Landes. Zwar würde man dies mißverstehen, wenn man es auf wissenschaftliche Kenntnisse beziehen wollte. Hingegen ist es sehr gewiß, daß sich in ihrem Umgange mit anderen und in ihrem Benehmen gegen dieselben mehr Gewandtheit verrät, als der Landmann in den ackerbauenden Gegenden wahrnehmen läßt. Nicht nur macht ihr reger, lebhafter Sinn sie bildenden Eindrücken empfänglicher, sondern auch von ihren Beschäftigungen werden sie hierin begünstigt. Ihre Fabrikarbeiten, ihre damit verbundenen Wanderungen und der Handel im In- und Auslande, das Frachtfuhrwesen, das ein großer Teil der Waldbewohner treibt, selbst der Soldatenstand, dem, wie im Hessischen, ein anderer Teil sich bisher regelmäßig zu widmen hatte, und der Besuch von Reisenden, welcher die Waldgegenden weit öfter als das flache Land trifft, bringen sie in nähere und öftere Berührung mit anderen und insbesondere mit den gebildeteren Ständen, und die Wirkung davon bleibt nicht aus. Es ist unverkennbar, daß dem Waldbewohner ein ungezwungeneres Betragen eigen ist als dem Bauern im platten Lande, daß er seine Ideen besser zu ordnen und vorzutragen, schneller und bestimmter zu antworten weiß. Mit Freimütigkeit führt er seine Unterhaltung, er mag vor sich haben, wen er will, und wenn er sich geneigt fühlt, Äußerungen anzubringen, über deren Wirkung er allenfalls besorgt sein könnte, so weiß er sie wohl als Scherz einzukleiden, wenn sie auch sehr ernstlich von ihm gemeint sind. Seine Gutmütigkeit und die Leichtigkeit, mit welcher er sich auszudrücken versteht, machen, daß er Unterhaltung sucht und sie, wo sie sich ihm darbietet, gerne ergreift und fortsetzt. Zuweilen, wiewohl nur selten, artet dies in Zudringlichkeit aus. Gewöhnlich aber ist die Gesprächigkeit des Waldbewohners nichts weniger als unangenehm.

Zu den Charakterzügen, die wir hier im allgemeineren von den Einwohnern des Thüringer Waldes aufstellen, kommen hier und da noch Eigentümlichkeiten, wodurch sich einzelne Gegenden auszeichnen. Wir rechnen dahin den Mut und die persönliche Tapferkeit, welche den Hessen eigentümlich ist. Auch den anderen Bergbewohnern fehlt es nicht ganz an Sinn, der Gefahr entgegenzugehen und ihr die Stirne zu bieten. Allein, bei keinem hat sich dieser Mut da, wo er sich am gewöhnlichsten zu zeigen hat, nämlich im Stande des Soldaten, so augenscheinlich erprobt als bei den Hessen. Wir erinnern uns, irgendwo die Behauptung gefunden zu haben, daß die Hessen geborene Soldaten und die wahren deutschen Spartaner wären. Und wenngleich dieser Satz einige Ausnahmen leidet (denn die Neigung zum Soldatenstande ist nichts weniger als so allgemein, wie man nach demselben

Thüringer Bauernbursche

glauben sollte), so ist doch im ganzen genommen jene Behauptung das ungezweifelte Resultat wahrer Tatsachen und ebenso gewiß, daß die Bewohner anderer Waldgegenden den Soldatenstand unendlich mehr scheuen als die von Jugend auf mit den Gedanken an ihn vertraut erhaltenen Hessen.

Lebensart und Gewerbe. Die Lebensart der von uns bisher gezeichneten Menschen ist höchst einfach. Die Gebäude, welche sie bewohnen, sind stets, wie es das zunächst zur Hand liegende Baumaterial veranlaßt, von Holz, selten mehr als von einem Stockwerke (nach der hiesigen Art sich auszudrücken, von zwei Stockwerken, weil man den unteren, in der Ebene der Hausflur liegenden Bezirk, schon ein Stockwerk nennt). Ein großer Teil der Dachungen in den Waldorten sind noch Schindeln. Doch findet man auch ganze Ortschaften, die Ziegeldächer besitzen. Näher nach Lehesten hin trifft man häufig den Schiefer zur Dachung und selbst zur äußeren Bekleidung der Häuser benutzt an, und oft sind diese Schieferdecken mit weißen Verzierungen bemalt. In anderen Gegenden gibt der Hausbesitzer höchstens dem hölzernen Gebälk und den Türen mit den Fensterbekleidungen einen roten oder grünen Anstrich. Sehr selten sind ganze Häuser mit Kalk beworfen. Aber auffallend war es uns, in einigen hessischen Dörfern die aus Sandstein gehauenen Treppen vor den Häusern mit Kalk weiß angestrichen zu finden, eine sonderbare Verzierung, die noch dazu nur von sehr kurzer Dauer sein kann.

Im Inneren der Wohnungen herrscht bei einer fast überall gleichförmigen Einfachheit und selbst bei oft unverkennbarer Dürftigkeit doch fast ohne Ausnahme Ordnung und Reinlichkeit. Da sich dieses auch auf die Wirtshäuser erstreckt, so findet man auf dem Walde weit öfter auch in den kleineren Orten Nachtlager, die von dieser Seite empfehlenswert sind, als dies in den Dörfern des flachen Landes der Fall ist. Nur einige kleinere Striche, in welchen der Schmutz ebenso Regel ist wie in anderen Gegenden die Reinlichkeit, ohne daß größere Dürftigkeit oder andere in die Augen springenden Umstände diese Auszeichnung zu begründen scheinen, machen eine unrühmliche Ausnahme von der Reinlichkeitsliebe ihrer Nachbarn.

Die Kleidung der Männer ist in den verschiedenen Teilen des Thüringer Waldes fast ganz gleichförmig. Sie tragen an den Arbeitstagen eine kurze blaue oder grüne Ärmeljacke und unter derselben eine leinene, kattunene oder tuchene Weste, drillichene oder leinene Beinkleider, im Winter eine Mütze von schwarzem Schafpelz und im Sommer eine lederne Kappe oder einen Filzhut. Über der Jacke tragen vorzüglich die Fuhrleute blaue oder weiße leinewandene Überhemden (Fuhrmannskittel), die sowohl überhaupt dazu dienen, das Beschmutzen der anderen Kleidungsstücke zu verhindern, als auch bei Regenwetter sehr nützlich sind, die Nässe von den letzteren abzuhalten, indem solche in der Leinewand sich herabzieht und sich nur bei starken Schlag- oder anderen anhaltenden Regengüssen endlich dem unteren Kleid mitteilt.

Am Sonntag erscheint der Waldbewohner entweder in einem schwarzen oder blauen – die, welche mit dem Jagdwesen in einiger Verbindung stehen, auch wohl einem grünen – nach dem altbürgerlichen Schnitte gemachten Kleide. Daß sich die Einwohner der Bergstädte den Bürgern der Residenz- und anderer größerer Städte zu nähern bemühen, macht bei der Ähnlichkeit ihrer ursprünglichen Galatrachten nur einen geringen Unterschied.

Abweichend sind, nach den verschiedenen Gegenden des Waldes, die Trachten der Weibspersonen. Eine der gefälligsten und dem schlanken Wuchse vieler Waldbäuerinnen vorzüglich vorteilhaft ist folgende, welche in der Gegend des Inselsberges sich ziemlich verbreitet findet. Zur Bedeckung des Kopfes ein Tuch, welches wie eine Binde, entweder so, daß die Haare in der Mitte hervorstehen, oder noch öfter, daß diese bedeckt sind, um den Kopf geschlagen und hinten mit zwei Zipfeln gebunden wird; ein Mieder ohne Ärmel, aus rotem oder anderem feinen wollenen Tuche oder wohl auch aus seidenem Zeug, aus welchem die an den Säumen zierlich ausgenähten und zurückgestreiften Hemdsärmel hervorstehen. Ein vorzüglicher Putz ist es, wenn die Nähte des Mieders mit goldenen Tressen besetzt sind. Der Rock, gewöhnlich aus grünem Fries oder Tuch, geht hoch über die Hüften, bis eine Handbreit unter die Achseln herauf und ist oben, wo er um den Leib schließt, in eine Menge kleiner und eng aneinandergereihter Falten gelegt. Bei Reisen und bei der Arbeit wird er in der Gegend der Hüften mit einem Bande geschnürt.

Ein Halsband, wenigstens von großen Bernsteinstücken oder von umgebogenen, zuweilen vergoldeten Silbermünzen und bei Reicheren auch wohl von Goldstücken selbst, vollendet den

Putz. Statt der Schuhe tragen sie weiße wollene Socken, entweder nur mit Leder besohlt oder über die Sohlen herauf noch ein paar Finger breit mit braunem Leder eingefaßt.

Sie haben bei Besuch der Kirchen, bei anderen feierlichen Gelegenheiten und bei Reisen über Land Mäntel von schwarzem Tuch, an welchen sich kleine, mit schwarzen Spitzen eingefaßte oder mit schwarz-seidenem Band besetzte Kragen befinden. Statt der Mäntel gebrauchen sie auch die sogenannten Regentücher, große Stücke Leinwand, welche bei Regenwetter und Kälte als eine Hülle um den ganzen Körper geschlagen werden. Bei gutem Wetter trägt man sie zusammengerollt unter dem Arme, und auch an den schönsten Sommertagen sieht man die Weibspersonen, wenn sie keine Mäntel führen, eingedenk der schnellen Veränderlichkeit ihres Klimas, selten ohne dieselben.

Ihre Lebensmittel sind höchst einfach. Ein großer Teil der armen Waldbewohner ist das ganze Jahr hindurch mit bloßem Roggenbrot oder Kartoffeln zufrieden. Bei teuren Kornpreisen pflegen sie auch Gerste, allein oder mit Roggen vermischt, zu backen. Nur die Feuerarbeiter behaupten, daß sie diese Ersparnis nicht machen könnten, weil das Gerstenbrot ihnen bei ihren Arbeiten vor dem Feuer einen kurzen Atem zuziehe. Fleisch essen sie wenig, und zum Getränke bedienen sie sich gewöhnlich auch nur ihres reinen Quellwassers. Kaffee ist auf dem Walde weit weniger üblich als in den Wirtschaften des flachen Landes. Auch Branntwein wird nicht so häufig als dort genossen. Das Lieblingsgetränk des Waldbewohners ist sein Bier, das auch allerdings in den meisten Waldorten den Vorzug der Stärke und eines reinen Wohlgeschmackes hat.

Der natürliche Frohsinn der Waldbewohner gibt ihnen das Bedürfnis, sich von Zeit zu Zeit von den drückenden Arbeiten des übrigen Jahres zu erholen und sich zu dem Ende zu Volksfesten zu sammeln, die man daher bei ihnen häufiger als in dem flachen Lande findet. Mit diesem haben sie die Sitte gemein, Personen, welche sie ehren wollen, oder ihren Schönen oder auch wohl ohne eine solche bestimmte Rücksicht, zugunsten der gemeinschaftlichen Freude, eine sogenannte Pfingstmaie zu setzen. Das ist ein glattgeschälter Fichtenbaum, welchem nur im Wipfel einige Zweige gelassen sind und in dessen Spitze Blumenkränze, seidene Tücher, Bänder und dergleichen befestigt werden. Er wird vor der Wohnung der Person, der diese Ehrenbezeugung gilt, aufgerichtet.

Diese gibt dann, wenn sie einigermaßen dankbar sein will, gewöhnlich am Johannisfeste, den jungen Burschen, welche die Urheber der Galanterie waren, einen oder zwei Eimer Bier zum besten, die bei einem fröhlichen Tanze verzehrt werden und hierbei zugleich der Baum selbst umgeworfen und seines Schmuckes beraubt wird.

Maien heißen im Thüringischen die Birken. Mit ihnen pflegt man an einigen Orten auf Pfingsten die Häuser und Kirchen zu schmücken. Ehemals stellte man sie wahrscheinlich auch bei den oben beschriebenen Veranlassungen auf und gebrauchte erst, als die hochstämmigen Birken seltener wurden, die Fichten statt ihrer.

Feierlicher und besuchter sind die Vogel- und Scheibenschießen, welche in sehr vielen Waldorten regelmäßig alle Jahre von eigenen, sich dazu vereinigenden sogenannten Schützengesellschaften gefeiert werden, zu welchen die Einwohner der benachbarten Städte und Dörfer herbeieilen, um, wenn nicht an der Lustbarkeit selbst teilzunehmen, dennoch die damit verbundenen Tänze und das frohe Gewühl der Kommenden und Gehenden wenigstens als Zuschauer zu genießen. Diese Volksfeste sind auch in der Tat interessant genug, um sie einmal mit anzusehen. In ihnen legt sich der fröhliche Charakter des Volkes ungeschminkt dar. Das drängende Gewimmel der versammelten Masse, in welcher man den weiblichen Teil hier in seinem festlichen Anzuge kennenlernen kann, hat schon an sich etwas Einladendes. Kommt nun noch ein schöner Sommertag und eine reizende Gegend – fast überall aber sind die Schießplätze in dieser Rücksicht sehr glücklich gewählt – hinzu, so gibt das Ganze ein Bild, das auch in der späteren Erinnerung noch wohltut.

Einige mit Marktrecht versehene Orte feiern auf gleiche Weise ihre Jahrmärkte, andere haben Kirchweihfeste.

Zu den ausgezeichneten Tagen gehört auch das Trinitatisfest(28). An diesem Tag gilt es für sündlich, eine Hand zur Arbeit aufzuheben, und die Abergläubigen fürchten, zur Strafe vom

Blitze getroffen zu werden. Man verbringt daher diesen Tag mit Spazierengehen und Kräutersammeln. Ganze Scharen, alt und jung, strömen auf die Waldwiesen hinaus, um auf ihnen die für heilsam geachteten Pflanzen, welchen an diesem Tage eine vorzügliche Kraft zugeschrieben wird, zu pflücken.

Auch der Johannistag wird in einigen Gegenden ausgezeichnet. So versammeln sich z. B. an ihm, aus den Orten um den Inselsberg her, zahlreiche Partien auf seiner Höhe und jauchzen unter Musik und Tanz bei hochlodernden Feuern dem eingetretenen Sommer entgegen. Ebenso werden der Schneekopf und mehrere andere Höhen des Gebirges an diesem Tage von ihren Nachbarn häufig besucht.

In den Sitten und Gewohnheiten der Einwohner des Gebirges findet sich gleichfalls manches Eigentümliche, und wir werden hier und da, wo von einzelnen Orten die Rede ist, Gelegenheit finden, eine und die andere dieser Eigenheiten zu bemerken.

In einem größeren Striche des Gebirges und auf mehrere einzelne Orte verbreitet ist die Gewohnheit, die Familiennamen zu vermeiden und die Personen durch Vor- oder Beinamen zu bezeichnen, in welchen oft eine ganze Genealogie umfaßt wird, wie z. B. Pfennig Sucherles Lise Kaspars Fritz. Der obenan stehende Urvater hieß Pfennig Sucher, weil er krumm und gebückt zu gehen pflegte. Dessen Tochter Lise hatte einen Sohn, der Kaspar und dieser einen Sohn, der Fritz hieß.

Diese Sonderbarkeit führt uns auf die Sprache der Waldbewohner selbst, die einen so ganz von dem Gewöhnlichen sich entfernenden Akzent hat und so voll von Provinzialismen ist, daß das mit diesen Eigentümlichkeiten nicht vertraute Ohr sehr schwer die ungewohnten Töne und Worte auffaßt. Nur eine längere Gewohnheit oder die Bemühung des Sprechenden, sich dem Hochdeutschen zu nähern, macht den Dialekt verständlich. Hört man mehrere Waldleute lebhaft und vertraulich untereinander sprechen, so möchte man schwören, eine völlig fremde, der deutschen nicht ähnliche Sprache zu hören. Ein Hauptcharakter dieses Akzentes ist auf dem ganzen Walde, daß die gebildeteren Stände die Kehlbuchstaben größtenteils mehr vorne auf der Zunge und den Lippen näher bilden, die Waldbewohner diese Buchstaben ganz aus der Kehle hervorholen. So, wie dadurch bereits die Töne tiefer werden, so bringt die Abwechslung derselben mit den Lippentönen, die sich höher bilden, schon eine gewisse Modulation oder ein Fallen und Steigen der Stimme hervor. Diese wird jedoch verstärkt, indem in der Bildung der Worte selbst weit mehr Diphtonge, insbesondere viele ü, ö, ä, die alle sehr hell ausgesprochen werden, vorkommen, auch die a und u sehr oft ein o in der Aussprache hören lassen. Da nun noch überdies der lebhafte Vortrag der Waldbewohner ihren Affekt in die Rede selbst mit überträgt, so entsteht daraus ein singender Akzent, der aber in einigen Gegenden, z. B. Suhl und Zella, eine gewisse Lieblichkeit und wenigstens auf keine Weise das Unangenehme hat, was man in dem schleppenden, eintönigen Absingen der Silben in verschiedenen anderen Gegenden Thüringens, z. B. in den Städten Eisenach und Langensalza, findet.

Außer diesem ausgezeichneten Ton hat die Waldsprache noch viele andere Eigentümlichkeiten. Ziemlich weit verbreitet, jedoch noch mancherlei Modifikationen nach den verschiedenen Orten leidend, ist der Hennebergische Dialekt, von welchem Reinwald uns ein schätzbares Idiotikon geliefert hat. Er unterscheidet sich unter anderem durch das Bestreben, überall Diminutive zu bilden, wie z. B. das oben angeführte Pfennig Sucherle aus Pfennig Sucher; Tischle, Schränkle, Gänsle; in manchen Gegenden auch Tischge, Schränkche, Mäderche (statt Mädchen, in Liebenstein). Ferner zeigt sich in der Aussprache mehrerer Worte sowohl als in der Partizipialendung eine auffallende Ähnlichkeit mit dem Englischen: bleind, Weind, drehning, tuing für blind, Wind, drehend, tuend.

Sehr verschieden ist von diesem im westlichen Teile vorzüglich geltenden Dialekt die Sprache des östlichen Waldteils, die sich gegen Süden mehr nach der bambergischen und coburgischen Mundart, gegen Norden mehr nach der meißenischen Mundart hinneigt und in dieser letzteren Richtung schon mehr Schleppendes annimmt.

Wir bemerken, indem wir hier die Schilderung einer Menschenart schließen, unter welcher es sich in der Tat mit Behaglichkeit verweilen läßt, noch im allgemeinen, daß alles, was wir von ihren Eigentümlichkeiten angeführt haben, sich nur auf die Einwohner des eigentlichen höheren Gebirges beziehen läßt und nur von diesen bestätigt finden wird, daß man hingegen von den in den Vorbergen und zunächst dem platten Lande wohnenden Menschen schon weit weniger auf jene schließen dürfe, da hier der nähere Umgang mit den Bewohnern des flachen Landes sie diesen weit ähnlicher gemacht hat.

Auffallend groß ist die Anzahl der Menschen, die in den Grenzen des Thüringer Waldes wohnen. Es läßt sich nach den Resultaten der in einzelnen Ländern angestellten Zählungen und nach anderen Schätzungen berechnen, daß in diesem an Flächeninhalt ungefähr 60 bis 61 Quadratmeilen haltenden Gebirgsstrich wenigstens 188 000 Menschen leben, so daß im Durchschnitt 3 100 Menschen auf die Quadratmeile kommen. Dieses Verhältnis übertrifft weit den hohen Grad der Bevölkerung, der Deutschland überhaupt auszeichnet und welcher mit 2 400 bis 2 500 Einwohnern je Quadratmeile geschätzt wird. Nur von dem Erzgebirge, wo auf einem gleichen Flächenraume über 4 200 Menschen gezählt werden, wird jene Bevölkerung hinter sich gelassen, dagegen der Harzdistrikt nur zu ungefähr 2 100 geschätzt wird.

Die stärkste Einwohnerzahl hat nach unserer Berechnung die Herrschaft Schmalkalden, in welcher 4320 Menschen auf der Quadratmeile leben. Nächst ihr steht der eisenachische Anteil des Thüringer Waldes, welcher auf der Quadratmeile 3956 Menschen zählt. Am kleinsten ist die Volksmenge im Fürstentum Saalfeld, wo sich nur 2 413 Einwohner auf der Quadratmeile finden.

Dieser hohe Grad der Bevölkerung des Thüringer Waldes erscheint noch auffallender, wenn man ihn mit der Beschaffenheit des Bodens vergleicht, auf welchem sich, wie der flüchtige Überblick der Karte belehrt, weit weniger bewohnte Stellen finden als auf einer gleichen Fläche des platten Landes. Sowohl der ganze Rücken des Gebirges als außer ihm noch quadratmeilengroße Strecken sind von menschlichen Wohnungen gänzlich leer, während im flachen Lande sich nicht ein Platz findet, wo nicht innerhalb des Umfanges einer Stunde mehrere Dörfer zusammengedrängt sind.

Was indessen den Waldbewohnern an fruchtbarem und bewohnbarem Boden abgeht, das ersetzen sie durch eine in Stärke und Ausdauer sich stets gleichbleibende Industrie, die sie den ihnen zur Bearbeitung sich darbietenden Gegenständen widmen. Daß unter diesen Gewerben diejenigen Zweige der Landwirtschaft, welche auf urbarem und Getreide tragendem Boden beruhen, nicht die erste Stelle einnehmen, ist aus der Natur der Sache klar. Schon in der Benennung »Waldboden« und noch mehr in dem unvermeidlichen Einfluß, welchen das Klima auf die Vegetation äußert, beurkunden sich diese Behauptungen.

Die längere Dauer der Kälte und Winterwitterung, die späte Lösung der Erde von den Fesseln des Frostes, die häufige unerwartete Wiederkehr der Nachtfröste macht es selbst einleuchtend, daß im Thüringer Walde, wie in jedem anderen Gebirge, die Vegetation weit später ihre Rechte behaupten könne, als dies im freien Lande stattfindet. Man kann den Unterschied der Zeit, um welche das Sprossen und Keimen der Gewächse im Gebirge gegen das flache Land zurückbleibt, nach Verschiedenheit der Lage und Höhe der Gegenden wenigstens auf vierzehn Tage und in den höchsten Gebirgsstrichen sogar auf vier Wochen bestimmen. Allein, ist der frische Trieb einmal da, so holt die Natur für die Gewächse, welche dem Klima nur einigermaßen angeeignet sind, schnell das Versäumte nach. Die größere Masse von Feuchtigkeit, welche dem Pflanzenreich zuteil wird, die stärkere Abwechslung der Wärme der Tage mit der erfrischenden Kühle der Nächte, welche, nach wiederholten Erfahrungen, so wohltätig auf jene Pflanzenklasse wirkt, die in den Tälern mehr zusammengedrängte Sonnenwärme befördern nicht bloß das Gedeihen der Pflanzen überhaupt, sondern verleihen ihnen auch die Frische und Üppigkeit, welche die Wiesengründe der Gebirge so sehr auszeichnet. Hingegen leidet wiederum diese schöne Vegetation sehr durch den früher eintretenden Herbst und durch die überwiegende Kälte der Luft. Pflanzen ausgenommen, die ihr Wachstum bis zur völligen Fruchtreife längstens binnen fünf Monaten vollenden, muß der Waldbewohner auf Erzielung des eigenen Samens Verzicht tun.

Diese Eigenheiten, welche von dem Einflusse des Klimas abhängen, geben nun in Verbindung mit einigen anderen Verhältnissen der Ökonomie im Gebirge die eigene Gestalt, die sie von der des flachen Landes so ganz auszeichnet und einer näheren Schilderung wert macht, von welcher wir jedoch, nach unserem Zwecke, nur einzelne Linien geben dürfen.

Als eigentümliches, von der Natur selbst und vorzugsweise begünstigtes Produkt müssen die gewöhnlichen, von den natürlichen Wiesen hervorgebrachten Futtergräser gelten. Diese Wiesen machen den ungleich größeren Teil des außer dem Holzboden vorhandenen, tragbaren Grundes aus. Das auf ihnen erzielte Heu wird als ein gesundes und nahrhaftes Futter dem im flachen Lande angebauten weit vorgezogen und von den Pferdebesitzern und Schäfereiinhabern des flachen Landes begierig gesucht. Die Kultur der Wiesen ist größtenteils der Natur überlassen, insbesondere wendet man die Düngung bei ihnen nur selten an. Geachteter und gebräuchlicher ist als Besserungsmittel die Bewässerung, welche, diejenigen Wiesen ausgenommen, die außerhalb der Täler und auf beträchtlichen Höhen liegen, durch die vielen die Waldung durchrieselnden kleineren und größeren Bäche so erleichtert wird, daß ohne alle andere und künstlichere Vorkehrung als einfachen Stau des Wassers der gewünschte Zweck erreicht werden kann. Doch schreibt man den Bewohnern gewisser Distrikte, wie z. B. zu Tambach im Gothaischen, vorzugsweise eine größere Geschicklichkeit in Leitung und Verteilung der zur Wässerung bestimmten Wassermasse zu.

Auf der höheren und minder fruchtbaren oder tieferen und der Wässerung fähigeren Lage der Waldwiesen beruht größtenteils allein der Unterschied, welchen man zwischen dürren und Grummetswiesen(29) macht. Die ersteren werden jährlich nur einmal, um und nach Jacobi(30) (daher sie den Provinzialnamen Jacobs- oder Jobswiesen haben), gehauen. Die letzteren mäht man zweimal, zuweilen auch wohl in schönen Herbsten zum drittenmal.

Diese Wiesen sind es, welche den Waldgegenden in ihrer Abwechslung mit der Holzung einen ganz eigentümlichen Reiz gewähren und in dem bunten, durch das üppige Grün dem Auge zugleich wohltätigen Teppich, welchen sie vor dem Wanderer ausbreiten, das Reisen in den Waldgründen zu der angenehmsten Unterhaltung machen. In Rücksicht dieser Besitzungen sind sich auch die verschiedenen einzelnen Landstriche sehr ähnlich, und wir wissen nicht, welchem wir den Vorzug geben sollten. Am reichsten ist an Wiesengründen wohl das Werratal und überhaupt der südliche Abhang des Gebirges. Auffallend aber ist im Frühjahr das bessere Ansehen, welches die im gothaischen Anteil liegenden Wiesen vor denen der benachbarten Gegenden auszeichnet, seitdem in jenen die Frühhutung um zwölf Tage verkürzt und auf ihren ursprünglichen Termin nach dem alten Kalender zurückgebracht worden ist.

In diesen Wiesen und in der Benutzung der zum Teil sehr fruchtbaren Waldweiden findet der Waldbewohner die lebhafteste Aufforderung, die Viehzucht zu dem obenanstehenden Zweig seiner Wirtschaft zu machen. Dieses tut er auch wirklich. Allein, freilich klagt er sehr darüber, daß die geänderten Grundsätze der Forstwirtschaft, welche die Waldhutung (ob unter jeden Umständen mit vollem Grunde?) für unbedingt schädlich erklären und entweder eine gänzliche Aufhebung der Behutungsrechte in den Forsten oder wenigstens eine große Beschränkung derselben zur Folge gehabt haben, seine Viehzucht beträchtlich beeinträchtige. So viel ist gewiß, daß in den meisten Gegenden des Waldes gegenwärtig kaum die Hälfte des Viehes gehalten wird, welches vormals sich daselbst vorfand. Indessen war auch in ihrer größeren Ausdehnung die Viehzucht nie bis zu dem Grade getrieben, daß das auf dem Walde erzeugte Vieh oder daselbst bereitete Butter und Käse einen auswärtigen Handelsartikel gemacht hätte. Der Absatz der fetten und wohlschmeckenden Butter beschränkt sich lediglich auf die angrenzenden Städte, wo freilich die Waldbutter der, welche man auf dem flachen Lande bereitet, weit vorgezogen wird.

Außer der Beschränkung der Forsttriften leidet die Viehzucht auch in manchen Distrikten durch eine Gewohnheit, die doch zu ihren Gunsten erhalten zu werden scheint. Dies ist die gestattete späte Frühlingsbehutung der Wiesen. Die Erfahrung der Länder, wo die Erlaubnis hierzu beschränkt wurde, bezeugt, wie wir kurz zuvor schon erklärt haben, daß die Heugewinnung auf den früher geschonten Wiesen viel vorteilhafter ausfalle und für die Fütterung des Viehes durch dieselbe unendlich mehr gewirkt werden könne als jetzt auf der Weide geschieht.

Doch könnte schon eine ungleich größere Anzahl Vieh auf dem

Walde genährt werden als gegenwärtig stattfindet, wenn alles Heu, was die Waldwiesen hervorbringen, an Ort und Stelle selbst zu jenem Zwecke verwendet würde. Allein, dies ist bei weitem nicht der Fall. Große Quantitäten Heu und Grummet werden jährlich dem flachen Lande, vorzüglich zur Fütterung von Schafen und Pferden, überlassen.

Das Rindvieh, welches man auf dem Thüringer Walde antrifft, scheint in den meisten Gegenden eine einheimische Rasse zu sein, die freilich oft mit anderen Rassen, insbesondere mit der

Gasthof Heiligenstein bei Thal

fränkischen, vermischt wird. Verhältnismäßig ist der thüringische Ochse kleiner als der polnische, ungarische, Schweizer und fränkische Ochse, ob man gleich in manchen Gegenden, wo vorzüglich fette Weiden sind, Ochsen gemästet hat, welche acht Zentner wogen.

Der thüringische Ochse ist im nordwestlichen Teil des Gebirges von Mittelschlag, kurz gebaut, hat einen dicken, schweren Kopf und kaum gekrümmte Hörner. Die Kuh ist hochbeinig, langhälsig, langleibig, hat ein erhabenes Kreuz und einen spitzig zulaufenden, mit einer aufgeworfenen Nase versehenen Kopf.

Die in den tieferen Wäldern weidenden Kühe haben lange, spitzige, rückwärts gebogene Hörner, einen langen dünnen Hals, den sie wie die Hirsche hoch tragen, dünne Beine und einen hohen Nacken, breite Brust und breites Kreuz, sind gestreckt und meist rot von Farbe. In einigen südlichen Tälern trifft man häufig die eigentliche fränkische Rasse an, z. B. in dem fruchtbaren Itzgrunde des Amtes Schalkau, und nordöstlich findet sich der durch Größe und Stärke sich auszeichnende vogtländische Schlag.

Das Schafvieh auf dem Thüringer Wald wird nur zum kleineren Teil aus eigener Zucht gewonnen. Der größere Teil wird aus anderen Gegenden, insbesondere vom Eichsfeld, zu uns gebracht. Der einheimische Schlag ist groß, ohne Hörner. Die gesunde, nahrhafte Weide gibt auch der Wolle einen Vorzug vor der aus den meisten anderen deutschen Gegenden. Von einem Hammel erhält man etwa 6 bis 7 Pfund, von einem Schafe 4 bis 5 Pfund.

Gewöhnlich wird auf der Nordseite des Thüringer Waldes nur unreines oder sogenanntes Schmiervieh gehalten. Indessen haben die auf einigen Schäfereien, z. B. zu Geschwenda im Schwarzburgischen und zu Herda im Gothaischen, gemachten Versuche gezeigt, daß sich selbst mitten zwischen Gegenden, wo unreines Vieh gehalten wird, reines Schafvieh ziehen läßt und daß hierbei alles auf sorgfältige Aufsicht und Pflege ankommt.

Ziegen werden auf dem Thüringer Walde häufig gehalten, entweder neben den Kühen oder von armen Leuten statt derselben. Die thüringische Rasse zeichnet sich durch nichts Besonderes aus. Aber manche Gegenden liefern vor anderen vorzüglich wohlschmeckenden Ziegenkäse, wie z. B. Lobenstein im reußischen Vogtlande.

Auch Schweine werden auf dem Walde viel gehalten, und manche Orte treiben insbesondere einen nicht unbeträchtlichen Handel mit geräucherter Ware nach den nahe gelegenen Städten. Indessen werden die Schweine an wenigen Orten aus eigener Zucht erzogen, sondern aus dem Lande nach den Waldgegenden gebracht und bloß zur Mastung, die vorzüglich mit Kartoffeln geschieht, aufgestellt, daher man auch bei den Viehherden auf dem Walde nicht leicht wie im flachen Land Schweine antrifft. Man schätzt vorzüglich die großen und langgestreckten Schweine mit erhabenem Rücken, mit schmalem und spitzigem Kreuz, breiten und langen Seiten, kurzen, starken und geraden Vorder- und längeren, schmalkeuligen Hinterbeinen.

Auch die Pferdezucht treibt der Bewohner des Thüringer Waldes nur wenig. Die Pferde, welche er hält, werden größtenteils von den Bremer Märkten als Fohlen ihm zugeführt und sind teils dänischer, teils friesischer Rasse. Was vor dem Walde selbst gezogen wird, ist von mittlerer Größe, nicht ansehnlich, aber dauerhaft und wird zu den gewöhnlichsten Ökonomiearbeiten gebraucht. Stärker und größer sind die Pferde der zahlreichen Frachtfuhrleute. Sie ziehen ohne Nachteil zehn bis zwölf Zentner. Aber desto unansehnlicher und sehr den Eseln sich nähernd sind die Pferde der Fruchthändler und Müller, welche die von ihnen aus dem flachen Lande geholten Früchte zum Verkauf an die Waldbewohner transportieren. Zu eben diesem Behufe werden auch in einigen Gegenden Esel, gleichfalls von einem kleinen, sehr unansehnlichen Schlage, gehalten.

In Ansehung der Ausdehnung der Viehzucht sind die verschiedenen Striche des Gebirges einander sehr unähnlich, und ihre Betriebsamkeit ist in dieser Rücksicht sehr verschieden. Im eisenachischen Anteil ist die Viehzucht verhältnismäßig nur schwach. Das Amt Ilmenau, welches vortreffliche Wiesengründe besitzt, hat einen stärkeren Viehstand. Man zählte, mit Ausschluß der herrschaftlichen Güter, im Jahre 1787 240 Ochsen, etwas über 1 000 Trift- und Stallkühe und ungefähr 1 100 Schafe auf dem ganzen 1 1/4 Quadratmeilen enthaltenden Distrikte des Amtes.

Auch im Fürstentume Gotha fordert in den Waldgegenden dieser Wirtschaftszweig, obgleich er nicht ganz unansehnlich ist, noch Aufmunterung wenigstens in einzelnen Strichen, wo er weit beschränkter, als es möglich wäre, betrieben wird. In dem Waldorte Georgenthal befindet sich eine Stuterei, die jedoch zur Aufnahme der Pferdezucht im Lande selbst nichts beiträgt, sondern zunächst für die herrschaftlichen Ställe bestimmt ist. Die daselbst gezogenen Pferde werden den Sommer über auf den Waldweiden unterhalten und sind von einem zwar nicht sehr ansehnlichen, aber dauerhaften Schlag. Gegenwärtig scheint diese Stuterei sehr beschränkt zu werden.

Was wir von der notwendigen Aufmunterung der Viehzucht im Gothaischen gesagt haben, gilt noch mehr von der Herrschaft Schmalkalden. Das königlich-sächsische Henneberg hat hingegen eine weit stärkere Rindvieh- und eine sehr beträchtliche Schweinezucht. Man zählte im Jahre 1784 4330 Ochsen, 8216 Schweine. Hierzu kommen noch 612 Pferde. Die Schafzucht ist jedoch gering. Das sämtliche Schafvieh betrug (auf 8 Quadratmeilen) nur 4179 Stück. In diesem Distrikte war vormals eine auf landesherrliche Kosten unterhaltene Stuterei zu Kloster Vessra. Sie ist im Jahre 1783 mit der zu Merseburg und Wendelstein vereinigt worden, und nur die Hengstfohlen kommen noch zur Waldweide nach Vessra.

Vor allem aber zeichnet sich im nordwestlichen Teile des Thüringer Waldes der meiningische Anteil aus. Hier wird die Rindviehzucht stark betrieben. Sie ist zum Teil durch Schweizer Rassen zu einer größeren Veredelung gehoben worden. Sehr ansehnlich ist auch die Schafzucht, und ebenso hat die Pferdezucht durch die vortrefflichen Einrichtungen des seinen Landen viel zu früh entrissenen Herzogs Georg, welcher die schönsten Mecklenburger und englische Pferde zur Fohlenzucht herbeischaffte, einen lebhaften Umschwung bekommen.

Die hildburghäusischen und schwarzburgischen Anteile am Thüringer Wald bleiben in der Viehzucht hinter den meisten Gegenden nicht zurück, ohne sich doch eben auszuzeichnen. Dagegen ist das meiningische Oberland in der Rindviehzucht noch einen Grad höher als das meiningische Unterland. Es zählte (auf 5 Quadratmeilen) im Jahre 1780 8500 Stück Rindvieh ohne die weit stärkeren Schafherden. Eben das gilt von den angrenzenden Teilen des Fürstentums Bamberg, von dem vogtländischen Distrikte und von dem Teile des Fürstentums Saalfeld, welchen wir hierher rechnen können.

Federviehzucht ist auf dem Walde sehr schwach, und auch die Bienenzucht findet nur in wenigen Orten Gedeihen. Obgleich es den letzteren im Sommer nicht an vortrefflicher Nahrung fehlen würde, so ist doch das Klima zu unbeständig und der Sommer zu kurz, so daß sie nur in außerordentlich günstigen Jahren sich über Winter erhalten.

So gewiß es ist, daß der eigentliche Viehstand auf dem Thüringer Wald ungleich größer sein könnte, als er gegenwärtig sich findet, so ist er doch noch beträchtlich genug, um im Verhältnis zu dem urbaren Acker eine hinreichende Menge Dünger zu liefern. Und hierauf beruht das auf dem Walde allgemein eingeführte System, das vorhandene Getreideland ohne Brache und also jahraus, jahrein anzubauen – die treffendste Bestätigung der Behauptung, daß bei auslangender Düngererzeugung und bei einer zweckmäßigen Abwechslung der Fruchtarten jeder Boden zur jährlichen Fruchterzielung tauglich ist. Denn im ganzen genommen ist der größtenteils sandige Waldboden doch ärmer an nährenden Teilen als der Acker des flachen Landes, da er nur sehr wenig Dammerde enthält. Durch die reiche Düngung wird es möglich gemacht, jedes Jahr auf demselben Acker Früchte zu bauen. Diese können jedoch nur solche sein, die entweder nicht um der Samengewinnung willen gezogen werden oder welche nur eine kürzere Zeit der Reife gebrauchen.

In die letztere Klasse gehört das Sommergetreide, welches daher in dem Bezirke des Thüringer Waldes vorzüglich gebaut wird. Am meisten erzielt man Hafer, nächstdem Sommerweizen und am allerwenigsten Gerste, welche letzteren Früchte beide nur kärglich geraten. Die Versuche, Winterroggen und Winterweizen zu bauen, fallen, selbst in Ansehung der ersteren Frucht, die noch am meisten der Witterung trotzt, unter zehnmal nur einmal gut aus. Es ist bekannt, daß eine Hauptsache beim Gedeihen des Wintergetreides die reichliche Bestockung der Aussaat vor dem Eintritte der Winterwitterung ist und daß sie nur dann dem Frost und der Nässe hinlänglichen Widerstand leisten und ihre kraftvolleren Wurzeln vor dem Verderben bewahrt sehen können. Eine so frühe Einsaat, als hierzu erfordert wird, ist jedoch vor dem Walde nicht möglich. Die Brachäcker, welche im flachen Lande dem Wintergetreide ausschließlich bestimmt sind, fehlen im Gebirge, wie wir oben bemerkt haben, fast ganz; und die Sommerernte, die daselbst sich immer gegen das flache Land merklich verspätet, wird viel zu weit im Herbste geendigt, um den Akker noch zeitig genug zum Empfang der Wintersaat zuzubereiten, so daß die Winterkälte den Samen fast immer übereilt, bevor er hinlänglich Kräfte, ihr zu widerstehen, gewonnen hat. Allein, auch auf Äckern, die früher geräumt sind, gedeiht die Winterfrucht selten, und wahrscheinlich ist die zu lange dauernde Strenge des Winters oder der Mangel hinlänglicher Nahrung im Boden die Ursache, daß die Winterfrucht mit seltenen Ausnahmen dünn und dürftig an Halm und Ähre steht und nie den Anblick des reichen Feldes im flachen Lande gewährt. Wir schweigen von den Nachteilen, welche das Wild der Wintersaat weit mehr als dem Sommergetreide zufügt, da es im Sommer mehr Nahrung in der Holzung selbst findet und also weniger versucht wird, sie außer derselben zu suchen.

In den tieferen Waldgegenden kann daher, wo auch Getreidebau stattfindet, doch nur Sommerfrucht angebaut werden, und Winterfrucht bleibt immer Ausnahme.

Dagegen setzt man kaum den Fuß in die an die Vorberge grenzenden Flächen, so wird man der schönsten mit Winterfrüchten bedeckten Felder gewahr und findet auch die Dreifelder- oder Brachwirtschaft wieder, welche sich hier und da in die vorderen Gebirge und auf die zwischen ihnen liegenden Äcker hinübergezogen hat. Im ganzen genommen ist der Getreidebau indessen überall mit dem des flachen Landes nicht zu vergleichen, und mehrere glaubwürdige Personen haben uns versichert, daß auch in guten Jahren kaum das Dreifache der Einsaat gewonnen werde.

Ein großer Teil des urbaren Bodens wird daher von den Einwohnern mit zweckmäßiger Bedachtsamkeit zu anderen Gewächsen bestimmt, und unter diesen steht die Kartoffel obenan. Sie ist das wahre tägliche Brot des Waldmannes, und ohne sie müßten in Jahren der Teuerung Tausende verschmachten und in wohlfeileren Zeiten oft Hunger leiden. Wenn Europa, und Deutschland überhaupt, zu dem, welcher die Kartoffel zuerst über das Meer brachte, als zu seinem vorzüglichsten Wohltäter dankbar emporblickt, so müssen es die Waldbewohner mit verdoppeltem Gefühle und Rührung tun. In der Tat erkennen sie wenigstens den Wert dieser Frucht auf das entschiedenste an. Mühsam gewinnen sie dem gebirgigen Boden jeden Fußbreit Raum ab, der genug mildes Erdreich hat, um die Kartoffel darinne zu pflanzen, und überall sieht man an kahlen Stellen der Berge in der Nähe der Dörfer Flecken von wenigen Schuhen, lang und breit eingezäunt, urbar gemacht und mit Kartoffeln bepflanzt. Oft hängen diese an so steilen Abhängen, daß man kaum begreift, wie der Arbeiter den festen Fuß gefaßt hat, um seine Unternehmung zu vollenden, und wenn man den Wert des urbaren Bodens kennenlernen will, muß man diese mühsam errungenen Plätze sehen.

Die Arten der Kartoffeln, welche vor dem Walde gebaut werden, sind die ganz gewöhnlichen eßbaren Varietäten dieses Gewächses, welche teils weiß, teils violett blühen und fast durchgehend rundliche Knollen tragen. Sie bekommen in dem sandigen Boden der Waldäcker die mehlige Lockerheit, welche der Waldbewohner ganz vorzüglich an ihnen schätzt, dagegen er die festere Kartoffel, welche das schwerere Erdreich hervorbringt, fast ungenießbar findet. Ihr Ertrag ist bei einigermaßen günstigen Jahren die sechste bis achte Frucht, und da sie auf diese Weise weit ergiebiger sind als das Getreide, so wird dieses seit der Einführung der Kartoffeln noch in einer geringeren Ausdehnung als vormals angebaut.

Fragen muß man, womit sich die Waldbewohner erhalten haben, bevor sie die Kartoffel kannten. Bejahrte Personen versichern, daß die Kohlrüben einigermaßen ihre Stelle vertreten hätten, welche vormals häufig angebaut und selbst roh von den Waldbewohnern gegessen worden wären. Diese Frucht, die an Nahrungsstoff sowohl als an Dauer, in Ansehung ihrer Aufbewahrung über Winter, weit hinter der Kartoffel zurückbleibt, wird auch noch jetzt hier und da angebaut und als ein nützliches Viehfutter geschätzt.

Andere Gemüsepflanzen und überhaupt alle Gartenfrüchte werden vor dem Walde nur in großer Beschränkung gezogen und erhalten selten den Grad des Wohlgeschmacks und der Zartheit, der ihnen im flachen Lande eigentümlich ist. Sie auszusäen, wagt man nicht früher als im Mai, von dem Sprichworte gewarnt: Wer säet vor dem ersten Mai, seh zu, daß es ihn nicht gereu! Und oft überrascht sie der erste Herbstfrost, ehe ihre Entwicklung zur erforderlichen Vollkommenheit vollendet sein konnte. Man muß sich daher, um einigermaßen Gedeihen hoffen zu können, vorzüglich an die Frühsorten halten, die auch später gesät, doch die Periode ihres Wachstums schneller zurücklegen.

Was von den Gartengewächsen überhaupt gesagt ist, gilt auch von der Blumengärtnerei, um so mehr, je größere Pflege dieselbe fordert. Gleichwohl findet sich für diese viel Geschmack in den Waldgegenden, und dieser steigt oft bis zu einer entschiedenen Liebhaberei, die keine Mühe und Anstrengung scheut, um sich befriedigt zu sehen, wie dies z. B. in der Ruhla mit der Nelkenzucht, vormals mehr als jetzt, der Fall ist. Auch findet man häufig in den Hofräumen der Häuser und vor den Fenstern einige dem unbeständigen Klima trotzende, um ihrer Blüten oder um ihres Wohlgeruches willen gezogene Gewächse.

Von Manufakturgewächsen wird der Flachs an mehreren Orten im Walde mit Erfolg gebaut. In dem meiningischen Oberland ist die Gegend von Judenbach und Neuenbau, beide hoch im Gebirge, wegen der Güte des dort erzielten Flachses berühmt. Eben dies gilt von der Gegend um Schmiedefeld, das im königlich-sächsischen Henneberg auf der Höhe des Gebirges liegt, und von den eisenachischen Ämtern Tiefenort und Krainberg, die in den Vorbergen liegen. Indessen wird der Lein selten in diesen Gegenden reif, und der Samen zur Aussaat muß daher jährlich aus dem flachen Lande geholt werden.

Hopfen wurde sonst bei Eisenach und im Werratal viel gebaut. Allein, er hat jetzt sehr abgenommen, und man gibt als Ursache an, teils, daß er seit einer Reihe von Jahren einen weit geringeren Ertrag gewährt habe, teils, daß der Aufwand auf seinen Anbau durch die Anschaffung der seltener gewordenen und sehr verteuerten Hopfenstangen zu sehr gestiegen sei.

Tabak wird, außer den Umgebungen von Wasungen und Frauenbreitungen, auch bei Brotterode in der Herrschaft Schmalkalden gebaut.

Andere Handels- und Manufakturgewächse finden entweder in dem Waldboden nicht die erforderliche Nahrung, wie z. B. Anis, Waid, Rübsaat, Mohn, oder sie können sich dem Klima nicht aneignen und werden daher gar nicht angebaut.

Im Durchschnitt ist es gewiß, daß die Waldorte nicht den vierten Teil ihrer vegetabilischen Bedürfnisse selbst erzielen, vielleicht kaum den fünften. Doch gibt es einzelne Distrikte, die von diesem Verhältnisse abweichen, so z. B. das königlich-sächsische Henneberg ungefähr die Hälfte des Getreides anbaut, welches es bedarf. Dagegen sind andere Gebirgsstriche um so entblößter vom Ackerbau.

Dahin gehört der im Thüringer Wald liegende Teil des bambergischen Amtes Lauenstein und mehrere Gegenden und Orte des meiningischen Oberlandes.

Zu den sehr kornarmen Distrikten müssen wir auch die Herrschaft Schmalkalden zählen. Im gothaischen Anteil des Thüringer Waldes sind zwar nur wenige Orte, die gar keinen Ackerbau besitzen, allein bei den meisten ist er so sehr beschränkt und von so geringem Ertrage, daß wir im Durchschnitt kaum annehmen können, daß der achte Teil der Bedürfnisse der Einwohner erzeugt werde.

Was wir von dem Acker- und Gartenbau in ihren verschiedenen Zweigen gesagt haben, gilt ebenfalls von der Obstzucht. Aus denselben Gründen wie jene Zweige der Landwirtschaft bleibt auch diese weit von einem auch nur mäßigen Gedeihen zurück. Der Sommer tritt mit seiner Milde zu spät ein und verläßt uns zu früh wieder. Der junge Trieb der meisten Bäume kann nicht stark genug werden, um den Winterfrösten zu widerstehen, und diese töten daher wieder, was der Baum zum künftigen Fruchtertrag vorbereitete. Wer Obst pflanzen will, muß sich ganz an die Frühsorten halten. Nur von ihnen kann er hoffen, reife und schmackhafte Früchte zu erhalten, wenn der Baum selbst die rauhen Winter ertragen lernt. Auf eine dahin gerichtete Auswahl scheint man auf dem Walde noch nicht den notwendigen Bedacht zu nehmen, und der Obstbau tut daher auch nicht den kleinen Schritt vorwärts, der ihm möglich wäre.

Die Obstsorte, welche man noch am häufigsten findet, ist die ihre Reife schneller vollendende Kirsche. Freilich darf man nicht die feineren Varietäten suchen, die nur sehr einzeln angetroffen werden. Die gewöhnlichsten Arten sind die gemeine Süß-, die dunkelrote Herz-, die gemeine Sauer- und die Ostheimer Kirsche. Um Schmalkalden herum und in dieser ganzen Herrschaft findet man viele Gemeindeplätze mit Kirschbäumen angepflanzt, deren Abwurf für die Eigentümer nicht unbeträchtlich ist. Auch im Eisenachischen und in den angrenzenden gothaischen Waldorten zieht man viele gemeine Süß- und Sauerkirschen. In eben diesen Gegenden trifft man sehr häufig wilde Birn- und Apfelbäume an, deren Früchte von den Besitzern zur Essigbereitung, die bei ihnen einen beträchtlichen Handelszweig unterhält, benutzt werden. Aus den teigig gewordenen Birnen backen sie auch Hotzeln, eine bei ihnen sehr beliebte Winterkost. Die Spätäpfel und Birnen der besseren Sorten, wenn die Bäume sich an das Klima gewöhnen, erlangen äußerst selten den gehörigen Grad der Reife. Sie welken zu der Zeit, wenn sie eßbar werden sollen, und bleiben zäh und unschmackhaft. Die Zwetschgen, wenn sie reif werden, sind immer rot und unansehnlich. Die Haselnüsse gedeihen hin und wieder noch am besten und sind in manchen Gegenden, z. B. in Zella-Mehlis, von vorzüglicher Güte und ein Lieblingsobst der Einwohner. Auch Johannis- und Stachelbeere findet man von ziemlicher Güte. Nur sieht man auch zu wenig auf die Anpflanzung der besseren Sorten, die gewiß vorzüglich gedeihen würden. An Pfirsich-, Aprikosen- und Maulbeerpflanzungen darf der Waldbewohner nicht denken. Denn wenn auch durch sorgfältige Wartung unter zwanzig ein Stämmchen dem Einfluß des Klimas widersteht, so bleiben doch hier die Früchte in dem Grad der Güte noch weit mehr als bei den anderen Obstsorten zurück.

Erster und sicherster Ökonomie-Zweig und Nahrungsquelle der Waldbewohner bleiben nach allen Verhältnissen die ausgedehnten Holzungen, welche die Gebirge bedecken, und die Forstwissenschaft, auf welcher das Gedeihen und die Benutzung dieses erheblichen Kapitals beruht, ist daher eine der vorzüglichsten Rücksichten, welche die hier zusammentreffenden Regierungen zu nehmen haben.

Wir haben schon beiläufig bemerkt, daß der größte Teil der die Thüringer Gebirge bedeckenden Waldung in Schwarzholz besteht, Fichten oder Rottannen machen die Hauptgattung desselben aus. Weiß- oder Edeltannen finden sich in verschiedenen Gegenden, am häufigsten in dem gothaischen Anteil des Waldes. Kiefern kommen ebenfalls in mehreren Strichen vor. Lärchenbäume hat man hier und da als Versuch zu pflanzen den Anfang gemacht, und eben dies ist mit der Zirbelnußkiefer geschehen.

Dieses Schwarzholz erstreckt sich vom östlichsten Grenzpunkt des Gebirges bei Lobenstein bis in die Gegend des Inselsberges, und bis dahin finden sich im Verhältnis zu demselben nur sehr geringe Flächen von Laubholzungen an verschiedenen einzelnen Punkten zwischen ersterem. Erst in der Gegend des Inselsberges gewinnt das Laubholz die Oberhand und erstreckt sich westlich von demselben bis zur äußersten Grenze des Thüringer Waldes nach dieser Weltgegend hin ohne eine erhebliche Unterbrechung. Nach vorhandenen Nachrichten waren auch die östlichen Gebirgsstriche in vorigen Zeiten weit reicher mit Laubholz versehen. Allein das schneller wachsende Nadelholz hat, bei zu geringer Aufmerksamkeit der Forstmänner auf Schützung des Laubholzes, dieses immer mehr unterdrückt und sich an seine Stelle gedrängt.

Die vorzüglichste Gattung unter dem Laubholze ist die gemeine oder Rotbuche, welche auf unserem Thüringer Walde am häufigsten vorkommt, nächst ihr findet sich vorzüglich die Eiche. Die Vorhölzer enthalten viele Birken. Neben diesen Arten wachsen die meisten deutschen Sträucher und Bäume auch auf unserem Thüringer Walde, nur mit anderen vermischt und ohne eigene, zusammenhängende Striche zu bilden. Bechstein führt unter anderem von dem bei der Stadt Waltershausen liegenden Burgberge an, daß dieser einzelne Berg den größten Teil der deutschen Holzarten aufzuweisen habe.

Im ganzen genommen muß man den Forstmännern des Thüringer Waldes die Gerechtigkeit widerfahren lassen, daß sie mit Eifer und wenigstens praktischer Kenntnis sich des Wohles der ihnen anvertrauten Holzungen annehmen, und der Wohlstand der letzteren zeugt für sie. Nur Ausnahme von der Regel sind die, welche den Lehnstuhl und den Solotisch ihren Dienstbeschäftigungen vorziehen und auf die gütige Mutter Natur (vielleicht nicht mit Unrecht) mehr als auf ihre eigene Einsicht bauen. Glücklicherweise sind die nicht selten, welche wirklich theoretische Kenntnisse besitzen, sie mit fortgesetztem Studieren erweitern und – was noch mehr sagen will – mit der glücklichsten Übung verbinden. Von jeher wurden der Thüringer Wald und einzelne Forste desselben als eine Bildungsschule junger Forstmänner angesehen. Bechsteins weitergreifendes Beispiel und Belehrung hat indessen sichtbar einen noch lebhafteren und verbreiteteren Eifer geweckt und ihm im Umtrieb gründlicher forstwissenschaftlicher Kenntnisse bestimmtere Richtungen gegeben.

Indessen sind freilich nicht alle Distrikte in Ansehung des Bestandes der Forste einander gleich. Die eisenachischen, die gothaischen, die meiningischen, die Ilmenauer Waldungen zeichnen sich fast durchgehend durch einen in die Augen fallenden Wohlstand vor den hessischen und mehreren schwarzburgischen Revieren aus. Wir wagen nicht zu entscheiden, ob in diesen und anderen Distrikten die Natur der Holzkultur minder günstig sei oder ob der Abstand in einer minder zweckmäßigen Verwaltung liege.

Eines der Hauptübel, welches den Waldungen in der ganzen Ausdehnung des Thüringer Waldes höchst nachteilig wird, ist der Holzdiebstahl – ein Laster, welches unter den Waldbewohnern durchgehend eingerissen ist und für ihr Gefühl den Charakter von Unmoral ganz verloren zu haben scheint. »Heißt es doch, Hol's«, antwortet der Holzdieb, wenn man ihn zur Rede stellt, und glaubt damit sein natürliches Recht hinlänglich begründet. Es ist übrigens nicht so sehr die Menge des Holzes, welche entwendet wird, was dies Übel so schädlich macht, als unpflegliche Weise, mit welcher es ohne Auswahl schicklicher Plätze und Stämme, bloß nach dem Bedürfnis und der begünstigenden Gelegenheit des Augenblicks hinweggenommen wird.

Um über die Ursachen dieser wahrhaft krebsartigen Krankheit zu sprechen, müßten wir ein langes Kyriele anstimmen, das nicht dieses Ortes sein kann. Nur so viel dürfen wir sagen, daß uns zu ihrer Hemmung zweckmäßigere Veranstaltungen nötig scheinen, als wir bisher wahrnahmen. Eine neuere, im Fürstentum Gotha erlassene Verordnung verbietet, um der steigenden Bevölkerung Einhalt zu tun, die Erweiterung der alten und den Anbau neuer Wohnungen in den Waldorten.

Um einen Begriff von der Wichtigkeit des Forsthaushaltes auf dem Thüringer Walde zu geben, schalten wir hier einige Daten ein, die Schulthess(31) über den Gehalt der königlich-sächsischen Forsten des hennebergischen Anteils bekanntgemacht hat. Er schätzt den Flächeninhalt dieser Waldungen auf höher als 100000 Acker. Bei einer genauen Untersuchung der Holzungen ergab sich in sämtlichen Waldungen ein Vorrat von 1 507 656 Klaftern, nämlich 211 256 sogleich schlagbar, 1 296 400 von 20 bis 70 Jahren schlagbar werdend, 159 419 Bloche(32) und 54 187 Baustämme, mit Einschluß eines sechzigjährigen Zuwachses.

Rechnet man nach diesem Verhältnis des vorhandenen Holzvorrates, der jedoch die Bedürfnisse der Privatpersonen und Fabriken keineswegs gänzlich befriedigt, was die Waldungen in den übrigen Teilen des Thüringer Waldes (von welchem das königlich-sächsische Henneberg etwa den achten Teil ausmacht) in sich fassen, so erhält man ungefähr eine Idee von dem Reichtum der Forsten. Von dem meiningischen Oberlande rechnet man 5/8 an Waldung, die übrigen 3/8 zu Ackerboden und Wiesen, und es hat daher Überfluß an Holz, dagegen in dem Unterlande die einheimischen Vorräte nicht ausreichen. Im gothaischen Anteil des Thüringer Waldes läßt sich die Holzung nach einem mäßigen Anschlage auf wenigstens 140 000 Acker – einschließlich der Waldungen der Vasallen und Gemeinden – berechnen. Dieser Teil vermag daher noch Holz ins Ausland abzugeben.

Von diesen Forsten erhalten die Einwohner unmittelbar oder mittelbar den größten Teil ihres Unterhaltes. Das Fällen der verschiedenen Arten des zur Abgabe an die Untertanen und zum Verflößen bestimmten Holzes beschäftigt allein schon eine große Anzahl Menschen. Hinzu kommen die Arbeiten beim Flößen des Holzes, das Zurichten der Stämme zu Bauholz, welches von vielen auf dem Wald wohnhaften Zimmerleuten getrieben wird, das Kohlenbrennen, welches teils auf Rechnung der Landesherrschaften, teils auf Rechnung der Fabrikanten geschieht, denen die Kohlenhölzer angewiesen werden, die Leistung der bei diesen verschiedenen Geschäften erforderlichen Fuhren, ohne die Haushaltungen der herrschaftlichen Diener zu rechnen, welche bei dem Forstwesen angestellt sind und wo wiederum viele als Dienstboten und Tagelöhner ihren Unterhalt finden.

Nebenzuflüsse aus den Waldungen sind ferner für die Bewohner des Gebirges die Sammlung der verschiedenen Beerenarten, Erd-, Him-, Heidel-, Preisel- oder Mehlbeere, der Wacholderbeere, der Morcheln und anderer eßbarer sowohl als der zu Zunder tauglichen Schwämme. Die Beerenernte macht einen sehr

beträchtlichen Nahrungszweig des Waldes aus, und ihr Absatz ist nicht bloß in die benachbarten Städte sehr beträchtlich, sondern wird auch selbst ins Ausland getrieben, woher wir ohne Zweifel manche Bouteille Heidelbeersaft, in roten Wein umgeschaffen, wieder zurückerhalten. In den Buchenwaldungen werden auch die Bucheckern fleißig gesammelt und teils unmittelbar zur Schweinemast gebraucht, teils Öl aus ihnen geschlagen, welches die Waldbewohner zur Salatbereitung, zu Backwerk und zu anderen Speisen anwenden.

Nicht weniger wichtig ist für die Ärmeren die Sammlung des dürren Holzes, die in allen Forsten unter gewissen Beschränkungen gestattet ist. Ebenso macht die Sammlung der Samenzapfen im Nadelholz bei Jahren, wo diese gedeihen, einen nicht unerheblichen Zugang, obgleich der Hauptvorteil dieses Erwerbs begreiflich in die Hände derer zusammenfließt, welche den Handel mit diesen Sämereien im Großen treiben.

Schneidemühle bei Ilmenau

Wir haben vorübergehend der Nahrung, welche die Holzflößen den Untertanen zufließen lassen, schon erwähnt. Diese Anstalten sind aber für die Länder, in welchen sie sich befinden, im ganzen so wichtig, daß sie einige Worte mehr verdienen. Die vorzüglichste Flöße wird auf der Werra betrieben. Bei der Teilung der dem Haus Sachsen anfallenden hennebergischen Lande im Jahre 1660 fanden die Teilnehmer ratsam, das Flößrecht auf jenem Fluß gemeinschaftlich zu behalten. In dieser Art wird es auch noch jetzt in den Ländern, deren Gebiete der Fluß berührt, benutzt. Die Schleusinger Dielenflöße ist ganz vorzüglich wichtig. Von hier aus wird das Holz auf der Schleuse in die Werra und von da über Themar, Meiningen usw. nach Münden geschafft. Man rechnet jährlich mehr als eintausend Flöße mit Bauholz und Brettern, die diesen Weg nehmen. Außer diesem werden aus dem Hildburghäusischen auf der Werra jährlich viertausend

Klafter Brennholz nach Meiningen und Salzungen geflößt, um diejenigen Teile des meiningischen Unterlandes, welche nicht selbst genug Vorrat haben, damit zu versorgen.

Auf der Ilm wird ein Teil des Bedürfnisses für Weimar dahin geschafft. Gewöhnlich findet zu diesem Behufe alle drei bis vier Jahre eine Hauptflöße von 7000 bis 8000 Klaftern statt. Alle Jahre aber werden die vorrätigen Floßhölzer aus dem oberen Forste bis in die Gegend von Ilmenau gebracht.

Im Fürstentum Gotha dienen die Flüsse Apfelstädt, Leina und Gera zur Förderung der Holzvorräte. Auf dem letzteren wird dasjenige Holz nach Erfurt geschafft, was jährlich aus den östlichen Holzungen des Fürstentums für das Bedürfnis der Erfurter Einwohner überlassen zu werden pflegt und mehrere tausend Klafter beträgt. Auf der Apfelstädt geht ein Teil des Brennholzes teils für die Stadt Gotha bis zu dem Schabhäuser Holzplatz, teils für das übrige Land bis in die Gegend von Ichtershausen herunter. Auf der Leina wird gleichfalls für die Residenzstadt ein anderer beträchtlicher Teil des Brennholzes bis zu ihren Grenzen selbst geflößt. Bauholz und größere Bloche tragen diese Flößwasser nicht.

Auf der Schwarza und Ilm wird aus den schwarzburgischen Forsten, wenn es die Lage der Schläge gestattet, Brennholz in Scheiten in das Weimarische, Königlich-Sächsische und Erfurtische geflößt, was jedoch nicht alle Jahre stattfinden kann.

Die Steinach, welche im meiningischen Oberlande entspringt, wurde mit der Engnitz und anderen in sie fallenden Bächen schon in den Jahren 1574 bis 1578 durch den Bergvogt Reinhold zu Saalfeld flößbar gemacht. Allein diese Veranstaltung ging nur bis Heubich, und um das Holz von da nach Coburg zu bringen, mußte es bei jenem Orte ausgeworfen, von da auf der Achse nach Neustadt gefahren und hier wiederum in die Rothen gebracht werden, auf welcher es dann in die Itz und auf dieser nach Coburg gelangte. Zwischen den Jahren 1730 und 1740 wurde aber die Steinach mit der Rothen durch einen Floßgraben verbunden, so daß nun, mit Einsparung des Fuhrwerkes von Heubich nach Neustadt, dieser Floßgraben das Holz in die Rothen bringt.

Dieses sind die uns bekannten Floßanstalten auf dem Thüringer Walde.

Daß die Waldungen, deren Beträchtlichkeit sich aus dem, was

wir darüber angeführt haben, bereits hinlänglich beurteilen läßt, auch eine nicht geringe Menge Wildbret enthalten, läßt sich von selbst ermessen. Wir haben die Gattungen der jagdbaren Tiere, welche sich in diesen Forsten finden, schon bei unseren naturgeschichtlichen Nachrichten aufgezählt, und wir finden uns daher auch hier nicht bewogen, länger bei diesem Gegenstand zu verweilen, da wir nicht imstande sind, etwas mehr als das ganz Allgemeine davon anzuführen.

In vielen Gegenden ist die Anzahl des Wildes teils durch die Anstalten des Landesherren, teils vielleicht auch durch natürliche Ereignisse sehr vermindert und den Besitzern der anliegenden Ländereien und Wiesen wenig nachteilig. In mehreren wird jedoch noch sehr über die Beschädigung geklagt, und wir selbst haben auf den Wiesen bei Tambach, Oberhof, Schmücke, in der Gegend von Breitenbach, zwischen hessisch Steinbach und Suhl, zwischen Wurzbach und Lobenstein manche unleugbaren Spuren von Wildfraß gesehen. Da übrigens bei den Jagdgeschäften von den Forstbedienten fast immer Privatleute als Kreiser(33) oder sonst als Gehilfen gebraucht werden, so entsteht auch hieraus für mehrere Waldbewohner noch ein Erwerbszweig.

Ausgebreiteter und wichtiger sind aber noch diejenigen Gewerbe, welche sich außer den unmittelbaren Beschäftigungen in und mit den Forsten auf dem Thüringer Walde finden. Viele von ihnen hängen unmittelbar mit der Existenz der Holzungen und den Eigentümlichkeiten der Gebirgsgegenden selbst zusammen und würden ohne diese ihr Dasein nicht haben. Andere sind unabhängiger von dem Lokal, wo sie entstanden. Doch ist die Anzahl der letzteren offenbar die geringere.

Wir versuchen eine Darstellung dieses interessanten Teils des Industriezustandes der Einwohner des Thüringer Waldes in folgender Übersicht zu geben, in welcher wir die Abteilung der verschiedenen Gewerbe auf die Materialien gründen, welche durch sie vorzüglich verarbeitet werden.

Bearbeitung der Produkte des Mineralreichs

Die Bergwerke, welche im Bezirke des Thüringer Waldes sich finden, haben wir zum Teil da, wo wir von seinen mineralischen Eigentümlichkeiten gesprochen haben, schon genannt. Der vorzüglichste und gewinnreichste Bergbau dieses ganzen Distrikts ist der, welcher in der Herrschaft Schmalkalden auf Eisen getrieben wird. Man rechnet, daß die ungeheuren Erzlager im Stahlberg und der Mommel jährlich über 22000 Tonnen Eisenstein liefern, wodurch sie nicht bloß die Eisenfabriken der näheren Orte, sondern zum Teil auch die in anderen Gegenden versorgen. Im meiningischen Unterlande werden in der Gegend von Steinbach mehrere und im königlich-sächsischen Henneberg elf Gruben von Privatpersonen, alle jedoch nur schwach, betrieben. Im Fürstentum Gotha befinden sich eine Grube am Wolfsstiege bei Friedrichroda, eine bei Frankenhain. In beiden wird auf landesherrliche Rechnung und in der letzteren minder stark und anhaltend als in ersterer gebaut. Bei Ilmenau sind einige Privatgruben, mehrere im meiningischen Oberlande, unter welchen jedoch nur fünf von einiger Erheblichkeit sind, zwei bei Schmiedefeld im Amte Gräfenthal (Fürstentum Saalfeld).

Auf Kupfer wurde vor Zeiten an mehreren Orten gebaut. Jetzt sind diese sämtlichen Gruben verfallen. Nur unmittelbar bei Ruhla ist noch ein neues Werk geöffnet, dessen Ergiebigkeit jedoch erst zu erwarten ist.

Kobalt wird nur unweit Asbach in der Herrschaft Schmalkalden am Kohlberge und im Kesselgraben bei Friedrichroda im Gothaischen gefördert. Alle übrigen, vormals sehr reichhaltigen Gruben liegen teils abgebaut, teils wegen Mangels an Absatz still.

Vitriolschiefer fanden sich sonst bei Mernach im Amte Gräfenthal. Die zu ihrer Förderung vorhandene Grube ist aber nicht mehr ergiebig. Unweit derselben wird bei Schmiedefeld noch eine unterhalten.

Auf Steinkohlen wird noch allein zu Manebach am Kammerberg, unweit Ilmenau, gebaut.

Von anderen Anstalten zur Förderung von Mineralien verdienen vorzüglich folgende Erwähnung: Schieferbrüche bei Lehesten im Fürstentume Saalfeld, die vorzüglichsten von allen; bei Sonneberg, im meiningischen Oberland und im bambergischen Amte Lauenstein. Die bei Ruhla im Fürstentume Eisenach sind minder bedeutend. Alabaster- und Marmorbrüche bei Schwarzburg und Döschnitz im Schwarzburg-Rudolstädtischen. Mühlsteinbrüche im Fürstentume Gotha, bei Schwarzwald, Oberhof, Dörrberg und Friedrichsanfang im Porphyrgebirge.

So wie die Eisenbergwerke an Zahl und Wichtigkeit den Rang vor allen übrigen fordern, so ist dies auch der Fall mit den Eisenfabriken nach allen ihren Zweigen. Schmelzwerke und damit verbundene Eisen-, Stab- und Zainhämmer (34) finden sich folgende: in dem meiningischen Unterland ein Eisenhammer bei Niederschmalkalden, mehrere Rennfeuer (35) (eine eigene Schmelzungsart des Eisens, die nur hier gewöhnlich ist) zu Steinbach im Amt Altenstein; in der Herrschaft Schmalkalden 3 hohe Öfen, mehrere Blauöfen, 16 Stahl-, 14 Eisen- und 10 Zainhämmer zu Stadt Schmalkalden, Steinbach, Hallenberg, Asbach, Unterschönau, Floh, Reichenbach und Pappenheim. Der auf einigen dieser Werke verfertigte Stahl ist von vorzüglicher Güte.

Im königlich-sächsischen Henneberg findet man Schmelzöfen zu Suhl, Heinrichs, Schmiedefeld; Eisen- und Stahlhämmer zu Erlau, Hirschbach, Hinternah, Schmiedefeld, Vesser, Heinrichs (wo auch vorzüglich guter Stahl gemacht wird), Suhl, Näbendorf und Benshausen; Zainhämmer zu Hirschbach, Wichtshausen, Näbendorf und Benshausen. Der hildburghäusische Anteil des Thüringer Waldes enthält den Tellerhammer, das meiningische Oberland drei hohe Öfen zu Hüttensteinach, Obersteinach und Augustenthal, mit welchen drei Werken (außer dem im Saalfeldischen liegenden Friedrichsthal) an jenen Orten 6 Hämmer und noch ein Hammerwerk zu Schwarzwald in Verbindung stehen. Man schätzt das hier fabrizierte Eisen auf 10000 Zentner. An den erstgenannten drei Orten finden sich auch noch besonders vier Zainhämmer. Zu Steinwiesen im Bambergischen ist ein hoher Ofen mit Eisen- und Zainhammer und im vormals bayreuthischen, jetzt auch bambergischen Amte Lauenstein drei Blauöfen mit Eisenhämmern; in dem hierher gehörigen Anteil des Fürstentums Saalfeld Schmelzöfen (teils hohe Öfen, teils Blaufeuer) mit Hammerwerken verbunden zu Königsthal, Wallendorf, Gabe-Gottes, Dobrahütte, Gräfenthal, Friedrichsthal und ein Zainhammer zu Wallendorf. Die reußischen Lande, soweit sie sich in den Thüringer Wald erstrecken, zählen 9 hohe Öfen und Blauöfen mit 11 Eisen- und 3 Zainhämmern. Der zum Fürstentum Schwarzburg-Rudolstadt gehörige Teil des Thüringer Waldes enthält 11 hohe Öfen und Blauöfen mit 12 Eisen- und 3 Zainhämmern, der sondershäusische Anteil einen hohen Ofen zu Günthersfeld im Amt Gehren, einen Eisen- und 3 Zainhämmer. Im weimarischen Amte Ilmenau sind 2 Hammerwerke und im Fürstentume Gotha 3 Schmelzwerke zu Luisenthal, Zella und Mehlis mit Hammerwerken verbunden. Außer diesen gibt es noch 3 Eisenhämmer zu Ruhla, Dörrberg und Georgenthal sowie 5 Zainhämmer zu Ruhla, Mehlis, Zella und Luisenthal.

Das auf diesen Schmelz- und Hammerwerken vorbereitete Eisen und der Stahl werden unter unzähligem Formen weiter ausgebildet. Eine Hauptstelle unter den hierher gehörigen Arbeiten nehmen die Gewehrfabriken ein, welche ihren Sitz vorzüglich in den Orten Suhl, Zella, Mehlis und Schmalkalden haben. Im ersteren Orte beschäftigen sich damit mehr als 300 Menschen. Sie lieferten im Jahre 1795 über 20000 Stück verschiedene Arten Gewehre, doch läßt sich nicht genau bestimmen, ob diese allein von der Arbeit der Suhler Meister waren, da sie bei dringenden Bestellungen die Arbeiter zu Zella und Mehlis zu Hilfe nehmen. In diesen beiden letzten Orten befinden sich ungefähr 180 Büchsenmacher und 50 Schäfter, die jährlich im Durchschnitt 4000 bis 5000 Stück, vorzüglich Jagdgewehre, liefern. Zum Behuf dieser Fabriken sind alle diese Orte mit mehreren Rohrschmieden und einigen Rohrhämmern sowie mit Bohrmühlen, Poliermühlen und dergleichen versehen, die jedoch, da dieser Gewerbszweig gegen die vorigen Zeiten sehr abgenommen hat, bei weitem nicht alle mehr im Gange sind.

Die Gewehrfabrik zu Schmalkalden ist die Privatunternehmung eines einzigen Mannes und unterhält ungefähr 50 Arbeiter. Vormals arbeitete sie größtenteils für das hessische Militär.

Von anderen Arten von Waffen werden Klingen zu Suhl und Schmalkalden, Bajonette zu Suhl sowie auch Ladestöcke und Karabinerhaken verfertigt.

Sensen werden zu Breitenbach im Amte Schleusingen, Zahnsicheln und Krauthobel zu Ohrdruf im Gothaischen, Sägen zu Wurzbach im Reußischen bearbeitet. Messer schmiedet man zu Ruhla (halb zum Fürstentum Eisenach, halb zu Gotha gehörig). Diese Fabrik war sonst die beträchtlichste der Art auf dem Thüringer Walde, ist jedoch jetzt sehr gesunken. Weitere Messerschmieden gibt es zu Steinbach, wo im Jahre 1790 sich 120 Messerschmiede befanden, Liebenstein, Grumbach, Wasungen und zu Schmalkalden, wo man im Jahre 1797 35 Messerschmiede zählte, die mit ihren Gehilfen wöchentlich 30000 Stück Messer bearbeiten sollen. Feilen werden vorzüglich von 40 Feilenhauern zu Schmalkalden, außerdem auch von einzelnen Meistern noch an verschiedenen anderen Orten, zu Ruhla und Mehlis bearbeitet.

Ebenso ist Schmalkalden auch der Hauptsitz der Ahlen- und Zweckenschmiede, deren man daselbst gegen 120 zählt, sowie dort auch und an den umliegenden Orten Scheren, Bohrer, Zangen, Spicknadeln, Ketten usw. geschmiedet werden, welche Gewerke in der Stadt Schmalkalden allein gegen 100 Meister beschäftigen. Eben diese Arbeiten werden jedoch auch an mehreren Orten des Thüringer Waldes verfertigt.

Fast überall verbreitet ist die Fabrikation mehrerer Eisen- und Stahlwaren, die nicht unter jene Rubriken passen. Zunftmäßig wird die Bearbeitung der Schlösser und Nägel betrieben. Stadt Schmalkalden, Liebenstein, Steinbach, Grumbach, Nieder-Schmalkalden, Pappenheim, Suhl, Zella, Oberlind im meiningischen Oberland, Albrechts, Brotterode, Roda im Amt Ilmenau und neben ihnen mehrere andere Orte zeichnen sich durch die Menge und Güte beider oder eines jener Artikel aus.

Von einzelnen Arbeitern und ohne Zunftzwang, gewöhnlich als Nebenbeschäftigung der Gewehr-, Messer oder Schlösserfabrikation, werden eine Menge anderer Waren verfertigt, die man auswärts im Handel gewöhnlich Schmalkalder Ware zu nennen pflegt, weil ein großer Teil derselben durch Handelsleute jener

Stadt ins Ausland vertrieben wird. Zu diesen Waren gehören Pulverproben, Lademaße, Jagdhämmer, Flintenkrätzer und Kugelzieher, Korkzieher, Wolfs- und Fuchseisen, Ratz-, Marder- und Mäusefallen, Zuckerhämmer, Zuckerschneider, Kaffee- und Gewürzmühlen, Feuerzeuge von verschiedener Art, Feuerstähle, Federwaagen, Zieh- und Schnellwaagen, Nagelzangen, Gliederzangen, Kanasterschneider, Wandhaken, Lichtscheren, Bügeleisen, Brenneisen, Degen, Hirschfängergefäße, Petschafte, Stempel, Feilstöcke, Feilkloben, große und kleine Ambosse, Zieheisen zum Drahtziehen, Drahtzangen, Sattlerhämmer, alle chirurgischen Instrumente, Meißel, Hobeleisen, Beile, Metzgerstähle und Hackmesser. Alle diese Waren werden vorzüglich an den Orten verfertigt, die wir vorhin als die hauptsächlichsten Sitze der Gewehr-, Messer- und Schlösserfabrikation bezeichnet haben.

Mehrere Künstler verzieren ihre Produkte mit eingeschlagener Metall- oder auch mit Gravierarbeit. Man findet in dieser Gattung sehr vorzügliche Meister.

Draht wird ebenfalls an mehreren Orten fabriziert. In der Herrschaft Schmalkalden sind 7 Drahthämmer, im Fürstentum Gotha 2, im königlich-sächsischen Henneberg einer.

Endlich wird auch Eisenblech, teils schwarzes, teils verzinntes, verfertigt – auf 4 Blechhämmern in den reußischen Landen, zu Lichte im saalfeldischen Amte Gräfenthal, auf 2 zu Katzhütte gehörigen Blechhämmern im Rudolstädtischen, zu Hüttensteinach, Obersteinach und Almerswind im meiningischen Oberland, zu Ebersdorf im bambergischen Amte Lauenstein, wo auch sehr viele Blecharbeiten selbst verfertigt werden, zu Schleusingen, St. Kilian und Raasen im königlich-sächsischen Henneberg.

Wir werden in der Folge Gelegenheit finden, auf einzelne jener von uns genannten Fabriken zurückzukommen und nähere Nachrichten von ihnen zu liefern, als hier zweckmäßig war, wo wir nur einen allgemeinen Begriff von der Ausdehnung einzelner Gewerbszweige zu geben beabsichtigen konnten. Daß man aus dem, was wir angeführt haben, auf die Wichtigkeit der Eisenfabriken schließen werde, dürfen wir hoffen.

Nur beschränkt ist dagegen die Verarbeitung des Kupfers. Wir kennen nur fünf Werke, wo es im großen unter dem Hammer zu Kesseln, Blechen usw. ausgebildet wird, zwei bei Ohrdruf im Gothaischen (vormals drei), einer zu Schleusingen, einer zu Meernach im saalfeldischen Amte Gräfenthal, einer im bambergischen Amte Lauenstein. Einzelne Kupferschmiede, welche dieses Metall für kleinere und größere Geräte bearbeiten, gibt es überall. Ihr Gewerbe macht jedoch keinen beträchtlichen Industriezweig aus.

Das Beschlagen der Meerschaum- und hölzernen Pfeifenköpfe mit einer weißen Metallkomposition, welches zu Ruhla stark betrieben wird, ist nicht nur wegen seiner Ausdehnung an sich (es beschäftigte im Jahre 1797 282 Personen in 99 Fabriken), sondern auch vorzüglich wegen seines Zusammenhanges mit der Fabrikation der Pfeifenköpfe selbst merkwürdig. Daselbst werden auch Haarkämme aus Messing (im Jahre 1797 von 25 Personen) gefertigt.

Metallische Farben bereitet man, wenn man das Kobaltblau hierher und nicht vielmehr zu der Glasbereitung rechnen will, wo es wohl eigentlicher hingehört, zu Glücksbrunn bei Schweina im meiningischen Amte Altenstein, zu Schauberg im bambergischen Amte Lauenstein, zu Sophienau im hildburghäusischen Amte Eisfeld. Bleiweißfabriken sind eine zu Eisenach und eine zu Schleusingen.

Salzbereitungen finden sich auf und vor dem Thüringer Walde in mehreren Zweigen. Eigentliche Kochsalzsiedereien sind drei, nämlich zu Schmalkalden [jährlich ungefähr 10560 Zentner), zu Salzungen (gewährt ungefähr 80 Personen Unterhalt, ohne die Eigentümer der Nappenanteile(36) zu rechnen. Der jährliche Salzgewinn beträgt zwischen 90000 und 100000 Taler] und zu Creuzburg an der Werra (im Durchschnitt des Jahres 12000 Körbe Salz, jeden zu 90 Pfund).

Vitriolwerke sind an der Trockenen Werra(37) im Hildburghäusischen, zu Arnsbach bei Meernach und zu Schmiedefeld, beide im saalfeldischen Amte Gräfenthal, zu Friesenthal und mit einem Alaunwerke verbunden zu Saaldorf, beide in der Herrschaft Lobenstein.

Pottasche wird gesotten auf acht Hütten im Amt Schmalkalden. Außer diesen finden wir eine bei Rauenstein im meiningischen Oberland und eine bei Raasen im königlich-sächsischen Henneberg angezeigt.

Eine Salmiakfabrik ist bei Steinach im meiningischen Oberlande, und Salpeter wird auf einer Hütte bei Gräfenthal gesotten. Mit dem letzteren setzen wir die Pulverbereitung in Verbindung, die zu Obermaßfeld im meiningischen Unterlande, Schleusingen und zu Zella im Gothaischen getrieben wird.

Noch ist uns aus dem Mineralreiche die Verarbeitung der Erden und Steine übrig. Sehr wichtig ist das Gewerbe mit dem Schiefer, welches zu Lehesten, Probstzella und Gräfenthal im Saalfeldischen, vorzüglich an ersterem Orte, sowie zu Sonneberg im meiningischen Oberlande getrieben wird. Hier werden vorzüglich Schiefertafeln und Griffel zum Schreiben, zu Lehesten aber Dachschiefer, die weit ins Ausland versendet werden, verfertigt. Nur unbedeutend – im Verhältnis zu jenen – ist die Bearbeitung des unweit Ruhla und Kittelsthal im Eisenachischen befindlichen Glimmerschieferbruchs.

Marmormühlen, auf welchen aus einem harten, marmorartigen, gewöhnlich grauen oder braunen Kalkstein die sogenannten Klinker oder Schnellkugeln verfertigt werden, die man millionenweise nach beiden Indien versendet, sind vier zu Obersteinach, Almerswind, Effelder und Schwarzwald im meiningischen Oberlande und zwei bei Ilmenau.

Alabaster und Marmore, die sich im Schwarzburg-Rudolstädtischen finden, werden vorzüglich im Zuchthause zu Schwarzburg von den Züchtlingen verarbeitet.

Porzellan liefern die Fabriken zu Limbach (durch 50 Personen ungefähr für 16000 bis 20000 Taler Ware) und zu Rauenstein, wo 121 Arbeiter für 60000 Taler Ware fertigen, beide im meiningischen Oberlande. Der letzteren, erst seit ein paar Dezennien angelegten Fabrik dankt der ganze umherliegende Bezirk seinen Wohlstand. Ferner gibt es die Fabrik zu Ilmenau – sie beschäftigt ungefähr 30 Menschen – und zu Lichte im Saalfeldischen.

Ziegel- und Töpferton wird an vielen Orten des Thüringer Waldes, jedoch kaum mehr als zum inländischen Bedürfnis, verarbeitet.

Glashütten zählen wir folgende: Stützerbach, wo sowohl auf der königlich-sächsischen als auf der weimarischen Seite dieses Ortes eine Fabrik sich befindet, die, beide von denselben Eigentümern abhängig, schönes weißes Glas fertigen und ins Ausland senden; Gehlberg im Gothaischen, wo auf zwei Glashütten, die unter mehreren Eigentümern verteilt sind, von ungefähr 60 Arbeitern für 16000 bis 18000 Taler Ware gefertigt wird; Friedrichshöhe im Hildburghäusischen; Tettau im bambergischen Amte Lauenstein; Glücksthal (liefert durch 24 Menschen, ohne die Tagelöhner, ungefähr für 16000 Taler Ware) und Lauscha, wo vorzüglich Arzneigläser, Beinglas (38), Rock- und Hemdenknöpfe bearbeitet werden; endlich im saalfeldischen Amte Gräfenthal drei gangbare, Henriettenthal (26 Arbeiter, 6000 bis 8000 Taler Ware jährlich), Ernstthal (in 13 Wochen ungefähr für 720 Taler Ware), Piesau (in 24 Wochen etwa für 2000 Taler grünes Glas) und das jetzt darniederliegende Sophienthal.

Auf allen diesen Fabriken wird unseres Wissens kein Spiegelglas verfertigt, wohl wird dergleichen aber aus Böhmen bezogen und zu Köppelsdorf bei Sonneberg im meiningischen Oberlande foliiert und geschliffen. Es wird dort vorzüglich die unter dem Namen Judenmaas bekannte Gattung Spiegel bearbeitet.

Den ausländischen Meerschaum (39) schafft man zu Ruhla zu Tabakspfeifenköpfen um. Teils schneidet man daselbst aus den ganzen, hierzu tauglichen Stücken die echten, teils formt man aus den Abgängen der Masse und einigen Zusätzen die unechten Köpfe, und beide Fabrikate beschäftigen im ganzen Lauf der Verarbeitung über 100 Menschen. Auch in Schmalkalden wird diese Kunst, jedoch in weit geringerer Ausdehnung, getrieben.

Endlich verdient auch noch die Bereitung der schwarzen, braunen, gelben, roten und weißen Farberden Erwähnung, welche zu Hämmern im meiningischen Oberlande stattfindet.

Bereitung der Produkte des Pflanzenreichs

Holz ist hier das nächste Material, was sich dem Waldbewohner an den meisten Orten in reicher Fülle darbietet. Im großen wird dasselbe auf zahlreichen Schneidemühlen vorzüglich zu Brettern, Latten etc. verarbeitet. Wir zählen ihrer über sechzig in den verschiedenen Gegenden des Thüringer Waldes. Weit mehr Hände beschäftigt jedoch die Umgestaltung jenes Materials in tausend Sachen des Bedürfnisses oder des Luxus, wenn wir anders dieses letztere Wort für die den Kindern bestimmten Spielwaren gebrauchen dürfen. Diese werden insbesondere in einer bewunderungswürdigen, ja wahrhaft ungeheueren Menge zu Sonneberg im meiningischen Oberlande und in den diesem Städtchen zunächst gelegenen Dörfern gemacht. Man zählte im Jahre 1801 an Arbeitern dieser Art 440, von welchen jeder noch 3 bis 4 Gehilfen zur Hand hatte.

Außer ihnen beschäftigen sich gegen 70 andere Arbeiter mit Absatz- und Schachtelmachen, Flachsbrechen (besonders zu Rauenstein) und einer Menge anderer Dinge, die den Bedürfnissen der Erwachsenen gewidmet sind.

Mehrere Arten von Wagner- und Böttcherarbeiten liefert eine große Anzahl Menschen aus vielen anderen Gegenden des Thüringer Waldes. So im Amte Schleusingen, vorzüglich zu Schmiedefeld im Amte Ilmenau, im Amte Lauenstein, in mehreren Walddörfern des Fürstentums Gotha, wo man zum Beispiel Leiter- und Brechenmacher (40) sowie Felgenhauer zu Cabarz und Tabarz, Reisigbesenbinder zu Schwarzhausen, Schmerbach und Deubach, Korbflechter zu Schönau vor dem Walde, Schwarzhausen, Cabarz und Deubach, Peitschenmacher zu Ohrdruf, Bierkannenmacher zu Langenhain, Siebmacher zu Schönau vor dem Walde antrifft.

Ebenso benutzt man auch das in den Tannen, Fichten und Kiefern enthaltene Harz zum Pechsieden. Vorzüglich zahlreich sind die Hütten hierzu im saalfeldischen Amte Gräfenthal. Auch im meiningischen Oberlande, im königlich-sächsischen Henneberg, im Amte Ilmenau und in den gothaischen Orten Crawinkel, Frankenhain, Dörrberg, Gräfenroda und Arlesberg findet man dergleichen. Aus den Abgängen vom Pechsieden und von anderen Nadelholzspänen wird der Kienruß gewonnen, und die Fertigung der zu seiner Fassung erforderlichen Fäßchen und Büttchen macht gleichfalls einen Nahrungszweig für verschiedene Orte, z. B. Elgersburg und Manebach im Gothaischen, aus. Aus den Masern des Holzes insbesondere schnitzt man zu Ruhla Pfeifenköpfe und füttert sie teils mit Blech, teils mit Meerschaum. Sie finden neben den Meerschaumpfeifenköpfen einen beträchtlichen Absatz.

Die Verarbeitung des Flachses und der Baumwolle verschafft in ihren verschiedenen Zweigen ein vorzüglich beträchtliches Gewerbe für die Thüringer Waldbewohner.

Schon die Spinnerei wird an vielen Orten in erheblicher Ausdehnung getrieben. Indessen wird doch der ungleich größere Teil des leinenen Garns aus dem flachen Lande hergebracht, und der Handel mit demselben an sich hatte bisher schon einen sehr bedeutenden Umfang. Vor allen übrigen zeichnete sich in dieser Rücksicht das Städtchen Friedrichroda im Gothaischen aus, dessen Umtrieb in Garnen man um das Jahr 1785 auf 140000 Taler schätzte.

Die durch den langwierigen Krieg eingetretene Störung des Handels hat indessen diesen Verkehr außerordentlich gelähmt. Nicht minder gelitten hat auch die Weberei selbst, die, soweit sie für den auswärtigen Handel stattfand, welcher gleichfalls vorzüglich zu Friedrichroda getrieben wurde, von hoher Erheblichkeit war. Es wurden hierbei weniger eigentliche Leinewand, sondern mehr sogenannte Drilliche (ein geköpertes, gewöhnlich blaustreifiges Leinenzeug) verfertigt, die ihren Hauptabsatz nach Frankfurt und Holland fanden. Im Jahre 1785 rechnete man wenigstens 370 Stühle, die sich in den gothaischen Walddörfern damit beschäftigten und jährlich über 53000 Stücke lieferten, die eine Summe von 284000 Talern eintrugen. Auch in dem meiningischen Unterlande ist die Zahl der Leineweber und der Vertrieb der leinenen Waren groß. Sie haben ihren Sitz vorzüglich zu Meiningen und Wasungen, und in den in der Nähe dieser Städte befindlichen Dörfern. Mit dieser Linnenfabrikation steht die Bleicherei in nächster Verbindung. Drei Orte sind es, welche sich vor dem Thüringer Walde vor anderen dadurch auszeichnen, Friedrichroda und Ohrdruf im Gothaischen und

Heidersbach im Königlich-Sächsischen. Am ersteren Orte wurden bei dem blühenderen Betrieb der vorigen Zeiten im Durchschnitt gegen 280 000 Stück Garne gebleicht, ohne die übrige leinene Ware zu rechnen, die größtenteils in Leinewand und Wäsche besteht, welche einzelne Personen aus dem flachen Lande zum Bleichen hierher senden. Heidersbach arbeitet vorzüglich für Suhl. Aus den Garnen verfertigt man an mehreren Orten Zwirne und vertreibt diese im Handel, wie zu Friedrichroda.

Der Hauptsitz der Barchentweberei ist vor dem Thüringer Walde Suhl. Man rechnet daselbst und in den nahegelegenen Orten Albrechts, Goldlauter, Heinrichs und Schwarza mehr als achthundert Menschen, die sich mit dieser Fabrikation beschäftigen, und jährlich werden von daher an 70 000 Stück Barchent zur Messe gesendet.

Außer Suhl ist dieser Erwerbszweig auch in Meiningen und Schmalkalden, wiewohl in geringerer Ausdehnung, in Umtrieb. Die Baumwollgarnspinnerei, welche von jenem Fabrikate vorausgesetzt wird, ist vorzüglich im Meiningischen im lebhaften Gange. Übrigens greift die Barchent- und Leineweberei oft ineinander und beschäftigt an einigen Orten dieselben Meister, je nachdem die eine oder andere Ware mehr bestellt ist und gesucht wird.

Doch wird die Leineweberei im ganzen mehr an den nordwestlichen, die Barchentweberei mehr in den südwestlichen Teilen des Gebirges betrieben.

Mit der Leineweberei steht die Papiermacherei in zu unmittelbarer Verbindung, um ihrer nicht sogleich hier zu gedenken. Man findet auf dem Thüringer Walde viele Papiermühlen, im gothaischen Anteil allein sieben, in der Herrschaft Schmalkalden zwei, im königlich-sächsischen Henneberg mit Einschluß von Schwarza sechs, im Amte Ilmenau eine, im meiningischen Ober- und Unterlande drei, im Saalfeldischen eine. Aus Papiermaché macht man hiernächst zu Ruhla Tabakspfeifenköpfe, die eine zeitlang sehr gesucht wurden, deren Vertrieb jedoch wieder abgenommen hat.

Ferner gehört noch zu den Produkten aus dem Pflanzenreiche, die im Thüringer Walde verarbeitet werden, der Feuerschwamm, welcher von mehreren Orten von den Einwohnern als Nebenbeschäftigung gesammelt und zum Zunder zubereitet wird. Wir haben dieses Gewerbe vorzüglich im Fürstentum Eisenach und in der Herrschaft Schmalkalden angetroffen. Auch im Schwarzburgischen soll es betrieben werden, und wahrscheinlich ist dies auch in mehreren anderen Waldgegenden der Fall.

Endlich dürfen wir auch die Obstessigbereitung nicht unerwähnt lassen, welche aus wilden Birnen und Äpfeln, vorzüglich in den eisenachischen und in den an dasselbe grenzenden gothaischen Orten mit Erfolg stattfindet. Der hier fabrizierte Essig ist von vorzüglicher Güte und steht dem besten Weinessig nicht selten nur wenig nach.

Bereitungen aus Produkten des Tierreichs

Ledergerbereien werden an verschiedenen Orten des Thüringer Waldes stark getrieben, und ihre Produkte gewähren einen nicht ganz unbedeutenden Handelszweig. Vorzüglich beschäftigt man sich damit zu Ilmenau, zu Eisenach, wo 13 Loh- und 20 Weißgerbermeister dieses Gewerbe treiben, und zu Waltershausen im Gothaischen, wo von 14 Loh- und 10 Weißgerbern vieles Leder verarbeitet und vorzüglich gutes Weißleder verfertigt wird, dessen Güte man dem in der hiesigen Gegend am Burgberge gebrochenen Kalk zuschreibt. Zu Ohrdruf, wo vormals eben dies Gewerbe ziemlich bedeutend war, ist dasselbe fast ganz verfallen.

Lohmühlen, die für die Rotgerbereien die Lohe liefern, gibt es an mehreren Orten des Thüringer Waldes.

Ein dem Leder an Wichtigkeit gleiches und in mehreren Rücksichten noch erheblicheres Produkt – die Wolle – gibt in verschiedenen Gegenden des Thüringer Waldes ebenfalls Veranlassung zu einer bedeutenden Fabrikation. Wollene Tücher und Zeuge allerhand Gattungen (Rasche, Plüsche, Schalons) (41) werden hauptsächlich verfertigt zu Eisenach, wo in der Stadt von 90

Meistern und 70 Gesellen auf 150 Stühlen jährlich gegen 100000 Stück Rasche, an wollenem Tuch aber nur wenig geliefert und diese ebenda gefärbten und appretierten Waren weit ins Ausland verführt werden; ebenso in den um Eisenach liegenden Orten, ferner zu Lobenstein im reußischen Vogtlande, wo im Jahre 1784 184 Tuchmacher, 4 Tuchbereiter und 4 Tuchscherer lebten, zu Ilmenau, wo sich 500 Menschen von Wollearbeiten nähren und für ungefähr 12000 Taler Ware verfertigen. Entsprechende Gewerbe finden sich, wenn auch in weit geringerer Ausdehnung, zu Berka an der Werra, Farnroda, Meiningen, Salzungen, Schmalkalden und Waltershausen.

Die Wollspinnerei, die zu Schalkau im meiningischen Oberlande fabrikmäßig und zu Meiningen in einer Industrieschule betrieben wird, findet nach Verhältnis des lebhafteren Betriebes der Wollmanufaktur selbst in den verschiedenen Gegenden des Thüringer Waldes mehr oder minder ausgebreitet statt. Wollene Strickarbeiten (Strümpfe und Handschuhe) werden vorzüglich zu Ruhla verfertigt und von da aus ins Ausland versandt.

Horndreher findet man ebenfalls zu Ruhla, wo sie sich vorzüglich mit Tabakspfeifenröhrchen beschäftigen. Aus Elfenbein bearbeitet eine Fabrik von ungefähr 7 bis 8 Personen an eben diesem Orte Haarkämme. Endlich trifft man zu Steinach im meiningischen Oberlande eine Fabrik von Berliner Blau an, dessen Stoff bekanntlich aus Rindsblut und Abgängen von Horn und Klauen gezogen wird.

Wir schließen diese Übersicht der verschiedenen im Thüringer Walde sich findenden Gewerbe mit einigen, die ihre Materialien nicht aus einem Naturreiche allein entlehnen. Dahin gehört die Verfertigung verschiedener musikalischer Instrumente, die vorzüglich zu Schmiedefeld betrieben wird, wo unter anderem zwei sehr gute Orgelmacher sich befinden, zu Köppelsdorf im meiningischen Oberlande und zu Crawinkel im Gothaischen, an welchen beiden Orten Geigen verfertigt werden.

Ferner die Bereitung von Medizinwaren, die im Schwarzburgischen in der Gegend von Königsee, vorzüglich zu Oberweißbach, in einer sehr großen Ausdehnung und im Orte Gräfenthal, zu Schmiedefeld und Reichmannsdorf stattfindet, wo 25 Laboranten und 22 Olitätenhändler (42) gezählt werden.

Es bleibt uns noch die Beantwortung der Frage übrig, welchen Einfluß diese zahlreichen Gewerbe auf den Wohlstand der Bewohner des Thüringer Waldes haben.

Es ist unverkennbar, daß die Mannigfaltigkeit der Nahrungszweige und die Aussicht zum Unterhalte, die sie gewähren, eine der vorzüglichsten Ursachen der starken Bevölkerung ist, die wir in allen Teilen des Gebirges und da am meisten antreffen, wo die einen oder anderen Gewerbe am lebhaftesten blühen. Allein, ebenso gewiß ist es, daß trotz der unverkennbaren Industrie, die im Durchschnitte der Waldbewohner in der Übung seiner Künste verrät, dennoch der ungleich größere Teil der Arbeiter auch in den blühenderen Fabriken in Armut und Dürftigkeit schmachtet.

Ein vorzüglicher Grund dieser traurigen Erscheinung liegt allerdings in dem Leichtsinn, der – wie wir im Vorhergehenden bemerkt haben – einen hervorstehenden Charakterzug des Waldbewohners ausmacht und ihm nicht gestattet, in Perioden des Besserbefindens auf Zeiten der Not zu sammeln, der vielmehr dem augenblicklichen Genuß freie Zügel läßt und die Sorgen der Zukunft vor dem Frohsein des gegenwärtigen Augenblicks aus den Augen rückt.

Zu dieser allgemeinsten Quelle der Beschränktheit, in welcher der Thüringer Gebirgsbewohner lebt, gesellt sich der Druck, den die Arbeiter von denen, welche den Handel mit den Fabrikanten in ihren Händen haben, fast durchgängig leiden.

Jene sind wahre Leibeigene, die nicht für sich, sondern für den Wohlstand der letzteren arbeiten. Diese, nicht zufrieden, einen mäßigen Anteil des Gewinnes in einer billigen Teilung mit ihren Arbeitern an sich zu nehmen, befolgen fast allgemein den Grundsatz, soviel als möglich zu gewinnen und in eigenem Wohlbefinden die Not ihrer dürftigen Brüder nicht zu achten.

Ungerechnet, daß daher der Arbeitslohn der Arbeiter so tief als nur immer möglich herabgesetzt wird, gebrauchen die Großhändler der Fabrikate oft auch noch sehr niedrige Mittel, jenen den geringen Unterhalt zu verkümmern, welchen sie ihnen gewähren. So führen z. B. mehrere Kaufleute, an welche die Arbeiter ihre Produkte abliefern, einen Gewürz- oder Schnitthandel (43) neben dem Fabrikatenvertrieb und verleiten wenigstens den Arbeiter, woferne sie ihn nicht sogar mittelbar nötigen, einen Teil seines Lohnes in Waren von ihnen zu nehmen, die doch ge-

wöhnlich nur in Artikeln des Luxus bestehen und seine wahren Bedürfnisse nicht befriedigen. Oder sie machen durch erleichterte Gewährung oder selbst durch Anerbieten von Vorschüssen den leichtsinnigen Fabrikanten sich so dienstbar, daß dieser, bei der Unmöglichkeit, der angedrohten Aufkündigung oder Ausklagung des Vorschusses ein Genüge zu leisten, sich jeder Bedingung fügen muß, die der Kaufmann über den Preis und die Ablieferung seiner Produkte ihm vorschreibt.

Ruhla

Wir können diesen Gegenstand nicht umständlicher verfolgen. Auch behaupten wir keineswegs, daß es im Handelsstande nicht edlere Ausnahmen gäbe, die eine ähnliche Verfahrensart sich nicht erlauben, allein, daß sich die meisten Glieder desselben von unseren Angaben getroffen fühlen müssen, ist Tatsache und ebenso gewiß der Satz, daß Armut das Los des Arbeiters bleibt und daß die Frucht seines Schweißes nicht in seine Hände kommt, sondern an die Großhändler übergeht. Jenen muß, um gerecht zu sein, allerdings das Verdienst zugestanden werden, daß ohne sie, die allein den Absatz der Fabrikwaren im Großen bewirken, wahrscheinlich alle von uns genannten Gewerbe minder blühend oder ganz vernichtet sein würden.

Wenigstens sind uns keine bedeutenden Anstalten bekannt, die von seiten der Regierungen der hierbei interessierten Länder stattfinden, um die Aufnahme und Blüte der Fabriken zu befördern, und wir wüßten von einigen derselben fast mehr Beispiele des Gegenteils aufzuzählen.

Wir verlassen diese allgemeinen Bemerkungen und gehen zu den einzelnen Teilen unseres Thüringer Waldes mit Auswahl derjenigen über, welche in irgendeiner Rücksicht wert sind, unseren Lesern näher bekannt zu werden.

Beschreibung der einzelnen Orte und Gegenden der Täler des nördlichen Abhanges

Indem wir den vorzüglichsten Zweck unserer Schilderung des Thüringer Waldes fest im Auge halten, nämlich Reisenden einen Leitfaden zum Aufsuchen seiner merkwürdigen Punkte zu geben, scheint es uns notwendig, weder den Einteilungen, welche das politische Verhältnis der verschiedenen Staaten festgesetzt hat, noch den von uns oder anderen gewählten willkürlichen Reiserichtungen zu folgen. Wir glauben vielmehr, die Natur selbst zur Führerin nehmen zu dürfen, und wir betrachten daher das Gebirge nach den verschiedenen Tälern, welche ihre wirkende Hand in demselben geschaffen hat und in deren jedem fast immer schon an sich ein interessantes Ganzes vor unseren Blicken sich ausbreitet. Die einzelnen der nähern Kenntnis würdigen Höhepunkte stehen stets mit dem einen oder dem anderen Tal in einer so nahen natürlichen Verbindung, daß auch sie ohne Schwierigkeiten und Zwang bei der Beschreibung der Täler selbst angegeben werden können. Und mit Hilfe der Karte wird es jedem unserer Leser um so leichter sein, sich über die einzelnen Gegenden zu unterrichten und zu bestimmen, die er zu besuchen wünscht, als ohnehin ein großer Teil der gangbaren Wege den Richtungen der Täler folgt und nur in einzelnen Fällen die Wege, welche auf der Höhe des Gebirges hinführen, für den Reisenden den Vorzug vor jenen verdienen – Fälle, die wir nicht unbemerkt lassen werden.

In der nordwestlichen Hälfte des Thüringer Waldes, deren Schilderung wir gegenwärtig liefern, verfolgen wir zuerst die Täler des nördlichen Abhanges, und zwar von dem äußersten Grenzpunkte des Gebirges von Westen her in der Richtung nach Osten.

Tal der Suhl. Es ist eines der kleinsten und unbedeutendsten Täler des ganzen Thüringer Waldes, auf welches wir daher kaum die Aufmerksamkeit des Reisenden hinlenken mögen. Nicht weit von der Vereinigung der Suhl mit der Werra, welche in einem fruchtbaren, anmutigen Grund stattfindet, liegt südlich das Städtchen *Berka*, welches zum Unterschied von Berka vor dem Hainich, einem weiter nördlich gelegenen Dorfe, den Beinamen an der Werra führt. Dieses Städtchen, welches ganz mit Basalt aus dem Öchsenberge, unweit Vacha, gepflastert ist, hat 140 Häuser und ungefähr 400 Einwohner. Zu den hier sich findenden Gewerben gehört hauptsächlich die Plüschweberei, mit welcher im Jahre 1791 sich 19 Stühle beschäftigt fanden, deren Produkte nach Frankfurt am Main abgesetzt wurden, und die Schönfärberei, die vorzüglich für das angrenzende Hessische arbeitet. Verfolgt man das von der Suhle gebildete Tal aufwärts nach ihrem Ursprung zu, so trifft man auf das Dorf *Herda* (100 Häuser) und auf das herrschaftliche Gut *Hausbreitenbach*, mit welchem 10 Häuser und der Sitz eines Forstbedienten verbunden sind und wo sich ein Seitenbach, der bei den hessischen Orten Auenheim und Gospenroda vorübergeht, mit der Suhl vereinigt. Im Hauptteil führt der Weg von Hausbreitenbach auf Fernbreitenbach (Dorf von 50 Häusern) und Wünschensuhl (Dorf mit 35 Häusern) nach Marksuhl.

Marksuhl, ein Marktflecken von 143 Häusern und mehr als 300 Einwohnern, liegt unterhalb des Vacher Berges, über welchen die Straße von Eisenach nach Frankfurt am Main läuft. Der

Grund, durch welchen diese Straße geht, wird durch schöne Felsen- und Waldpartien äußerst malerisch und unterhaltend. Auf dem Berge ist die Straße zum Teil in das Todliegende, welches die Hauptmasse dieses Berges ausmacht, eingehauen. In dem Ort selbst finden sich ein fürstliches Schloß und ein Jagdzeughaus.

Von Marksuhl gelangt man bei den Dörfern Burkhardtroda (34 Häuser) und Ettenhausen (35 Häuser) vorüber nach *Kupfersuhl*, einem Dörfchen von 14 Häusern. Zwischen diesem Orte und den Orten Marksuhl und Eckardtshausen sowie überhaupt in dieser ganzen Gegend wurde ehemals ein ziemlich lebhafter Flözbergbau auf Kupfer getrieben, und die gewonnenen erzhaltigen Schiefer wurden hier, in Kupfersuhl, verschmolzen. Ein Teil dieser Schmelzhütte wurde, nachdem der Bergbau selbst, teils weil die Erze nicht silberhaltig waren, teils weil es an Kohlen zum Schmelzen fehlte, auflässig worden war, zu einer Pottaschensiederei eingerichtet. Dieses ganze Tal der Suhl, welches sich bei dem nördlich von Kupfersuhl auf der Höhe des Gebirges liegenden Wackenhof, einem einzelnen Hofe, schließt, nebst allen von uns genannten Orten, mit alleiniger Ausnahme der in einem Seitental sich befindenden obengenannten zwei hessischen Dörfer, gehört in das Fürstentum Eisenach ebenso wie das folgende

Tal der Elte, in welchem nur ein kleiner Strich zum meiningischen Unterlande gehört. Was wir, als in demselben liegend, nicht näher bezeichnen, ist eisenachisches Gebiet. Wenn wir auch hier von dem niedrigsten Punkt des Tales gegen das Gebirge aufwärts steigen, so finden wir zuerst unweit des Einflusses der Elte in die Werra das ansehnliche Dorf *Lauchröden* (90 Häuser), in dessen Nähe nördlich die weitläufigen Ruinen des Schlosses Brandenburg, von welchem der ganze Berg die Alte Brandenburg genannt wird, den Wanderer zu sich einladen. In dem übrigens wenig Merkwürdiges darbietenden Tale hinauf, dem Lauf der Elte entgegen, kommt man über Unterellen (Dorf von 62 Häusern mit einem Rittergute) zu dem nach Meiningen gehörigen Dorf *Oberellen*, welches 420 Einwohner hat und in dessen Nähe einige einzelne, gleichfalls zum Fürstentum Meiningen gehörige Höfe – Fronshof, Taxhof und Klausberg – liegen. Auf Oberellen folgt das eisenachische Dorf *Förtha* (38 Häuser), in dessen

Nähe die Stopfelskuppe und die Pflasterkaute sich finden. Jene ist ein Basaltkegel, an welchem rundumher Sandstein anliegt, so daß er aus dem Sand hervorgebrochen zu sein scheint. Diese ist gleichfalls ein Basaltberg, in dessen Basalt häufig weißer Zeolith (44) vorkommt.

Von Förtha führt der Weg weiter über Epichnellen, ein adliges Gut, nach *Unkeroda* (Dorf von 19 Häusern). Dieser Ort liegt in einem engen Wiesengrund am südlichen Fuß des Schmiedekopfes. Nicht weit von dem Dorf, nach Süden hin, steht die Atchenbacher Hütte, ein vormaliges Kupferschmelzwerk, das schon in der Mitte des vorigen Jahrhunderts nicht mehr zu seiner früheren Bestimmung, sondern nur noch teils zum Einschmelzen geringhaltiger Geldsorten, teils zu Probeschmelzungen gedient hat. Etwas höher herauf im Gebirge liegen zur Seite eines Nebentales der Amtshof Wolfsburg zwischen den Bergen Bonakker und Knieberg, an welchem letzteren Berg man noch in neueren Zeiten Versuche auf Bergbau gemacht hat, und das Dorf Eckardtshausen (50 Häuser) am südlichen Fuß des Berges Haselleite, der hier jedoch unter dem Namen Krieglitz bekannter ist. Von dem Bergbau, der in dieser Gegend vorzüglich an den Bergen Vorwag, Gerhäuserberg, Lüteberg vormals getrieben wurde, haben wir kurz vorher schon Erwähnung getan.

Im Haupttal hinauf gelangen wir von Unkeroda aus nach *Wilhelmsthal*, welches ohne Zweifel der schönste Punkt dieses ganzen Tales ist. Es ist dies eigentlich ein fürstliches Jagd- und Lustschloß, in dessen Nähe jedoch noch ein Wirtshaus mit einigen anderen Wohnungen sich findet. Bei diesem Schloß war vormals ein Tiergarten, der von dem jetzt regierenden Herzog von Sachsen-Weimar schon seit mehreren Jahren gegen Anlagen in englischem Geschmack vertauscht worden ist. Der nahe Wald bejahrter Buchen und Eichen, das üppige Grün eines fruchtbaren Wiesengrundes, die künstlichen neuerlich gemachten Anpflanzungen, die Spiegelfläche des Teiches, auf welchen man in diesen Anlagen trifft, die in einem einfachen, aber edlen Stil errichteten fürstlichen Gebäude machen ein äußerst angenehmes Ganzes, das mit Freundlichkeit einladend zu dem Gemüte des Wanderers spricht. Von Eisenach aus wird dieser Ort häufig besucht, und wir werden unsere Leser auf dem Wege, der von dort hierher führt, noch einmal bis zu dieser Gegend geleiten. Von Wilhelms-

thal aus wendet sich das Tal fast ganz südlich, steigt aber dann schnell und ohne sonderliche Abwechslung empor nach dem düster in der Waldung versteckten Etterwinden, einem Dorfe von 36 Häusern, nahe hinter welchem das Tal von dem Gebirge verschlossen wird. Ein Weg führt von hier über die Höhe des Gebirges nach Gumpelstadt und Schweina im Meiningischen, ein anderer Weg ebenso von Wilhelmsthal aus nach Ruhla.

Tal der Hörsel. An der nördlichen Grenze des Thüringer Waldes zieht sich dieses anmutige, an einzelnen interessanten Punkten

Wilhelmsthal

fürwahr nicht arme Tal von dem eisenachischen Dorfe Hörschel an, wo der Fluß Hörsel in die Werra fällt, bis nach Hörselgau im Gothaischen herauf. Der Hauptpunkt dieses Tales ist ohne allen Zweifel *Eisenach* mit seinen Umgebungen. Das alte Eisenach lag nördlicher als das jetzige auf einem Platze, den ein Arm der Hörsel, die Kipping genannt, in zwei Teile teilt, wovon der eine noch jetzt die Altstadt heißt, jedoch keine Wohnungen mehr aufzeigt. Diese Stadt zählt in 1409 Häusern zwischen 8200 und 8300

Einwohner. Ihre Lage an einer sanften Anhöhe, an deren Fuß sich die Nesse mit der Hörsel vereinigt, ist sehr anmutig. Auch zeichnet sie sich durch die Reinlichkeit ihrer Gassen und Plätze und durch mehrere geschmackvoll erbaute öffentliche und Privatgebäude sehr vorteilhaft aus. Unter jenen verdienen die Haupt- und Pfarrkirche zu St. Georg und das Fürstenhaus, beide auf dem Marktplatze, insbesondere genannt zu werden. In dieser Stadt ist der Sitz der dem Fürstentum vorstehenden Landeskollegien, des Generalsuperintendenten, welcher die Aufsicht über die gesamte Geistlichkeit des Landes führt, eines Gymnasiums, an welchem überhaupt neun Lehrer und unter diesen gegenwärtig der bekannte Philologe Meineke als Direktor angestellt sind. Die damit verbundene Bibliothek enthält mehrere seltene alte Werke. Das Gebäude, in welchem sich das Gymnasium befindet, war vormals ein Dominikanermönchskloster. Für die Armen sind verschiedene Hospitalanstalten hier vorhanden. Die Hauptnahrung der Einwohner von Eisenach beruht auf Rasch-, Schalon- und Plüschweberei. Die Wollweberei und der Handel mit wollenen Waren waren schon zu Landgraf Herrmanns des Ersten Zeiten sehr ansehnlich. Allein, beide gerieten durch Belegung mit unverhältnismäßigen Abgaben fast ganz in Verfall, bis am Ende des 17. Jahrhunderts der Bürgermeister Justin Schmidt die Raschweberei hier einführte und dadurch sich ein ewig dankbares Andenken stiftete. Im Jahre 1791 waren hier 167 Stühle im Gange, die von 85 Meistern mit ihren Gesellen betrieben wurden. Außer den Zeugen, welche man hier selbst verfertigt, werden jedoch auch noch von Schmalkalden und anderen hessischen Orten, aus Weiler und Lengsfeld auf dem Eichsfelde, aus Ilmenau und Kaltennordheim im Hennebergischen, aus Stadtilm im Rudolstädtischen und aus Waltershausen und Ohrdruf im Gothaischen eine große Anzahl Stücke von rohen Raschen hierher gebracht, die in Eisenach erstlich gefärbt, gepreßt und appretiert und dann von den hiesigen Handelshäusern nach Frankfurt am Main, Leipzig und Braunschweig zur Messe geliefert, auch nach der Schweiz und Italien versendet werden. Ehe der unselige Krieg diesen wie jeden anderen Handelszweig lähmte, wurden jährlich gegen 90 bis 100000 Stück Rasch und Schalon hier zum Verkauf fertiggemacht, welche sieben Pressen ununterbrochen beschäftigten, und es gab Raschhandlungen, die in einer Messe 16000 Stück absetzten. Wollene Plüsche wurden im Jahre 1788 auf 12 Stühlen und wollene Bänder auf 6 Stühlen verfertigt. Die mit diesen Fabriken in Verbindung stehenden Färbereien sind zu einem vorzüglichen Grade von Vollkommenheit gebracht. Auch die Wollkämme oder Kammzinken, welche zu der Wollbereitung gebraucht werden, verfertigt man hier fabrikmäßig und versendet sie, da es wenige ähnliche Fabriken gibt, weit ins Ausland umher. Es sind zwei Kammschmiedemeister, die sich mit diesem Gewerbe beschäftigen. Außer jenen Gewerben findet sich hier eine Bleiweißfabrik, die im Jahre 1786 der Hofagent Röse anlegte und deren Fabrikate mit Beifall aufgenommen wurden. Auch wird die Lederbereitung, obwohl sie gegen vormals gesunken ist, doch noch in einer nicht ganz unbedeutenden Ausdehnung getrieben. Im Jahre 1792 zählte man 13 Lohgerbermeister, denen die nahe bei der Stadt gelegenen Eichenwälder zustatten kommen, und 19 Weißgerbermeister.

Reisende finden in Eisenach in den Gasthöfen »Zum Halben Mond«, »Rautenkranz« und »Anker« einen bequemen Aufenthalt und billige Behandlung. Liebhaber der Naturgeschichte machen wir auf die Mineraliensammlung des Professors Görwitz und des Baukondukteurs Sartorius aufmerksam. Beide, der gelehrten Welt durch verschiedene naturhistorische Aufsätze bekannt, haben sich zu einem Mineralientausch- und Handelsinstitut verbunden, und man kann bei ihnen interessante Suiten von Mineralien, besonders aus den benachbarten Gegenden von Eisenach erhalten. Allgemeiner interessant als die innerhalb der Stadtmauern vorhandenen Merkwürdigkeiten sind jedoch die Umgebungen von Eisenach und unter ihnen am häufigsten besucht die Gegend nach der Wartburg hin. Zunächst auf dem Wege zu dieser kommt man zu Rösens Hölzchen, einer weitläufigen Gartenanlage und Holzanpflanzung, die schon allein den Freund der Natur den größten Teil des Tages zu unterhalten vermag. Sie zieht sich an einem Berg von der Vorstadt an bis zu seiner ziemlich beträchtlichen Höhe hinauf und beherrscht in ihren Aussichten die Stadt und ihre nördliche und westliche Umgebung. Die schon durch die Natur begründete und von der Kunst mit glücklichem Sinne benutzte Mannigfaltigkeit der beschränktern und offnern Prospekte, die Abwechslung der an dem Berg sich hin und her windenden und für die Unterhaltung der Wandelnden ebenso wie für ihre Bequemlichkeit berechneten Spaziergänge, die Fülle der das Auge ergötzenden und oft überraschenden Verzierungen von mancherlei Art und Charakter, die Menge der hier angepflanzten in- und ausländischen Holzarten gewähren eine ununterbrochene Geistesbeschäftigung, die sich auch bei nur gewöhnlichem Sinn für Naturschönheit und Kunstgeschmack so leicht nicht erschöpft. Dicht bei diesem Bezirk und zum großen Teil noch in demselben, der das Andenken seines Verschönerers, des Hofagenten Röse, eines durch eine seltene Industrie sich auszeichnenden und um Eisenach in mehr als einer Hinsicht sehr verdienten Mannes, auf die Nachwelt fortpflanzen wird, liegt der Mittel- oder Mädelstein, welcher auf seinem Gipfel die durch das Spiel der Phantasie berühmt gewordene Felsengruppe – den Mönch und die Nonne – trägt, zwei dem Ansehen menschlicher Figuren sich nähernde Steine, von denen die Legende erzählt, daß es die in Stein verwandelten Körper eines Mönchs und einer Nonne, die hier des Gelübdes der Keuschheit vergessen hätten, selbst wären. Die Entstehung dieser von mehreren Dichtern, am geistreichsten von Vater Wieland benutzten Sage geht bis weit in die Zeiten vor der Reformation zurück.

Die *Wartburg* liegt auf einem dem Mädelstein gegenüber, aber noch höher als dieser, hervorragenden Berg, der Wartberg genannt. Beide Berge bestehen ganz aus Todliegendem, welches sich von anderen Arten dieses Konglomerats dadurch merklich unterscheidet, daß die einzelnen zusammengebackenen Stücke größer, mannigfaltiger, minder abgerundet sind. Rund um die Wartburg bestehen alle Berge aus derselben Steinart, sowohl die näheren, wie der Mädelstein, die Eisenacher Burg, die Viehburg, als auch die entfernteren bis auf eine Weite von einigen Stunden im Umkreise. Die Wartburg selbst, die nunmehr achteinhalb Jahrhunderte hindurch der zerstörenden Zeit in ihren meisten Teilen glücklich getrotzt hat, ist aus der historischen wie aus der romantischen Welt unseren Lesern zu bekannt, um uns bei ihrer Geschichte umständlich zu verweilen. Für den Reisenden bedarf es schwerlich einer weiteren Aufforderung, sie zu besuchen, als sie selbst in ihrem Anblicke schon aus der Ferne wirkt, und niemand wird so leicht unbefriedigt von ihr hinweggehen, es mögen ihn Denkmäler des Altertums oder Schönheiten der Natur reizen. Jene findet er in den noch übrigen Teilen der alten Gebäude selbst (ein großer Teil von ihnen wurde, weil sie entweder den

Wartburg bei Eisenach

Einsturz drohten oder weil sonstige Zwecke es forderten, durch neue Gebäude ersetzt), in einzelnen Reliquien, die zum Andenken seiner Bewohner aus älteren Zeiten aufbewahrt werden, in den im Zeughaus zurückgebliebenen Rüstungen und Waffen usw. Diese – die Schönheiten der Natur – sind mannigfaltig und reich! Romantisch wilde Felsengründe, düstere Waldungen abwechselnd mit fruchtbaren Wiesen, Saatfeldern und Dörfern, die Stadt selbst mit ihren Umgebungen beschäftigen den Blick in der Nähe. In der Ferne trifft das Auge auf eine lachende, gegen Süden von dem blauen Halbzirkel des Thüringer Waldes begrenzte Landschaft, in welcher sich der Inselsberg, der Hörselberg, die Gleichischen Schlösser als bemerkenswerte Punkte hervorheben. Eine ganz vorzüglich schöne Wirkung auf diese Aussicht macht die Abendsonne, die den schönsten Teil der Gegend in seine volle Beleuchtung setzt, und ungern verläßt man die Fenster des Gesellschaftszimmers, aus welchen dieser Prospekt um so bequemer genossen werden kann, als auch durch eine hier befindliche Gastwirtschaft für die Erqickung der vom Wege ermüdeten Wanderer gesorgt wird.

Nicht weniger interessant als die bisher namhaft gemachten Gegenden sind die Partien, zu welchen östlich von der Wartburg das Frauentor aus Eisenach führt. Fast unmittelbar vor diesem

Annatal bei Eisenach (Drachenschlucht)

Tore öffnet sich das Frauental, zum Andenken des Besuches, den die Erbprinzessin von Sachsen-Weimar, Maria Paulowna, Großfürstin von Rußland, im Jahre 1805 zu Eisenach machte, seit dieser Zeit Mariental genannt. Es ist dies ein sehr lieblicher enger Wiesengrund, welcher zwischen den mit Laubholz bewachsenen Bergen und hier und da aus ihnen hervorstehenden schroffen Felsen hinläuft und von einem kleinen kristallhellen Waldbach durchschlängelt wird. Am Ende des Tales, das ungefähr eine halbe Stunde lang ist, liegt das Landgrafenloch, eine Kluft, eingeschlossen von steilen Felsenwänden, welche über hundert Fuß hoch geschätzt werden. Der Boden dieser Kluft ist mit Moos und Rasen bedeckt, und an den meisten Orten ist sie sehr schmal. An einem Platz erweitert sie sich und umfaßt eine Anzahl Bäume, die aus dieser Gruft zur oberen freieren Luft kühn emporstreben. An dem dem Eingang entgegengesetzten Ende stürzt sich der Bach, der das Tal selbst durchrieselt, plätschernd herab und bildet, bevor er seinen Weg durch die Wiesenfläche verfolgt, einen kleinen Teich an der vorderen Seite dieser romantischen Felsenpartie. Die Benennung Landgrafenloch leitet man zufolge einer historischen Sage von Landgraf Friedrich mit der Gebissenen Wange ab, welcher sich mit einer Anzahl Krieger im Jahre 1306 hier versteckt hielt, um seinen Vater, Landgraf Albrecht III., im Schlosse Wartburg zu überfallen. Vielleicht könnte jedoch jener Name ebenso natürlich von dem Aufenthalte der Landgrafen entstanden sein, den sie bei ihren Gastmahlen in dieser der Sonnenhitze unzugänglichen Grotte oft genommen haben sollen.

Unweit von dieser Gegend findet sich unten an einem Berg, der die Viehburg genannt wird und vor Zeiten ein festes Schloß, die Frauenburg, getragen haben soll, das Verfluchte Jungfernloch, eine Höhle in dem die Masse des Berges ausmachenden Todliegenden, von welcher man vor Zeiten viele Sonderbarkeiten erzählte, die jedoch nach der von Voigt angestellten Untersuchung nur in der Phantasie vorhanden waren.

Aus dem Marientale selbst führt ein in Felsen gearbeiteter Weg, welcher daher den Namen der Gehauene Stein hat und der schon in sehr frühen Zeiten Erwähnung fand, durch einen schönen Buchen- und Eichenwald herauf nach der *Hohen Sonne*, einem ungefähr eine Stunde von Eisenach entfernten fürstlichen Jagdhaus. Dieser Ort hat an sich nichts Merkwürdiges und liegt zwar auf der Höhe des Berges, jedoch dicht im Walde verschlossen. Wer aber die ganz in seiner Nähe am Abhange des Berges befindlichen schönen Aussichten ins Gebirge aufsuchen will, wird sich nicht unbelohnt sehen, so wie auch der von der Hohen Sonne nach Wilhelmsthal führende Weg seine eigentümlichen Reize hat. Die Straße ist gleichfalls einem großen Teil nach in den Felsen gehauen. Schöne ehrwürdige Buchen begleiten den Wanderer von beiden Seiten, und einzelne freundliche Blicke öffnen sich zwischen denselben auf das unten liegende anmutige Tal, welches von Wilhelmsthal und seinen Umgebungen verschönert wird.

Der Freund der Pflanzenkunde, welcher diese Gegenden besucht, findet nicht weniger reiche Unterhaltung. Ein sicherer Wegweiser wird ihm die von unserem Grimm gesammelte eisenachische, nicht bloß auf die Umgebung der Stadt beschränkte, sondern den Inselsberg, den Hörselberg und andere entfernte merkwürdige Punkte mit berührende Flora sein (45).

So wie den Botaniker die hier genannten und andere neben ihnen aufsprießende Kinder der Flora unterhalten, so ergötzt sich der Mineraloge im Anschaun des Konglomerats (Todliegendes), welches in dieser ganzen Gegend und bis in die Entfernung von einigen Stunden nach Süden und Westen hin die vorwaltende Gebirgsart ausmacht und in den Bergen um Eisenach herum sich insbesondere durch die Größe der einzelnen Stücke, aus welchen es zusammengesetzt ist (auf der Wartburg findet man nicht selten Stücke von der Größe eines Menschenkopfes in diesem Konglomerat) und durch die Mannigfaltigkeit seiner Bestandteile vor dem Todliegenden anderer Gegenden merkwürdig auszeichnet, so wie es auch durch die Verschiedenheit der Schichtungen, in welchen es sich ablagerte, zu interessanten Beobachtungen und Betrachtungen auffordert. Voigt und Heim haben über die mineralogische Beschaffenheit dieser Gegend schätzbare Nachrichten gegeben, die derjenige, welcher bei seinen Reisen in diese Gegenden die Mineralogie ins Auge zu fassen denkt, nicht unbeachtet lassen darf.

Wir kehren aus diesen nächsten Umgebungen von Eisenach in das eigentliche Tal der Hörsel zurück, um ihren Lauf auf- und abwärts noch bis zu einigen interessanten Punkten zu verfolgen. In der letzteren Richtung treffen wir in der Entfernung von ungefähr einer Stunde von Eisenach auf das der adligen Boyneburgischen Familie gehörige Dorf *Stedtfeld* von 56 Häusern. Hier wurde in den um diesen Ort sich verbreitenden Flözgebirgen in alten Zeiten ein ansehnlicher Bergbau vorzüglich auf Kobalt getrieben, welcher hier so reichhaltig gebrochen haben soll, daß der Zentner, sowie er ausgefördert war, mit 30 bis 100 Taler bezahlt wurde. Unbedachtsame Bauart und einbrechendes Wasser zwangen zur Einstellung des Baues, den man wiederzugewinnen in der letzten Hälfte des vorigen Jahrhunderts verschiedene, aber mißlungene Versuche gemacht hat.

Weiter im Tal hinab liegt das Dorf Hörsel oder *Hörschel*, welches teils zum Amt Eisenach, teils adligen Besitzern gehört. Hier vermischt sich die Hörsel mit der Werra. Die ganze Gegend von Eisenach hierher hat noch viele Mannigfaltigkeit in den einzelnen Ansichten, welche sie darbietet. Sie verliert jedoch durch die Zusammenstellung mit Eisenachs Umgebungen, die allerdings in einem weit höheren Grade interessant sind. Wer über die Grenzen des Thüringer Waldes eine kleine Strecke hinaus schweifen will, findet hier Veranlassung, seinen Weg im Werratal von Hörsel aus noch ungefähr eine Stunde weit fortzusetzen, um nach *Creuzburg* zu kommen. Die Gebirge um Creuzburg sind Kalk und werden größtenteils von Waldung bedeckt, außer diesem aber zu Obst- und Weinbau benutzt. An Versteinerungen hat diese Gegend einen vorzüglichen Reichtum. Die Stadt selbst, in welcher sich ein fürstliches Schloß, der Sitz eines Amtes und einige adlige Höfe befinden, ist von einer alten unansehnlichen Bauart und an sich für den Reisenden eben nicht einladend. Allein, in ihrer Nähe liegt in einem angenehmen Wiesengrund das Salzwerk Wilhelm Glücksbrunn, das auf herrschaftliche Rechnung betrieben wird. Es wurde im Jahre 1452 errichtet und im Jahre 1525 von den Bauern verwüstet, worauf es erst im Jahre 1726 wieder aufgebaut wurde. Die Sole wird durch ein Saugwerk aus dem Salzschacht gehoben und auf vier Gradierhäuser – jedes von 1 200 Fuß Länge und 27 bis 30 Fuß Höhe – verteilt, wo sie von einem Gehalt von 1½ Grad, den sie beim Hervorquellen hat, bis 24 und, wenn die Witterung günstig ist, bis auf 32 Grad gebracht wird. Versotten wird sie in drei großen Pfannen, über deren jeder zwei kleinere angebracht sind, die durch den darunter hingeleiteten Zug des Feuers mit erwärmt und zur Bereitung eines gelben Salzes gebraucht werden, das man in einigen Gegenden dem weißen vorzieht. Aus der bitteren Salzlauge wird Bittersalz gezogen, und aus den übrigen Abgängen (Pfannenstein, Rückstand der Bitterlauge, Asche und Tuffstein) wird Dungsalz verfertigt. Die Quantität des erzeugten Salzes beträgt im Durchschnitt jährlich 12 000 Körbe, jeden zu 90 Pfund gerechnet, also nach dem Gewicht 10 800 Zentner. Voigt gibt diesem Salzwerke in Ansehung der Zweckmäßigkeit seiner Einrichtungen ein günstiges Zeugnis. In der Nähe der Salzquellen finden sich folgende eigentümliche Pflanzen: Salicornia europaea, Schoenoplectus lacustris, Bolboschoenus maritimus, Aira aquatica, Puccinellia distans, Glaux maritima, Triglochin maritimum, Rumex maritimus.

Östlich von Eisenach trifft man im Tal der Hörsel auf die Dörfer *Fischbach*, ungefähr 1/4 Stunde von der Stadt, ratssässig und dahin eingepfarrt, und *Eichrodt* (von 27 Häusern), dann außerhalb der eisenachischen Grenze, im Fürstentum Gotha, auf *Schönau* (an der Hörsel, 31 Häuser, 147 Einwohner, Gerichtsdorf, zum Teil Wangenheimisch, zum Teil Ütterodisch, mit Ausnahme eines Hauses, welches nach Farnroda gezogen wird), *Kälberfeld* (wangenheimischer Gerichtsort von 55 Häusern, 211 Einwohnern) und *Sättelstädt* (Ütterodisches Gerichtsdorf von 82 Häusern, 374 Einwohnern). Von hier an zieht sich die Hörsel bis zu ihrem Ursprung oder dahin, wo die Leina den Namen Hörsel annimmt, ganz von dem Thüringer Wald hinweg bloß durch das flache Land hin. Schönau gegenüber, jenseits der Hörsel, liegt das Dorf *Kahlenberg* (den Herrn von Wangenheim gehörig, 27 Häuser, 132 Einwohner) und südlich von Schönau, in einem zwischen die Berge sich hereinziehenden engen Grund, *Deubach* (der Familie Ütterodt gehörig, 34 Häuser, 140 Einwohner). Beide Orte sind sehr weitläufig und so gebaut, daß um jedes Haus zugleich die wenigen dazu gehörenden Äcker, Wiesen und Buschholzungen liegen, welches ihnen ein sehr romantisches Ansehn gibt.

Das Tal, das die Hörsel von Sättelstädt bis Eisenach durchläuft, ist in einem hohen Grad anmutig und unterhaltend. Von der einen Seite ruht das Auge auf dem Vorgebirge des Thüringer Waldes, welches in diesem ganzen Striche mit Laubholz bedeckt ist, und auf üppigen Wiesengründen, die in der Nähe der Dörfer das Gebirge unterbrechen. Von der anderen Seite jenseits der Hörsel ziehen sich eine Reihe Flözkalkfelsen, unter welchen sich der Hörselberg durch Höhe und Ausdehnung unterscheidet, bis gegen Eisenach hin, an ihrem Fuße gleichfalls von fruchtbaren Wiesen und Baumpflanzungen umkränzt und an ihren Scheiteln hier und da von kleinen lachenden Buschhölzern gekrönt, die einen freundlichen Kontrast gegen das Nackte des übrigen Teils der Höhen machen und das Ermüdende, was diese außerdem haben würden, entfernen. Die Dörfer, welche man berührt, interessieren durch das reinliche Ansehen der Wohnungen und noch mehr durch die Obstzucht, welche in ihrem Bezirke getrieben wird. Überall sind um sie her und so weit die Felder und Wiesen reichen Obstbäume angepflanzt. Zur Zeit der Blüte gewährt daher dieses Tal den freundlichsten Anblick, den man finden kann. Freilich darf man von dieser Obstzucht nicht auf die Erzielung von schmackhaftem Tafelobst schließen. Zum unmittelbaren Verkauf werden kaum andere als die gemeine Süß- und Sauerkirsche benutzt. Die Apfel- und Birnensorten, die man von den größtenteils wilden Stämmen gewinnt, dienen nur zur Essigbereitung, die vorzüglich in dem Dorfe Kälberfeld getrieben wird. Man erhält hier einen sehr schmackhaften und dem besten Weinessig nahekommenden Essig, der häufig in das umliegende Land abgesetzt wird. Hotzeln oder Schnitzen (46) backen die Einwohner dieser Dörfer von ihrem Obst kaum mehr als zu ihrer eigenen Kost. Ob aber die Lage und der Boden, welche diese gemeinen Obstarten begünstigen, nicht auch edlere Sorten gedeihen lassen würden?

Auch hier empfehlen wir dem Wanderer, wenn ihn Naturschönheiten reizen, einen kleinen Abstecher über die Grenze des Thüringer Waldes hin nach der Höhe des *Hörselberges*. Dieser Berg zeichnet sich von ferne schon durch seine besondere Gestalt aus, die (wiewohl sehr im Kleinen) einige Ähnlichkeiten mit der des bekannten schweizerischen Rigi hat. Nach der Hörsel zu, parallel mit dem Lauf dieses Flusses, hat er einen überaus jähen Absturz. Die entgegengesetzte Seite verliert sich mit allmählicher Neigung gegen die Fläche des Landes. Dieser jähe Abhang zeigt den Durchschnitt der Flözschichten, welche mit einem Winkel von 12 bis 15 Grad gegen Nordosten fallen, eine Neigung, die der der flacheren Seite des Berges ungefähr gleich ist. Bei Sättelstädt erhebt sich der Berg vom Ufer des Flusses an ganz steil. Weiter hin nach Eisenach entfernt sich die Hörsel von diesem Abhang, so daß zwischen beiden noch ein breiter Fuß bleibt, der aus rötlichem Sandstein besteht. Allein dieser wird bald wieder von dem Kalk verdrängt, der bis nach Eisenach sich fortzieht. Die Höhe des Berges ist von Sättelstädt aus auf der Ostseite am leichtesten zu besteigen und wird für einen geübten Fußgänger nicht ganz drei Viertelstunden fordern, um sie ohne große Anstrengung zu erklimmen. Vollkommen belohnt fühlt er sich dann gewiß durch die ungemein schöne und reichhaltige Aussicht, die sich hier ihm darbietet. Grade unter sich hat man den breiten Fuß des Berges mit den schon genannten Dörfern und ihren Umgebungen, die Hörsel, die sich durch die schönsten Wiesen schlängelt, und jenseits derselben die stets von Reisenden aller Art belebte Landstraße. Gegen Mittag sieht man in das kleine freundliche Tal der Emse, welches vorn mit niedrigen, mit Birkenholz bewachsenen Bergen eingefaßt, sich eine Stunde weit hinzieht, dann plötzlich in den steilsten Bergen des Thüringer Waldes verschwindet, von deren schroffen Abhängen man nur die obersten Teile erblickt und über welche sich im Hintergrund der hohe Inselsberg erhebt, der auch grade von dieser Seite seinen steilsten und tiefsten Abhang hat. Weiter nach Westen begrenzen die großen Glimmerschieferberge bei Ruhla den Horizont. Sie zeichnen sich mehr durch ihre große Basis und ihre abgerundeten Gipfel als durch ihre Höhe aus. Im Westen ragt die Wartburg hervor und der Mädelstein, und aus der Ferne des Hörseltales blicken blaue hessische Berge herüber. Der Meißner unweit Allendorf schließt im Nordwesten den Horizont. Nach Norden und Osten sieht man flaches Land und viele Dörfer (ganz in der Nähe: Burla, Hastrungsfeld, Ettenhausen, Melborn, Wenigenlupnitz und entfernter: Großenbehringen, Sonneborn, Neufrankenroda mit mehreren anderen), die Waldungen nach Mühlhausen zu, den Hainich genannt, und über diesem den Brocken, weiter nach Osten zu ein Stück von der Hainleite und die Ruinen der Sachsenburg. Im Osten schließt der Ettersberg bei Weimar die Aussicht, etwas weiter südlich die Turmspitzen des Schlosses von Gotha, die Sternwarte Seeberg und die drei Gleichischen Schlösser. Dann fängt im Südosten wieder die Kette des Thüringer Waldes an, die bis an den Inselsberg den Horizont umgibt und aus welcher das Schloß Tenneberg als ein schöner malerischer Ruhepunkt hervortritt. Da die Höhe des Hörselberges wenig beträchtlich ist, so gewinnt dadurch der Anblick aller umliegenden Gegenstände. An einer Ecke seines Rückens, da, wo er nach Kälberfeld hin abfällt, zeigt sich eine Spalte zwischen den Kalksteinschichten, ungefähr so breit, daß ein Mann hineingehen kann. Sie ist unter dem Namen des Hörsellochs bekannt und soll in eine Höhle führen, von der die fabelhaftesten Sagen in dieser Gegend verbreitet sind. In älteren Zeiten hielt man sie für eine Öffnung des Fegefeuers und glaubte, durch dieselbe aus dem Innern des Berges das Gewimmer der leidenden Seelen zu hören (daher man auch den Namen des Berges »Hör Seelen-Berg« ableitete, vielleicht auch jene Legende aus seinem Namen bildete). Noch jetzt beschäftigt sich die Phantasie der Nachbarn dieses Berges mit den Reichtümern, welche jene Höhle in Goldkörnern, Edelsteinen usw. enthalten soll. Das Wahre ist, daß sie noch nicht untersucht ist, allein, ihrem äußeren Ansehn nach, nichts als eine im Kalkgebirge ganz gewöhnliche Schlucht und wenig oder nichts Merkwürdiges erwarten läßt, da es nicht wahrscheinlich ist, daß im Flözkalkstein eine große Höhle vorkommen sollte.

Für den Botaniker weisen der Hörselberg und die an ihm befindlichen kleinen Laubhölzchen manche interessantere Pflanze auf. Wir nennen einige, die sich hier vorzüglich in der Richtung nach Eisenach hin finden: Phleon phleoides, Aira caryophyllatea, Melica uniflora, Poa trinervata, Cynosurus cristatus, Hordelymus europaeus, Asperula tinctoria, Asperula cynanchica, Galium montanum, Lithospermum purpure ocoeruleum, Nonea pulla, Verbascum phlomoides, Gentiana ciliata, Laserpitium latifolium, Rosa gallica, Teucrium botrys, Teucrium chamaedrys, Stachis recta, Euphrasia lutea, Thlaspi montanum, Cheiranthus erysimoides, Erysimum hieracifolium, Vicia sylvatica, Coronilla coronata, Scorzonera humilis, Carlina acaulis, Cypripedium calceolus.

Ruhlaer Tal. Der Eingang dieses Tales ist bei *Wutha*, einem kleinen eisenachischen Dörfchen (von 7 Häusern) an der Landstraße von Eisenach nach Gotha, in einiger Entfernung von der Hörsel unweit des Dorfes Eichrodt. Es vereinigen sich hier, kurz vor der Öffnung des Haupttales ins Hörseltal, zwei Täler, das östliche von Ruhla und Farnroda und das westliche von Mosbach her. Letzteres, welches von einem kleinen Bach durchflossen wird, der sich im Haupttal mit der Ruhla vereinigt, ist eines der engsten und fürchterlichsten Täler des Thüringer Waldes. Es nimmt seinen Anfang in den Felsenmassen bei der Hohen Sonne, zwischen dem Wachstein und dem Schwarzenberg. Der *Wachstein* ist einer der sehenswürdigsten Standpunkte dieser Gegend, ein steiler Felsenhang, auf dessen Plattform man in dieses finstere Tal heruntersieht, aber zugleich über alle gegenüberstehenden Felsen hinweg die ganze Gegend der Wartburg und das flache Land östlich bis fast nach Gotha, nordwestlich bis zu den entfernteren hessischen Bergen überblicken kann. Der Blick

Der Wachstein (Abbildung aus dem Original)

in die Nähe ist schaurig, der in die Ferne erhebend und wohltätig. Von Ruhla oder von der Hohen Sonne aus ist dieser Platz am bequemsten zu besuchen. Er ist von jedem dieser Orte etwa eine Stunde entfernt. Dieser Felsen besteht aus todliegendem Gestein, in dessen Masse man Stücke aus Granit, Quarz und Glimmerschiefer von mehreren Zentnern Schwere inneliegen sieht, die, ohne einige Absonderung gröberer und feinerer Schichten wahrnehmen zu lassen, verworren untereinander mit dem Sande zwischen ihnen vermischt sind. Von hier an bis zur Wartburg und nach Eisenach hin läuft das Todliegende ununterbrochen fort.

Das Dorf *Mosbach*, welches in diesem Tale am Fuß des Schwarzenberges liegt, ist gegen eine halbe Stunde lang, unerachtet es nur 28 Häuser zählt. Es wird in seiner ganzen Länge von dem obengedachten Bach durchströmt. Die noch sichtbaren Pingen und Überbleibsel von Hüttenwerken beweisen, daß hier in älteren Zeiten Bergbau auf dem an das Grundgebirge, welches hier Glimmerschiefer ist, sich anlegenden Schieferflöz und darinnen vorkommenden Rücken getrieben worden ist. Auch schließt man aus alten Öfen, die mit dem Namen des Werkes bezeichnet sind, daß hier ein hoher Ofen zu eisernen Gußarbeiten vorhanden gewesen ist. Dieser Felsengrund besitzt unter anderen seltneren Pflanzen auch Drosera rotundifolia, Rosa pimpinellifolia, Satyrium viride.

Wir verlassen dieses Seitental und verfolgen das Ruhlaer Haupttal dem Laufe des Baches entgegen. Hier kommen wir zuerst nach *Farnroda*, einem großen Dorf von 83 Häusern und einem Schlosse. Es war der Hauptort einer Herrschaft, die denselben Namen führte und als Mannlehn den Grafen von Kirchberg gehörte. Da diese im Jahr 1799 in männlicher Linie ausstarben, so fiel die Herrschaft dem Herzoglichen Hause Sachsen-Weimar anheim, und sie ist seitdem nebst allen dazugehörigen Orten dem Amt Eisenach einverleibt worden. Der Feldbau um Farnroda ist sehr gering, und die Einwohner nähren sich mehr von Wollweberei für die Eisenacher Kaufleute.

An dem Wege von hier nach Ruhla kommt man zuerst an den Ort Thal. Wenn man jedoch zuvor in einer kleinen Entfernung von diesem Dorf nur eine kurze Strecke nach Westen ausbeugt, so findet man noch zwischen den Bergen *Kittelsthal*, ein eisenachisches Dörfchen von 24 Häusern, welches mit Mosbach einen Prediger hat. Dieser Ort ist merkwürdig wegen der in seiner Nähe befindlichen, sowohl durch ihre Mächtigkeit als durch die mannigfaltige Abänderung der Steinart sich auszeichnende Gipslager, in welchen ansehnliche Gipsbrüche geöffnet sind. Der kleine Umweg zu ihnen wird den Mineralogen nicht gereuen. Bei Thal gelangt man in das höhere Gebirge, und der einigermaßen einförmige Grund, der von Farnroda bis hierher läuft, verwandelt sich hier in eine schöne, doch etwas wilde Gegend. *Thal* ist ein gothaisches Dorf von 53 Häusern, welche einschließlich des Hofes Weißenborn 200 Einwohner zählen. Es gehört jetzt den Herrn von Ütterodt zum Scharfenberg, hat aber in älteren Zeiten sehr oft seine Besitzer verändert. Von dem Schlosse Scharfenberg sieht man noch die Ruinen auf einem kleinen kegelförmigen Berg, um dessen Fuß sich das Dorf herumzieht. Der Ort Thal hat fast gar keinen Feldbau, sondern die äußerst armen Einwohner sind Holzhauer und Tagelöhner. Ganz nahe bei Thal, auf eisenachischem Gebiet, liegt das ehemalige Kloster Weißenborn, jetzt ein Gut, der Familie Minnigerode gehörig, und gleich dabei der einzelne Hof Heiligenstein, ein Wirtshaus. Diese ganze Gegend ist für den Geognosten sehr merkwürdig, da in dem Umkreis einer kleinen Stunde, an den Abhängen des Ringberges, des alten Kellers, des Großen und Kleinen Ebertsberges, der Kniebreche, des Scharfenberges und des Schloßberges, die Auflagerung des Flözgebirges auf das Urgebirge und die

Lagerung des letzteren, das hier aus Glimmerschiefer und Porphyr besteht, interessante Erscheinungen darbietet. Überall trifft man auch in dieser Gegend auf Spuren alten Bergbaues, der jedoch nie von beträchtlichem Umfang gewesen zu sein scheint. Den Glimmerschiefer des Ringberges hat man zu Dachschiefer zu bearbeiten verschiedene gelungene Versuche gemacht und einen nicht unbedeutenden Bruch dazu eröffnet. Man lobt an dieser Schieferart, daß sie weit weniger Reparaturen bedürfe als der gewöhnliche Tonschiefer, der noch dazu für diese Gegenden sehr entfernt aus Lehesten, wenigstens zwanzig Stunden weit, hergeführt werden muß.

In einem Seitentale nach Osten, am Fuße der Marktberge, liegt das von gothaischem Gebiete umschlossene eisenachische

Ruine Scharfenberg bei Thal (Abbildung aus dem Original)

Dorf *Seebach* (von 40 Häusern), und auf dem Wege dahin sind die oben erwähnten kleinen Teiche, die Teufelskauten genannt. Die Marktberge sind große steile Massen von Kalk, welcher zu der Formation des Höhlenkalksteins zu gehören scheint. Auch findet sich daselbst die Spur einer Felsenhöhle, das Backofenloch genannt, von welcher die gewöhnlichen Sagen von edlen Metallen und Steinen, welche sie enthalte, und von Italienern, die solche aufsuchen, wie bei andern ähnlichen Höhlen im Umlauf sind. Man nimmt übrigens hier gleichfalls Spuren vormaligen Bergbaues wahr. Von Thal aus führt zwischen dem Ring- und Breitenberg, die beide keine sehr beträchtliche Höhe haben, ein sehr anmutiger Weg durch schattigen Buchenwald am Bach hinauf nach Ruhla. In offenen Stellen dieses Weges hat man nur eine beschränkte Aussicht in den schattigen Wiesengrund, durch welchen der Bach rauscht, und an den ebenfalls mit Buchenwald bedeckten gegenüberstehenden Breitenberg. Am Ringberg findet der Geognost Beschäftigung in der Beobachtung der hier im Glimmerschiefer vorkommenden Lager von Porphyr und Grünsteinschiefer. Auch machen wir auf den Ringbergstein aufmerksam, einen am Fuß des Ringberges emporragenden beträchtlichen Felsen, der eine schöne Ansicht gewährt. Er besteht gleichfalls aus Glimmerschiefer, dem aber sehr viel Quarz beigemischt ist, wodurch er härter und weniger trennbar wird.

Ruhla, der beträchtlichste Ort in den nördlichen Tälern des Thüringer Waldes, abenteuerlich in einem engen Tale, zwischen einigen hohen Bergen hingebaut, krümmt er sich mit dem Bach, der ihn in zwei Teile teilt, beinahe eine Stunde lang an den Füßen dieser Berge hin. Der Bach bestimmt die Grenze zwischen Gotha und Eisenach so genau, daß von manchen Häusern ein Teil im gothaischen, der andere im eisenachischen Gebiet liegt. Der ganze Ort hat 564 Häuser, wovon auf gothaischer Seite 313 (ungefähr ein Drittel zum Bezirke des Amtes Tenneberg, zwei Drittel den Herrn von Ütterodt gehörig), auf eisenachischer 251 liegen. In dem erstern Anteile zählte man im Jahre 1806–1 377 Einwohner, im eisenachischen, nach einer frühern Zählung, 1 078 Einwohner. Jede Seite hat ihre eigene Kirche, welche an den höchsten Teilen einander gegenüberstehender Abhänge liegen und den sonderbaren, aber malerischen Anblick des Ortes verschönern. Auch hat jeder Teil seinen eigenen Pfarrer, seine Schullehrer und einen Förster. Ruhla ist erst im 17. Jahrhundert zu einem ansehnlichen Orte erwachsen, da vorher nur einige Schmieden und Mühlen in dem Tale standen. Auch sollen die umliegenden, mit der schönsten Buchenwaldung bedeckten Berge, sonst ganz kahl, zum Teil – wer sollte es glauben? – dem Weinbau gewidmet und erst in den letzten Jahrhunderten zu Waldungen benutzt worden sein. Die Einwohner haben viel Eigentümliches und kommen nur mit den Bewohnern des naheliegenden meiningischen Ortes Steinbach in vielen Stücken überein, unterscheiden sich aber außerdem von allen übrigen Ortschaften des Thüringer Waldes und zeichnen sich durch ihre Gestalt, ihren Dialekt, ihre Kleidung und manche Gebräuche aus.

Beide Geschlechter sind überaus wohlgebildet, besonders aber die Männer, die einen schlanken Wuchs und schöne männliche Gesichter haben. Die Frauen sind zwar jung und meistens auch sehr hübsch. Allein der Kropf ist eine hier endemische Krankheit, welche viele bald entstellt und mit den Jahren überhandnimmt. Dunkles Haar ist gewöhnlicher als blondes, welches man hier selten sieht. Der Dialekt der Ruhlaer ist äußerst auffallend und für Bewohner des flachen Landes, die ihn zum erstenmal hören, fast durchaus unverständlich. Ein sehr sonderbares hartes Schnarren und ein singender Ton sind seine Hauptkennzeichen. Aber dabei ist ihre Sprache so reich an ganz eigentümlichen Provinzialismen, daß sie dadurch noch schwerer zu verstehen sind. Vormals hatten sie auch eine eigene unterscheidende Kleidertracht, die sich jedoch neuerlich bei den Mannspersonen ganz, bei dem weiblichen Geschlechte bis auf wenige Überbleibsel verloren hat.

Viel Kraft, Tätigkeit und ein munteres, ja leidenschaftliches Wesen ist diesem Völkchen eigen. Sie lieben daher Musik, Tanz und Spiel und besitzen einen eigentümlichen deutschen Tanz, den sie mit viel Annehmlichkeiten ausführen und dessen sie sich besonders an ihren Kirchweihfesten bedienen. Bei der Lebhaftigkeit ihrer Empfindungen sind freilich auch heftige Auftritte nicht selten. Doch kommen diese häufiger noch zwischen ihnen und den Einwohnern benachbarter Orte als unter ihnen selbst vor. Die meisten unter ihnen haben Liebhabereien und Steckenpferde, die auch mit Leidenschaft von ihnen verfolgt werden. Blumen und Singvögel gehören unter die gewöhnlichsten, und vorzüglich waren es in der ersten Hinsicht die Nelken, deren Kultur man vormals in Ruhla sehr ausgebreitet, neuerlich weniger getrieben hat. Auch die Liebhaberei für die Singvögel wird zuweilen sehr weit verfolgt. Der Fink steht unter diesen für die Ruhlaer obenan, und sie haben in der kunstmäßigen Terminologie, nach welcher die Liebhaber seines Gesanges sowohl in mehreren Dörfern des Thüringer Waldes als auch in verschiedenen Gegenden des Auslandes denselben unterscheiden, vorzüglich große Fortschritte gemacht. Am wertesten ist ihnen unter diesen mannigfaltigen Gesangsweisen der Harzer Doppelschlag und der gute Weingesang. Einen guten Schläger mit 30 bis 40 Taler zu bezahlen, war sonst nichts Unerhörtes, und noch jetzt schätzt man einen ausgezeichneten Vogel einer Kuh wert, und mancher

arme Messerschmied opfert den Verdienst von vierzehn und mehr Tagen auf, um einen solchen zu besitzen. Mehr als ein echter Finkenliebhaber hat, bloß um einen guten Schläger zu stechen, Reisen nach dem Harze gemacht. Im ganzen wird man bei den Ruhlaern eine gewisse Kultur und Artigkeit gewahr, die sich besonders gegen den Fremden an den Tag legt, der sich selbst freundlich und nicht stolz gegen sie benimmt. Ein herabsehendes Betragen und Unhöflichkeit aber erwidern sie sogleich ebenfalls durch kalten Stolz, der oft bis zur Derbheit geht. Letzterer ist bei einigen Gefühl ihrer Kraft, bei anderen Gefühl ihres Wohlstan-

Ruhla – Ansicht vom Ringberg

des, ihre Kultur hingegen eine Folge der häufigen Reisen, die sie um ihres Handels willen unternehmen. Viele von ihnen bereisen die Messen von Frankfurt, Leipzig und Braunschweig und mehrere Jahrmärkte in einem großen Umkreis. Die vorzüglichsten Fabrikate, welche diesem Handel zum Gegenstand dienen und die Einwohner nähren – Ackerbau ist hier nicht vorhanden – sind Messer, Feilen, Ringe und Schnallen zu Pferdegeschirr, Vorlegeschlösser, dann Pfeifenköpfe von Meerschaum oder Holz, Beschläge an solche und porzellanerne Pfeifenköpfe, auch Pfeifenrohre, ferner wollene Strümpfe und Handschuhe und messingne und elfenbeinerne Kämme. Die Messer- und Pfeifenkopffabrikation war sonst bei weitem ansehnlicher als jetzt. Im 15. Jahrhundert lebten Schwertschmiede zu Ruhla, welche sich nachher auf das Messerschmieden legten, und es wurden in der ersten Hälfte des 18. Jahrhunderts jährlich für mehr als 120000 Taler Messer gemacht. Die zunehmende Menge der Messerschmiede sowohl in Ruhla selbst als auch in den benachbarten Orten Steinbach und Brotterode, die Abnahme des Holzes, das Verbot der Messer im Preußischen und in anderen Ländern und die Versprechungen, welche den Fabrikanten gemacht wurden, die sich in der von dem Könige von Preußen neuerlich angelegten Fabrik Neustadt Eberswalde niederlassen würden, veranlaßte zwischen den Jahren 1748 und 1751 eine sehr starke Auswanderung. Doch blieb die Anzahl der Messermacher (der Messerschmiede und Messerbeschaler) noch so groß, daß im Jahre 1751 gesetzlich festgestellt wurde, diese Zahl solle nie über 250 Personen steigen. Im Jahre 1798 wurde noch in 100 Fabriken von 500 Arbeitern das Messermachen getrieben, wovon 260 in 54 Werkstätten auf der gothaischen, 240 Personen in 46 Werkstätten auf der eisenachischen Seite sich befanden. Es sind jedoch sehr verschiedene Arten von Künstlern, die sich damit beschäftigen. Der Messerschmied, welcher die Klinge schmiedet, macht den Anfang. Dann kommt sie in die Hände der Schleifer, die ihre sehenswerte, aber durch den Staub der Steine, durch die beständige Gefahr ihres Zerspringens und durch die gekrümmte Lage über denselben sehr gefährliche Arbeit gegenwärtig auf acht Schleifkothen (fünf andere, vormals gangbare sind verfallen) treiben (47). In einer Stunde können hundert solcher Klingen geschliffen werden. Zu verwundern ist es, daß sich zu diesem Geschäfte, welches dem Arbeiter gewöhnlich zwischen dem dreißigsten und vierzigsten Jahre durch Lungensucht sein Lebensziel steckt, noch Personen finden. Doch wird es auch reichlicher als andere Arbeiten belohnt. Von dem Schleifer kommen die Klingen zu dem Messerbeschaler oder Heftmacher, welcher sie vollendet. Die Hefte werden von Holz, Knochen, Horn, Hirschgeweih und verschiedenen anderen Materialien gemacht. Übrigens findet man hier gewöhnliche Messer und Gabeln von den verschiedensten Gattungen: kleine Taschenmesser, von welchen das Stück sechs Pfennige kostet, bis zu den feinsten Tafelmessern von der vorzüglichsten Güte. Der ganze Absatz beträgt aber gegenwärtig jährlich nur noch 30 bis 36000 Taler. Rasiermesser, Federmesser und Scheren verfertigt man nicht hier.

Nicht minder interessant ist die Verfertigung der meerschaumenen Pfeifenköpfe. Der Meerschaum selbst, eine weiche, erdige Substanz, die größtenteils aus Kieselerde und Talkerde besteht, wird gleich dem Tone gegraben und weich und bildsam aus der Erde gezogen. Sie soll aus Anatolien, Griechenland, von der Insel Samos und aus Ungarn kommen. Aus dem letzteren Lande, aus Wien und Triest, zum Teil aber auch nur von Zwischenhändlern aus Leipzig beziehen die Ruhlaer Fabrikanten dieses Material. Sie erhalten solches in größeren und kleineren Stükken, welche zum Teil schon nach zwei Richtungen gebohrt sind und im groben die Form der Pfeifenköpfe haben. Doch kommen auch viele ganz rohe, unbearbeitete Stücke dieses Tons mit an. Die gebohrten Stücke werden nun zuerst abgedreht und an den Stellen, an welchen sie sich nicht drehen lassen, aus freier Hand geschnitten, und so werden ihnen die mannigfaltigen Formen gegeben, die an diesen Pfeifenköpfen bekannt sind. Nach dem Schneiden werden die Köpfe in geschmolzenem Talg und Wachs gesotten, wodurch sie die Fähigkeit erhalten, einen hohen Grad von Festigkeit und Politur anzunehmen. Diese Politur bekommen sie zuletzt durch Reiben mit Bimsstein, Schafthalm u. dgl. Die Pfeifenköpfe aus reinem Meerschaum sind die vorzüglichsten und teuersten. Ihre Masse ist überaus leicht, locker und doch so zähe, daß sie nicht leicht springt, selbst wenn ein solcher Kopf von einer ziemlichen Höhe herabfällt. Sie zeichnen sich auch dadurch aus, daß das Wachs sie besser durchdringt und sich ihnen so aneignet, daß man mit einem Stückchen Silber nicht darauf schreiben kann. Sie rauchen sich leicht braun am Halse, und ihr Vorderteil wird dabei blendend weiß.

Die Kunst, Köpfe dieser Art zu fabrizieren oder vielmehr ihnen ihre Vollendung zu geben, die früher schon zu Lemgo und Nürnberg getrieben worden war, wurde im Siebenjährigen Krieg von einem Ruhlaer namens Iffert zuerst dahin gebracht und breitete sich nach und nach immer weiter aus, so daß sie im Jahr 1798 in 16 Fabriken 66 Menschen beschäftigte, welche den Kopf bloß bis zu seiner Politur bearbeiten und ihn dann dem Beschläger übergeben. Von diesen echten Köpfen werden die größten und reinsten Exemplare von den Liebhabern mit 50 bis 60 Talern bezahlt. Aus den kleineren rohen Stückchen Meerschaum, aus den abgedrehten Spänen der echten Köpfe und vielleicht aus einem Zusatz von fettem Ton und Gips (doch leugnen die Fabrikanten diese Beimischung und behaupten, reinen Meerschaum zu verarbeiten) bereiten andere Künstler wieder eine Masse, indem die ganz zartgeriebene Erde aufgekocht und dann in drei oder vier Bottichen geschlämmt wird, um sie aus lauter feinen und gleichförmigen Teilen zu erhalten. Die noch flüssige Masse wird in länglich viereckige blecherne oder tönerne Formen gebracht, in welchen sie sich ganz setzt, worauf die so gebildeten Stücke Meerschaum in ein Trockenzimmer aufgestellt werden, wo sie so lange stehen bleiben, bis sie sich wie Seife schneiden lassen. Nun werden sie mit einem scharfen Messer im groben zugeschnitten, dann mit einem Löffelbohrer die Öffnungen zu Kopf und Hals eingebohrt und von nun an wie mit dem echten mit diesen Stücken verfahren. Sie erhalten dadurch zwar das äußere Ansehn der echten, aber nie gleiche Güte und Wert. Vielmehr sind sie schwerer, ihre Masse härter und spröder, und sie nehmen nicht den hohen Grad von Politur an. Der Hofagent Christoph Wagner war der erste, welcher in den Jahren 1777 und 1778 Versuche in dieser Fabrikation machte, die aber Christoph Dreiss der Mittlere vervollkommnete, indem er den unechten Köpfen mehr Haltbarkeit gab. 156 Arbeiter in 26 Fabriken trieben im Jahr 1798 diese Kunst, und viele tausend Dutzende werden jährlich von dergleichen Köpfen ins Ausland versendet. Außer diesen meerschaumenen Köpfen verfertigen die Ruhlaer auch aus gemaserten Wurzeln von Maßholdern, Birken und Erlen, desgleichen aus Papiermaché Pfeifenköpfe. Hölzerne Köpfe werden auch zum Teil von anderen Orten, insbesondere einigen fuldaischen Dörfern, rohgeschnitzt nach Ruhla gebracht und dort nur ausgearbeitet. Man füttert diese hölzernen Köpfe teils mit Meerschaum. Die Fabrikation beider Arten von Köpfen betrieben im Jahr 1798 35 Menschen in 11 Werkstätten. (25 in 8 Werkstätten gothaischer, 10 in 3 Werkstätten eisenachischer Seite). Ein besonderes Handwerk beschäftigt sich mit Verfertigung der Beschläge an die Pfeifenköpfe, und da seit einiger Zeit die Meerschaumköpfe weniger gesucht und die Pfeifenköpfe von Porzellan von der Mode begünstigt werden, so lassen einige Fabrikanten solche Porzellanköpfe kommen und beschlagen sie, um damit zu handeln. Diese Beschläger, die Versilberer und Deckelstecher oder Graveure mit einbegriffen, machten im Jahre 1798 eine Anzahl von 282 Arbeitern in 89 Werkstätten, wovon 196 in 70 Werkstätten auf gothaischer, 86 in 29 Werkstätten auf eisenachischer Seite sich befanden. Außer diesen waren im Jahre 1798 noch folgende Fabriken hier, die für den auswärtigen Handel Waren lieferten: Feilenhauer in 8 Werkstätten (7 gothaische, 1 eisenachische), 25 Arbeiter; Schlosser in 6 Werkstätten (gothaische), 14 Arbeiter; Messingkammacher in 7 Werkstätten (6 gothaische, 1 eisenachische), 25 Arbeiter (23 gothaische, 2 eisenachische); Elfenbeinkammacher in 1 Werkstatt (eisenachisch), 6 Arbeiter und Rohrdrechsler, die bloß Rohre zu Tabakspfeifen verfertigten, in 4 Werkstätten (3 gothaische, 1 eisenachische), 12 Arbeiter (10 gothaische, 2 eisenachische), desgleichen zwei einzelne Künstler, die mit vier Nebenarbeitern, alle auf der gothaischen Seite, der eine (Heinrich Stumpf) Klaviere und Fortepianos verfertigte, die vorzüglich nach Livland versendet wurden, der andere (Friedrich Richter) Spinn- und Klöppelmaschinen von eigner Erfindung, die nach Rußland gingen. Wollene Strümpfe und Handschuhe werden von Weibern und Kindern mit der Hakennadel gestrickt und von den Kaufleuten auf den Messen zu Braunschweig und Leipzig abgesetzt.

In älteren Zeiten hat man sich auch mit Bergbau auf Eisen nahe bei Ruhla und auf Steinkohlen in der sogenannten Ehernen Kammer nach Winterstein zu beschäftigt. Alle diese Versuche sind nicht fortgesetzt worden. Der Bau auf Steinkohle an der Ehernen Kammer wurde vorzüglich zwischen 1742 und 1780 getrieben. Man sagt, er sei liegengeblieben, weil die Steinkohlen nur nesterweise gebrochen hätten und daher nie den Aufwand ersetzt haben würden. Allein, man scheint auch nicht mit gehöriger Vorsicht gebaut zu haben. Nur ganz neuerlich hat ein entdeckter Gang im Granit, welcher sehr reiche und schöne Kupfererze führt, einen neuen Bergbau veranlaßt, welcher noch jetzt halb von der Herzoglichen Kammer zu Gotha, halb von einer Gewerkschaft betrieben wird. Der Bau ist mit einem Stollen am Leisenberge über dem oberen Ende der Ruhla eröffnet worden. Ungeachtet indessen keine Eisenerze hierselbst gewonnen werden, so werden doch zum Behuf der Eisenarbeiter noch ein Eisenhammer und zwei Zainhämmer durch ausländisches, vorzüglich Schmalkalder Eisen hier im Gange erhalten.

Eine der vorzüglichsten Merkwürdigkeiten ist die mineralische Quelle auf der eisenachischen Seite, nahe am Wege nach der Hohen Sonne. Sie wurde im Jahre 1737 entdeckt und bald nach ihrer Auffindung von den Ärzten verschiedenen Kranken zum Gebrauch empfohlen. Im Jahre 1785 faßte der Herzog von Sachsen-Weimar den Entschluß, eine Brunnen- und Badeanstalt hier zu eröffnen. Die zu dem Ende gefaßten Quellen sind mit einigen Alleen und Spaziergängen umgeben, welche man jedoch nicht sehr zu vermehren brauchte, da die Natur sie schöner gemacht hat, als die Kunst sie geben kann. Für die Bequemlichkeit der Gäste ist durch die Einrichtung des fürstlichen Forsthauses, welches nahe bei der Quelle liegt, gesorgt. Es enthält Badezimmer, einen großen Gesellschaftssaal und ist zugleich Traiteurhaus (48). Die Bestandteile der Hauptquelle sind nach Buchholz' Untersuchung folgende:

In einem Pfunde Wasser

Salzsaure Kalkerde 1/10	Gramm
Luftsaure Kalkerde 11/60	–
Selenit (49) 1/4	–
Luftsaures Eisen 6/15	–
Extractivstoff 1/15	–
Luftsäure 18	Kubikzoll rheinisch

Dieses Ruhlaer Wasser gehört also in die Klasse der alkalisch-erdigen Stahlwässer. Es wird gegen Nervenschwäche und gichtische Beschwerden vorzüglich schwächlichen Personen, auf deren Konstitution stärkere Wässer nachteilige Wirkungen befürchten lassen, empfohlen. Gegenwärtig wird es jedoch sehr wenig benutzt und Ruhla, in Rücksicht seiner Badeanstalten, von Fremden fast gar nicht besucht.

Der Ort hat übrigens zwei Wochenmärkte, welche wechselweise auf der gothaischen und eisenachischen Seite stattfinden, und einen Jahrmarkt. Dieser wird auf der Kirchenwiese im gothaischen Anteil im Anfang August gehalten, und die Einwohner verbinden damit ein feierliches Vogelschießen, zu welchem sie einen überaus anmutigen Platz auf einer Anhöhe gleich über dem Gesundbrunnen gewählt haben – den einzigen Punkt, von welchem man den Ort fast in seiner ganzen Ausdehnung übersehen kann. Doch verbergen sich noch immer die letzten Häuser des oberen Endes in der Krümmung des engen Tales. Pflanzen-

Trachten aus Ruhla

kennern widmen wir folgendes Verzeichnis einiger seltener Pflanzen, die diese Gegend besitzt: Galium saxatile beim Ruhlaer Häuschen in der Allee; Campanula cervicaria an der Steinkohlengrube; Chaerophyllum hirsutum, Drosera rotundifolia nach Thal zu; Convallaria majalis über der Ruhla; Trientalis europaea, Dentaria bulbifera bei der Steinkohlengrube; Elatine triandra, Monotropa hypotitys um die Ruhlaer Häuschen; Sedum reflexum am Bach; Helleborus niger, Melampyrum sylvatium, Trifolium spadiceum, Anacamptis pyramidalis und Orchis coriophora.

Am oberen Ende der Ruhla erhebt sich das Granitgebirge in höheren Kuppen aus dem Glimmerschiefer, welcher sich mit seinen untergeordneten Lagern von verschiedenen Hornblendegesteinen nur noch an den Abhängen findet. Man bewundert in den schönen grünen Tälern, welche zwischen den Buchenwäldern nach Wilhelmsthal, nach Gumpelstadt, nach Altenstein, nach Brotterode zu führen, die Menge ungeheurer Blöcke von Granit, welche teils aus dem Boden hervorragen, teils lose auf solchem liegen. Eigentliche Felsengruppen oder -wände sieht man hier nicht wie in den benachbarten Porphyr- und Konglomeratgebirgen. Die Granitberge sind vielmehr alle sehr abgerundet, haben breite Gipfel und Rücken und sind mit der schönsten Vegetation bedeckt. Nur die großen, ebenfalls sehr abgerundeten Blöcke geben Aufschluß über die Beschaffenheit der Gebirgsart. Die Eigentümer der Wiesen haben sich mit vereinten Kräften bemüht, diese Lasten aus dem Wege zu schaffen. Die größten sind von ihnen mit Pulver gesprengt und an die Ränder der Wiesen gewälzt worden, wo sie ringsumher Mauern ohne Kalk bilden. Nur hier und da sieht man mitten in den Wiesen die größten Massen, welche nicht zu bezwingen waren, unbewegt liegen. In den höheren Tälern hat man sich nicht so viel Mühe gegeben, und hier liegen die Steinmassen größtenteils ohne Ordnung durcheinander.

Außer dem Haupttale nach Farnroda zu führt nur noch eine fahrbare Straße nach Eisenach hin über Wilhelmsthal und die Hohe Sonne. Alle anderen Wege sind höchstens für Ochsenkarren zu passieren. Der Fußgänger hingegen findet zwar steile, jedoch höchst unterhaltende und anmutige Pfade von hier aus nach Etterwinden, Waldfisch, Gumpelstadt, Wilhelmsthal, Altenstein (der Fußpfad dahin fällt auf der Höhe in die Landstraße von Schwarzhausen herauf), nach meiningisch Steinbach und Liebenstein, Winterstein, Schwarzhausen und dem Inselsberg. Auch der Weg nach dem Wachstein ist sehr interessant.

Tal der Emse. Vor der Öffnung dieses Tales zeigt der Thüringer Wald unstreitig seine Gestalt in dem malerischsten Gesichtspunkte, und hier ist auch eine der schönsten von den ihn von außen umgebenden Gegenden. Des in der Nähe von Sättelstädt liegenden Hörselbergs und seiner Umgebungen haben wir schon gedacht. Geht man von Sättelstädt an der Emse hinauf, so kommt man zuerst ganz nahe bei Sättelstädt an das Dorf *Sondra* (von 32 Häusern und 133 Einwohnern, den Herrn von Wangenheim gehörig), einen Ort, der in derselben Art wie Kahlenberg und Deubach gebaut ist, nämlich so, daß die einzelnen Bauerngüter von allen dazugehörigen Besitzungen umgeben sind, daher sich auch dieses Dorf, unerachtet seiner geringen Häuserzahl, eine sehr große Strecke weit im Tal hinzieht. Auf Sondra folgen ein Jägerhaus (Wohnung eines Wangenheimischen Jägers) und eine Mühle. Diese beiden Häuser führen zusammen den Namen Klein-Sondra. Dann kommt *Schwarzhausen* und am Ende des Ta-

Inselsberg von der Landstraße über Schwarzhausen
(Abbildung aus dem Original)

les Winterstein. Alle diese Orte sind gothaischer Hoheit. Bis Schwarzhausen ist rechts und links Flözsandstein, und in der Nähe dieses Dorfes soll vormals Bergbau auf Kupfer getrieben worden sein, wahrscheinlich in dem Schieferflöz, das sich unweit von hier an dem Konglomerat anlegt. Das Dorf Schwarzhausen ist ziemlich ansehnlich. Es zählt 125 Häuser und einschließlich von Klein-Sondra, das hierher eingepfarrt ist, 571 Einwohner. Die Herrn von Ütterodt, welchen es gehört, haben hier ein Schloß. Die Einwohner sind Leineweber, Fuhrleute, Garn- und Wollhändler, Besenbinder und Korbmacher.

Hart am Dorfe vorbei führt die Straße von Gotha nach dem Badeort Liebenstein über das höhere Gebirge, nahe an dem rechter Hand, eine halbe Stunde vor Schwarzhausen gelegenen Dorfe *Schmerbach* (89 Häuser, 489 Einwohner, den Herrn von Ütterodt gehörig) vorüber, welcher Ort gleiche Nahrung mit Schwarzhausen hat. In dieser Gegend sieht man den Stinkstein, Alpenkalkstein und bituminösen Mergelschiefel zu Tage anstehen und sich an das höher hinauf befindliche Todliegende anlegen. In dem Mergelschiefer kommen nicht selten Fischabdrücke vor. Ungefähr eine halbe Stunde von Schmerbach, höher im Gebirge hinauf ragt aus der Masse des Todliegenden, welches sich bis hierhin erstreckt, eine ungeheure, senkrecht abgeschnittene Felsenwand von braunrotem Porphyr hervor, der Meisenstein genannt. Sie ist von ihrer steilen Seite gewiß nicht unter 200 Fuß hoch, lehnt sich aber an der entgegengesetzten Seite an einen sanft abfallenden Berg an und ist von da aus sehr leicht zu besteigen. Von ihrer Höhe genießt man eine sehr schöne Aussicht in die umhergelegenen Berge und nach einigen westlichen Punkten des flachen Landes. Geht man noch etwa eine Stunde auf der Straße nach Liebenstein und Altenstein fort, so führt unweit von da, wo diese Straße über die meiningische und gothaische Grenze hinüberläuft, links ein kleiner Fußsteig durch den Buchenwald nach einem Berggipfel, der aus zerstörten Granitfelsen von äußerst wildem Ansehen besteht. Er heißt der Gerberstein und ist einer der wenigen Felsengipfel, die der Thüringer Wald besitzt. Einige Spitzen des Gerbersteins sind nicht schwer zu besteigen, und man hat von ihnen eine schöne Aussicht auf die Gebirge jenseits der Werra. Der Granit des Felsens ist kleinkörnig ohne regelmäßige Abteilung in Bänke, aber nach allen Seiten und besonders in senkrechter Richtung sehr zerklüftet.

Wir verlassen die Höhe des Gebirges, da wir hier in der genommenen Richtung nur Punkte treffen würden, zu denen wir auch auf anderen Seiten wiederum gelangen müssen. Im Haupttal selbst kommt man von Schwarzhausen der Emse aufwärts vor einigen Mühlen vorbei an das große, zwischen den Bergen ganz eingeengte Dorf *Winterstein* (von 551 Einwohnern und 116 Häusern, wovon 99 unter Gerichtsbarkeit der Herrn von Wangenheim, 17 unter der des Amtes Tenneberg stehen). Die Herrn von Wangenheim haben hier drei Güter und ein Schloß, welches das Stammhaus einer Linie dieses sehr alten thüringischen Geschlechtes ist. Dieses Schloß liegt jedoch jetzt in Ruinen, die einen sehr malerischen Anblick gewähren, in ihrem Innern aber nicht mehr zugänglich sind. Nahe bei diesen Ruinen findet man ein Denkmal eigner Art – den Grabstein eines treuen Hundes, welcher einem Herrn Wangenheim im 17. Jahrhundert gehörte. Die Einwohner des Dorfes nähren sich von Holzfällen, Kohlenbrennen, Korbmachen und Leineweben. Meistenteils sind sie sehr arm. Den Mangel der Brunnen, deren sehr wenige im Orte sich befinden, ersetzt das reine, kristallhelle Wasser der Emse, die Winterstein in seiner ganzen, da alle Häuser einzeln liegen, beträchtlichen Ausdehnung durchströmt und vortreffliche Forellen nährt. Um diesen nicht zu schaden, dürfen die Einwohner keine Gänse und Enten halten. Die Kirche ist eine Tochterkirche von Schwarzhausen, wohin der Ort sonst eingepfarrt war. Ein herzoglicher Förster wohnt hier in einem unter tennebergischer

Schloß Winterstein

Gerichtsbarkeit gelegenen Forsthaus, in dessen Nähe auf einer Anhöhe, der Sommerstieg genannt, vormals ein Raubschloß gestanden haben soll. Unmittelbar hinter diesem Ort werden die Berge sehr hoch und das Tal eng und wild. Es bietet, außer den Naturgegenständen, nicht viel Interessantes dar. Aber diese lohnen auch schon, vorzüglich von mineralogischer Seite, genugtuend jede ihnen gewidmete Mühe. Die vorderen Berge bestehen größtenteils aus dem Konglomerat, welches hier ziemlich feinkörmig und meistenteils von grünlicher Farbe ist. Auf dem linken Ufer der Emse gleich bei dem Dorfe zieht sich ein enges Tal, die Sembach genannt, bis nahe an den nördlichen Fuß des Inselsberges. Es stehen darin große Felsen von Hornsteinporphyr weit aus dem sie umgebenden Konglomerat hervor. Darunter ist der Rotenstein wegen seiner abenteuerlichen Gestalt, die von einer Seite einem umgestürzten unregelmäßigen Kegel gleicht, sehenswürdig. Auch der freistehende Felsen des Treppensteins und die einander gegenüberliegenden steilen Porphyrwände des Hopfenberges und des Ilmgrabens verdienen Bemerkung. Diese Gegend enthält viele kleine Bergkristalle und Achate. Höher im Emsetal hinauf hat man zur Rechten und Linken noch Todliegendes am Breitenberg und Wolfenstein. Doch ragt an den höheren Punkten dieser Berge noch überall der Porphyr hervor. Die Emse selbst kommt vom nördlichen und ein Arm derselben vom westlichen Fuß des Inselsberges herab. Diese beiden Bäche fassen zwischen sich den Scharfenberg, einen von allen Seiten steil abfallenden Rücken, mit einem Kamm von Felsen besetzt. Porphyr ist seine Hauptmasse. Vom Inselsberg herab angesehen, gleicht er einem Sarge, und an seiner Westseite befindet sich das sogenannte Inselsbergloch, eine ungeheure Tiefe, in welche der Inselsberg von seinem Gipfel an äußerst jäh abfällt und in deren Abhängen lose Steintrümmer liegen, zwischen welchen hohes Gras und Farnkräuter emporschießen. Am Breitenberg und am kleinen Inselsberg fanden sich viele verlassene Schächte, auf deren Halden man kristallisierten Quarz, Bergkristall mit Eisenglimmer antrifft. Westlich von der Emse liegt der Große und Hohe Tröhberg, dessen kegelförmigen Gipfel man auf allen Ansichten des Thüringer Walds von der Nordseite, dem Inselsberge zur Rechten, hervorragen sieht. Sein Fuß besteht immer noch aus dem Konglomerat. Höher hinauf liegt Mandelstein, dessen Höhlungen zuweilen ganz mit Eisenglanz ausgefüllt sind. Ungefähr in der Hälfte der Höhe am westlichen Abhange steht ein grünlichschwarzes Gestein in hohen Felsen an, welches zum Übergangstrapp zu gehören scheint. Es wirkt stark auf den Magnet. Der Gipfel des Berges Tröhbergskopf ist ein ungefähr hundert Fuß hoher felsiger Kegel. Sein Hauptkörper, ein porphyrartiges Gestein, dessen Grundmasse grünsteinartig ist (Syenitporphyr) mit Feldspatpunkten und, wie es uns schien, Granaten. Es wirkt auch auf den Magnet, doch schwächer als die vorhergenannte Gebirgsart. Dieser Gipfel liegt dem höchsten Gebirgsrücken ganz nahe und wird durch eine kleine Vertiefung davon getrennt. Merkwürdig ist ein in dieser Vertiefung dicht am Wege von Winterstein nach Brotterode liegender Sandstein, der hier durch einen Steinbruch entblößt ist. Er ist rötlich, dünn und dickschiefrig. Die dickschiefrigen Lagen sind voll von plattgedrückten Nieren eines roten Eisentons. Der ganzen Masse sind Glimmerteilchen beigemischt, und sie ist durchaus feinkörnig. Er gleich sehr dem am Fuß des Thüringer Waldes sich zeigenden Flözsandstein, daher sein Vorkommen auf diesem hohen Punkte sonderbar genug ist. Auf dem Rücken des Gebirges selbst trifft man den braunroten Porphyr an und gleich darauf am südlichen Abhang den dort allgemein verbreiteten Granit. Am linken Ufer des Baches, der am Fuß des Tröhberges in die Emse fällt, liegt die Hohe Heide, ein steiler Berg mit einer langen, dem Tal zugekehrten, mit hohen Felsen besetzten Wand. Er besteht aus dem grünlichschwarzen trappartigen Gestein, und an seiner Nordseite zeigen sich die Reste eines alten Stollens, des Wasserlochsteins, der in das trappartige Gestein getrieben ist. Die Haldenstücke lassen deutlichen Eisenglanz und Kupfergrün wahrnehmen. Hinter dem Tröhberg und der Hohen Heide bilden der Mittelberg, der Große und Kleine Weißenberg den Rücken des Gebirges. Sie bestehen aus Granit, der auch in den von ihnen an der Nordseite herabkommenden, in die Emse fallenden Bächen zu Tage ansteht.

Außer den bisher genannten, der Emse zufließenden Seitenbächen fällt schon unterhalb Schwarzhausen noch ein solcher, der Eichgraben, in diesen Hauptbach. Er kommt östlich über *Fischbach* herab, einem größtenteils von Leinewebern und Straßenfuhrleuten bewohnten Ort (von 50 Häusern, 256 Einwohnern), dessen Kirche ein Filial der Kirche zu Cabarz ist, der Ort selbst den Herrn von Wangenheim auf Winterstein gehörig ist. Es wird hier etwas Ackerbau getrieben. Übrigens hat die mitten im Flözgebirge liegende Gegend nichts besonders Merkwürdiges.
Die Waldung des ganzen bis jetzt beschriebenen Bezirkes besteht fast allein aus Buchen, und auf den höhern Gebirgen findet man davon ungeheure Stämme. Von den übrigen Pflanzen, die in diesem Tal den Wanderer unterhalten können, zeigen wir nur an: Chaerophyllum hirsutum, Centunculus minimus bei Sondra; bei Schwarzhausen Galium boreale; nach Cabarz zu Orchis ustulata auf Wiesen; bei Winterstein Circaea alpina am Bach im Ort selbst, Thesium alpinum, Gentianacruiata, Dianthus armeria und Trifolium spadiceum.

Tal der Laucha. Der gewöhnliche Weg, von der thüringischen Seite den Inselsberg zu besteigen, wird über die Stadt Waltershausen und die Dörfer Cabarz oder Tabarz genommen. Wir fassen daher, indem wir zu dem Tale gelangen, das unmittelbar zu dem Fuß des Inselsberges führt, die Beschreibung der Gegend von Waltershausen mit der des Tales selbst zusammen.

Die Stadt *Waltershausen* liegt hart am Fuße des hier prall abfallenden Gebirges, wo sich ein kleines Tal in eine größere Ebene öffnet. Ehemals bewässerte keiner der Hauptbäche die Stadt. Denn das Tal der Laucha öffnet sich eine Stunde davon nach Westen zu, und der starke Bach, welcher von Reinhardsbrunn

Blick auf Waltershausen

herabkommt, floß eine halbe Stunde weiter östlich in die Leina. Dieser letztere – er führt den Namen Badewasser – ist aber späterhin über Langenhain in die Stadt geleitet worden. Die Stadt selbst hat 491 Häuser, zwei Kirchen und 2180 Einwohner und ist der Sitz einer Superintendentur. Auch wohnt hier das Personal von zwei gothaischen Ämtern: Tenneberg und Reinhardsbrunn. Da die Stadt auf einer Seite dicht an den Wald stößt, so ist ihr Feldbau, den sie auf der andern ganz flachen Seite treibt, nicht hinlänglich, die Einwohner zu nähren, und kaum ausreichend, ihre Bedürfnisse an Getreide zu befriedigen. Hingegen wird mit Früchten, die auf den zwei Wochenmärkten vom Lande hierher gebracht werden, und mit anderen Viktualien ein großer, der Stadt einträglicher Handel getrieben, und sehr viele Ortschaften des Thüringer Waldes holen hier, was sie bedürfen. Das hier gebraute Bier, welches von vorzüglicher Güte ist, wird gleichfalls häufig auf das Land abgesetzt und dieser Handelszweig durch den Bierzwang, der den meisten Dörfern des Fürstentums Gotha gegen die Städte Gotha, Waltershausen, Eisenach und Creuzburg auferlegt ist, sehr befördert. Die übrige Nahrungsweise der Einwohner beruht auf der Viehzucht, Tuch-, Zeug- und Raschmachen, Leinewand- und Drillichweben, Loh-, Weiß- und Sämischgerben, Wollenspinnen und Lohnfuhrwesen. Die Tuch-, Zeug- und Raschweber (zwischen 40 und 50 Meister) setzen ihre Waren größtenteils nach Eisenach ab. Die Produkte der Leinen- und Drillichweberei gehen teils durch hiesige, teils durch Friedrichrodaer Kaufleute ins Ausland. Von den Loh- und Weißgerbern (der ersteren sind 14, der letzteren 10 Meister) setzen die Lohgerber ihre Leder fast allein an inländische Schuhmacher und andere Lederarbeiter ab. Die Weißgerber versenden ihre Ware zum Teil auswärts, und man rühmt ihre Güte, die hauptsächlich dem Kalk, welcher am Burgberg bricht, zugeschrieben wird. Außer diesen Werkstätten liegen vor der Stadt eine Papiermühle, die größtenteils Druckpapier liefert, und in- und außerhalb der Stadt fünf Mahlmühlen. Jährlich werden zwei Jahrmärkte gehalten. Die auf dem Markt gelegene Kirche ist sehr schön und im Jahre 1723 neu erbaut. An ihrer Seite stand ein ziemlich hoher Turm, der aber am 6. Februar 1806 durch einen bei heftigem Schneegestöber herniederfahrenden Blitzstrahl angezündet und abgebrannt wurde und mit dessen Wiederaufbauung man jetzt beschäftigt ist. Die zweite Kirche ist die vor der Stadt liegende alte und baufällige Gottesackerkirche, die nur bei Leichenbegängnissen gebraucht wird. Zur Besorgung des Gottesdienstes ist ein Superintendent, der zugleich die Aufsicht über die Kirch- und Schulanstalten 16 andrer Orte hat, nebst einem Diakonus angestellt, und außer der Bürgerschule befindet sich hier noch eine lateinische Schule, welche lehrbegierige Knaben bis zur Annahme in das Gymnasium zu Gotha unterrichtet.

Freunde der Naturgeschichte werden sich in dem Mineralienkabinett des Diakons Credner und bei den zum Verkauf ausgestellten Tieren des Vogelhändlers Thiem eine sehr reiche Unterhaltung verschaffen. Jenes Kabinett enthält hauptsächlich inländische Körper und ist schon an sich sehenswert. Vorzüglich instruktiv wird es aber durch die Kenntnisse seines freundlichen und sich gerne mitteilenden Besitzers. Thiem unterrichtet ein-

Der Marktplatz zu Waltershausen

heimische Singvögel, vorzüglich Gimpel (lieblich im Thüringischen, Loxia pyrrhula L.), und verkauft sie in großer Zahl, die bessern für 3 bis 4, die geringsten für einen Louisdor, hauptsächlich nach England, woher er dann andere ausländische Vögel und Tiere zurückbringt, die er wieder hier und da an Liebhaber überläßt. Trifft man es, daß er einheimisch und kurz zuvor von England zurückgekommen ist (jetzt finden freilich diese Reisen mannigfaltige Beeinträchtigungen und Hindernisse), so kann man bei ihm mit manchem seltenen Geschöpfe bekannt werden, und es lohnt daher allerdings der Mühe, ihn auszufragen. Jedoch gibt es mehrere Vogelhändler desselben Namens in Waltershausen, wovon aber nur einer jenen größeren Verkehr treibt. Diese Stadt besitzt auch eine nennenswerte Künstlerin mit der Nadel. Die Gattin des Amtskommissärs Weidner, eine geborene Hamberger, verfertigt Strickereien, welche das Sprechende und Feine wahrer Gemälde erreichen. Da sie größtenteils auf Bestellungen arbeitet, so beruht es freilich auf dem Zufall, den Zeitpunkt, wo eben eine sehenswerte Arbeit vollendet ist, zu treffen. Allein nicht bloß innerhalb der Stadt hat man die Merkwürdigkeiten dieser Gegend zu suchen. Auch ihre Umgebungen bieten der näheren Betrachtung manchen interessanten Punkt dar. Gleich vor der Stadt, am Burgberge, liegt ein großes herzogliches Jagdzeughaus mit der Wohnung eines Försters und ihm gegenüber die sogenannte Kemnate, deren Besitzer der Bergrat Bechstein ist und welche früher, ehe er seinen Aufenthalt nach Dreißigacker verlegte, der Sitz des forstwissenschaftlichen Instituts war; in jeder Hinsicht eine anmutig gelegene Wohnung, die der wandernde Naturforscher mit stiller Dankbarkeit gegen ihren Eigentümer und für die Beobachtungen, die er der Natur ablauschte, betrachten wird. Von ihr steigt man weiter hinauf zu dem herzoglichen Schloß Tenneberg, welches auf dem Gipfel dieses Berges liegt.

Es ragt aus einem dunkeln Fichtenwald hervor, ist nicht modern und ziemlich irregulär gebaut, aber doch von gutem Ansehn, und die Aussicht aus seinen Fenstern ist nach allen Seiten hin vortrefflich. Schon im Jahr 1170 stand hier ein Schloß, den thüringischen Landgrafen gehörig. Das jetzige Gebäude hat eine schöne, einfach verzierte Kapelle, einen geräumigen, nach guten Verhältnissen angelegten Saal und viele Gemächer. Auf seinen Galerien sieht man eine beträchtliche Zahl von Gemälden, welche meistens große, im 17. Jahrhundert gehaltene Jagden vorstellen. Im vorderen Hauptgebäude wohnt der Oberbeamte von Tenneberg, und dem Schloß gegenüber liegt die Wohnung des

Amtsvogts oder Rechnungsbeamten nebst den Gefängnissen. Der Burgberg und die anderen sich mit ihm in gleicher Linie vor dem Hauptgebirge wie ein Wall hinziehenden niedrigen Berge bestehen aus Flözkalkstein voll von Seetierversteinerungen, Ammoniten u. dgl. Die dahinter gelegenen Berge bis an das Dorf Tabarz und an den Eingang des Ungeheuern Grunds sind Flözsandstein, mit Glimmerblättchen und Nieren von grünlichem und rötlichem Ton gemengt. Alle diese Berge sind mit Laub- und Fichtenwaldung bedeckt. Reich ist hier die Pflanzenlese für den Botaniker sowie überhaupt in der Gegend um Waltershausen. Bechstein rühmt von dem Burgberg, daß er bei weitem den größten Teil der deutschen Holzarten aufzuweisen habe (45).

Der Weg nach dem Inselsberge führt über das kleine Vorgebirge, dessen wir oben gedachten, in das offene Tal der Laucha, in welchem die Dörfer Groß- und Klein-Tabarz, Cabarz und Nonnenberg hart am Fuße der höheren Berge liegen. Dieses Tal öffnet sich ins flache Land unterhalb *Langenhain* (116 Häuser, 452 Einwohner), ein Dorf, welches, vom Sandgebirge umgeben, nur schlechten Ackerbau und keinen sonderlichen Wiesenwuchs hat. Die Einwohner nähren sich daher größtenteils vom Tagelohn in dem benachbarten Waltershausen, einige auch vom Frachtfuhrwesen und Vieh-, vorzüglich Schweinehandel. In der Gegend desselben finden sich unter anderen Pflanzen: Polygala amara, Epilobium rosmarinifolium und Iris pumila.

Ungefähr eine halbe Stunde von diesem Ort trifft man das obengenannte *Klein-Tabarz* (21 Häuser, 82 Einwohner). Hier ist die Wohnung eines Oberforstmeisters, welcher die Aufsicht über die im Reinhardsbrunner Amtsbezirke liegenden Waldungen hat. Der Ort selbst aber gehört unter des Amts Tenneberg Gerichtsbarkeit so wie auch Nonnenberg. *Groß-Tabarz* (100 Häuser, 497 Einwohner) ist nur eine kleine Viertelstunde davon entfernt, und ebenso nahe liegt beiden *Cabarz* (140 Häuser, 528 Einwohner), mit welchem der kleine Ort *Nonnenberg* (15 Häuser, 68 Einwohner) fast unmittelbar zusammenstößt. Cabarz enthält die Kirche für alle diese Orte und den Wohnsitz des Pfarrers, der außer ihnen auch noch die Filialkirche des Dorfs Fischbach zu versehen hat. Alle diese Dörfer haben fast gar keinen Ackerbau. Die Einwohner sind Holzhauer, Leineweber, Zimmerleute, Böttcher, Wagner, Felgenhauer, Tischler, Leiter- und Brechenmacher, Korbmacher, Straßenfuhrleute und Holzhändler, meistenteils sehr arm. Nichtsdestoweniger besitzen sie einen gewissen Stolz, einen esprit de corps, den ihre eigentümliche Lebensart hervorbringt. Sie mögen sich nicht gerne Bauern nennen lassen – ein Name, der ihnen auch in seiner ehrenvollen Bedeutung nicht einmal gebührt. Sie zeichnen sich durch einen besonderen Dialekt und durch die eigene Tracht des weiblichen Geschlechts aus. Ihre Bildung hat etwas Gefälliges. Vorzüglich ist ein langer Wuchs dem männlichen Geschlecht eigen. Joviale Gemütsstimmung und Leichtsinn, den sie vor den Bewohnern vieler anderer Orte in vorzüglich hohem Grade haben, macht ihnen ihre Armut erträglich.

Auf zwei Anhöhen über Cabarz und Tabarz lagen im Mittelalter zwei Schlösser: Leuchtenburg und Stolzenberg, von welchen man jedoch nicht einmal Ruinen mehr findet. In Tabarz und Cabarz findet man leidliche Gasthöfe, in welchen die nach dem Inselsberg Reisenden gewöhnlich haltmachen und einen Teil der Nacht da zubringen, um sodann den Berg noch vor Sonnenaufgang zu besteigen. Sie nehmen hier einen Führer und Träger für ihre Bedürfnisse mit und dürfen auch nicht vergessen, sich sowohl mit einem Fernrohr zu versehen als auch den Schlüssel zu dem Inselsberghaus zu erbitten, welcher jederzeit in dem Forsthaus in Klein-Tabarz verwahrt wird. Von Cabarz aus führt der Weg durch ein kleines Tal zwischen dem Hübel und dem Datenberg hinauf. Vorn streicht das bituminöse Mergelschieferflöz aus, hinter welchem sich Konglomerat zu einer ziemlichen Höhe erhebt. Auf der Anhöhe kommt der Weg von Cabarz mit dem von Tabarz zusammen. Ungefähr in dieser Gegend ist die Scheidungslinie zwischen dem Nadelholz und Laubholz. Der Weg von Tabarz nach dem Inselsberg führt anfangs durch das Haupttal der Laucha, einen vorn anmutigen Wiesengrund, der aber weiter hinten eng und von hohen Felsenwänden eingeschlossen ist. An seinem Eingange liegen zwei steile Berge. Auf dem linken Ufer des Baches der schon genannte Datenberg und auf dem rechten der Übelberg, ersterer besteht aus Syenitporphyr, letzterer aus rotem Tonporphyr. Der Übelberg ist überaus steil, nach dem Tale zu mit einem ungeheuren pyramidalen Felsen besetzt, und sein Rücken besteht ganz aus einem großen Kamm von Felsentrümmern. Hinter ihm liegen etliche Porphyrberge, alle durch ihre hohen und steilen Felsengruppen merkwürdig. Besonders schön ist die Felsenwand am Bärenbruch, welche sich senkrecht

Schießhaus zu Tabarz

aus dem Tale über 100 Fuß erhebt. Die ihr gegenüber auf dem linken Ufer stehenden Berge sind mit ähnlichen, aber mehr zerstückelten Wänden und hohen Felsenzacken besetzt. Höher vom Bärenbruch hinauf liegt der Tenneberg, einer der höchsten Nachbarn des Inselsberges, interessant wegen eines auf seinem Gipfel erbauten Hauses, von welchem man eine schöne Aussicht in das flache Land hat. Zwischen dem Tenneberg und Großen Wagenberg krümmt sich das immer enger werdende Tal südöstlich hinauf. Die Füße dieser Berge sind mit dem Konglomerat und Mandelstein bedeckt, und in einem der hinteren Winkel des Tales stößt man auf eine besondere geognostische Merkwürdigkeit – ein Steinkohlenbergwerk. Die Steinkohlen liegen hier auf einem Konglomerat und sind mit einer Gebirgsart bedeckt, die sich im äußeren Anblick zwar nicht sehr vom Schieferton unterscheidet, aber bei näherer Untersuchung einen großen Kalkgehalt und viel Ähnlichkeit mit dem sogenannten Zechstein zeigt, auch Adern von Kalkspat enthält. Auf manchen Klüften desselben findet sich sternförmig kristallisierter Selenit, welcher sich vielleicht erst auf der Halde gebildet haben mag. Die Steinkohle ist gewöhnlich Schieferkohle. Eine Gewerkschaft baute dieses Werk eine Zeitlang, aber die Wohlfeilheit des Holzes und die sehr mittelmäßige Beschaffenheit dieser Steinkohlen verhinderten den Absatz, und der Bau blieb wieder liegen. Höher hinauf im Tal, nach dem Rücken des Gebirges zu findet man schon Felsen von Granit, aus welchem jener besteht. Doch wir wenden uns wieder zum Weg nach dem Inselsberg. Dieser führt aus dem Tal am linken Ufer des Baches rechts hinauf hinter dem Datenberg über die Leuchtenburg und die Schöne Leite. Auf der Leuchtenburg ist eine sehenswürdige Felsengruppe. Diese ganze Gegend besteht aus Syenitporphyr. In den Seitenschluchten ziehen sich jedoch aus den Tälern die Mandelsteine oft ziemlich hoch hinauf. Hinter der Schönen Leite befindet man sich an dem Fuß des eigentlichen Großen Inselsberges, und ein Lager von grünlichgrauem Tonschiefer umgibt diesen Fuß gleich einem schmalen Bande.

Der *Inselsberg* ist nach dem Schneekopf der höchste Gipfel des Thüringer Waldes und unter allen der, welcher sich durch seine malerische Gestalt am meisten auszeichnet. Er bildet eine abgerundete Kuppe von großer Basis. Die Seitenwände fallen sehr steil ab, nur an der obersten Höhe wird der Abhang sanfter. Die Gebirgsart ist rötlichbrauner Tonporphyr, in welchem sowohl Feldspat als auch Quarz eingesprengt sind. Der letztere in deutlichen Kristallen, sehr kurzen sechsseitigen Säulen, auf beiden Seiten mit sechs Flächen zugespitzt. Am südwestlichen Abhang liegt Granit unter ihm. Die eigentliche Form des Berges ist eine Rundung mit zwei in zwei gegenüberstehenden Seiten lang auslaufenden Rücken, welche nicht viel niedriger sind als die mittlere Rundung und ebenso steil abfallen. Am steilsten ist der südöstliche Abfall, der aus einer nackten Felsenwand besteht, deren Fuß mit Trümmern bedeckt ist. Er heißt der Inselsbergstein. Der südliche Abhang hat zwar keine hervorstehenden Felsen, ist aber ebenfalls mit einer dicken Lage von Porphyrgeschieben überschüttet. Die anderen Seiten sind weniger steil und stark mit Buschholz bewachsen. Von seiner Höhe haben wir bereits zwei Bestimmungen angegeben. Wir sind noch mit zwei anderen bekannt geworden. Die eine, aus dem angefangenen, aber nicht fortgesetzten Stammbuch für die den Inselsberg besuchenden Reisenden entlehnt, bestimmt aus den dort verzeichneten, vom Herrn von Zach am 6. September 1790 angestellten Barometerbeobachtungen die Höhe des Berges über dem Physikalischen Salon = 1 813 $^{9}/_{10}$ französische Schuh. Die andere, unter den Augen desselben Astronomen niedergeschrieben, gibt an: 472 Toi-

Das Haus auf dem Inselsberg

sen = 2832 französische Schuh. Nehmen wir an, daß die letztere Messung die gleiche wie die erste, nur auf die Meeresfläche reduziert ist, so wäre hier die Höhe von dem Physikalischen Salon zu Gotha = 1018 französische Schuh angenommen, und es zeigte sich also, daß die von Voigt angegebene Erhöhung von Gotha über dem Meere um 223 Schuh zu groß geschätzt wäre, wonach sich die von ihm angenommene Höhe des Inselsberges auf 2904 Schuh mindern und der obigen Bestimmung schon merklich näher kommen würde. Auch ist diese letztere der von uns als die wahrscheinlichste angesehenen Messung um vieles näher als das von Voigt angegebene Resultat. Gewiß bleibt übrigens, daß die Bestimmung der Höhe des Inselsberges noch zweifelhaft ist, und wahrscheinlich, daß die Wahrheit zwischen 2600 und 2900 Fuß liegen dürfte. Die obere Fläche des Berges ist ganz frei. Denn die Buchen, welche an dem Inselsberge wachsen, reichen nur bis an die letzte kleine Anhöhe. Sie sind sehr niedrig, obgleich sie, wie die Stärke ihrer knotig gewachsenen Stämme zeigt, sehr alt sind. Diese obere Fläche wird durch die Grenze zwischen dem Hessen-Kasselschen Henneberg und dem Fürstentum Gotha in zwei Hälften geteilt. Auf der größeren gothaischen steht ein kleines Haus, noch von Herzog Ernst dem Frommen gebaut. Es besteht bloß aus einem kleinen Saal und einem Stalle im Erdgeschoß. Der Saal ist heizbar. Herzog Ernst der Zweite ließ einige hundert Schritte davon noch einen Stall mit einer kleinen Stube erbauen, weil er einigemal die Nacht über auf dem Berg zubrachte, um astronomische und physikalische Beobachtungen anzustellen. Die Aussicht von diesem Gipfel ist merkwürdig und ausnehmend schön. Außer den Gipfeln einer Menge von Bergen des Thüringer Waldes, welche man ringsherum unter seinen Füßen hat, sieht man einen fernen Horizont, dessen Grenzen man kaum bestimmen kann. Nur in Südosten wird er durch den Schneekopf und den höheren Teil des Thüringer Waldes begrenzt. Wendet man sich von dem Schneekopf nach Süden, so unterscheidet man den Dolmar, die Gleichberge bei Römhild, die Geba, die Hohe Rhön Frankens, und unmittelbar unter seinen Füßen sieht man das in einer Weitung des Gebirges liegende hessische Dorf Brotterode. Im Südwesten und Westen zeigen sich der Pleßberg, die Stopfelskuppe, der Beyer, der Öchsenberg und in größerer Entfernung der Meißner. Gegen Norden liegt zunächst die schöne fruchtbare Landschaft des Fürstenthums Gotha und der ihm benachbarten Länder vor dem Blicke ausgebreitet. Aus ihr heben sich als einzelne merkwürdige Punkte in der Nähe die Wartburg, der Tenneberg, der Friedenstein bei Gotha hervor. In weiterer Ferne sieht man den Brocken, zu seiner Linken den Donnersberg bei Heiligenstadt und die bis zu diesem an der Werra sich hinziehenden Berge, zu seiner Rechten die Hainleite, die Finne, die Sachsenburg, den Kyffhäuser, endlich im Osten den Seeberg mit der Sternwarte, die Drei Gleichen, Erfurt und seine Gegend und den Ettersberg. In dieser Richtung hat das Auge den unbeschränkten Raum in der bis Leipzig fortlaufenden, nur von minder bedeutenden Hügeln unterbrochenen Fläche vor sich. Wir nennen nur diese leichter zu erkennenden Punkte und unternehmen es nicht, die große Anzahl von Städten und Dörfern namentlich aufzuführen, die das Auge hier zählt. Daß ein heiterer Himmel den Genuß dieser Aussicht begünstigen müsse, ist von selbst klar, und es ist bei der Unbeständigkeit des Gebirgsklimas der Fall nicht selten, daß der Reisende seine Hoffnungen getäuscht und, statt eine unermeßliche Ferne vor sich zu haben, sich in einer Nebelwolke eingehüllt findet. Vorzüglich oft wird das gehoffte Schauspiel des Sonnenaufgangs dadurch vereitelt. Indessen ist dieses so prachtvoll, daß es des Versuches, zu seinem Genusse zu gelangen, bei allen möglichen Täuschungen im höchsten Grade wert bleibt. In der Zeit des längsten Tages dauert eine so starke

Dämmerung auf dieser Höhe fort, daß man noch um elf Uhr die Buchstaben eines Buches erkennen kann, und kaum schwinden im Westen die letzten Spuren des Abendrots, so hebt sich im Osten bereits der Widerschein der aufsteigenden Sonne hervor. Eine schöne Szene dieses Schauspiels ist dem Besucher des Inselsberges verlorengegangen, seit der Schwanensee ausgetrocknet ist. Dieser zeigte sich am nördlichen Horizont, sobald die Sonne hervorgetreten war, von ihren ersten Strahlen erleuchtet wie ein goldner Spiegel, und machte eine ausgezeichnet schöne Wirkung. Selbst in dem Falle, daß der Reisende sich von der Witterung für seinen nächsten Zweck nicht begünstigt sieht, wird derselbe nicht selten durch andere Erscheinungen entschädigt. Oft ist der Gipfel ganz wolkenfrei, dann wogt die Wolkenmasse wie ein unruhiges Meer unter seinen Füßen. Er selbst dünkt sich auf einer Insel zu stehen und sieht sich von der bewohnten Welt abgeschnitten. Nur hier und da heben sich einzelne zerstreute Felsengipfel aus dem Abgrund hervor. Unendlich schön ist es, wenn sich der Nebel nach und nach entfernt und die Landschaft teilweise aus ihm hervortritt. Auch gewährt es dauernde Unterhaltung, solange einzelne Wolken um die Berge ziehen, ihr Verhalten zu anderen, ihre schwebende, oft auf einmal durch eine unsichtbare Anziehung im Flug verwandelte Bewegung, ihr Ergießen an die Berge oder ihre Vereinigung und Hinabrollen ins Land zu beobachten. Alles übertrifft aber ein Gewitter, das tiefer als der Gipfel des Inselsbergs an ihnen sich hinwälzt und die sich durchkreuzenden Blitze und das Rollen des Donners unter den Füßen der Wanderer gewähren läßt – eine Szene, die einzig in ihrer Art ist und nach der verschiedenen Stimmung des Beobachters entweder willkürliches Schaudern oder stille Erhebung zu dem Regierer des Weltalls hervorruft. Dem Botaniker werden in den Gegenden von Cabarz und Tabarz bis hierher manche interessanten Pflanzen vorkommen (45).

Reinhardsbrunner Tal. Wir benennen dieses Tal nach einem der Hauptpunkte, welche es enthält, nicht wie andere Täler nach dem Bache, der es durchströmt und der an sich zu unwichtig ist, um eine ganze Gegend durch ihn kenntlich zu machen.

Den Eingang dieses Tales bezeichnen auf einen weiten Gesichtskreis die Gebäude der Erziehungsanstalt Schnepfenthal, welche an der westlichen Seite des Tales an einem Abhang liegen

und freundlich über die Ebene blicken. An dem östlichen Abhang liegt das Dorf *Rödichen* (43 Häuser, 197 Einwohner). Dieser Ort hat einigen Ackerbau und wird außer den zunächst damit beschäftigten Personen von Holzhauern, Tagelöhnern und Straßenfuhrleuten bewohnt. Unten im Tal liegt ein kleines Landgut, zu welchem eine Mühle und eine Schäferei gehören. Dieses Gut ist nach Rödichen eingepfarrt und führte vor Salzmanns Niederlassung daselbst allein den Namen *Schnepfenthal*. Salzmann (50) kaufte, unterstützt von dem Beförderer so vieles Guten, dem unvergeßlichen Herzog Ernst II., diese Besitzung, zog im März

Schnepfenthal – am Wege nach Reinhardsbrunn

1784 hierher und fing noch in demselben Jahre an, auf dem gegenüberliegenden, damals öden, nur mit einzelnen Fichten bewachsenen Hügel zuerst ein einzelnes Haus für seine Anstalt zu erbauen. Wie sehr sich diese in kurzer Zeit hob, ist bekannt. Jetzt sieht man auf der sonst wüsten Stelle zwei große und zwei kleinere, regelmäßig, aber einfach ausgeführte Wohngebäude, eine vortreffliche Reitbahn und mehrere Wirtschaftshäuser. Alles ist mit Pflanzungen von Pappeln und Obstbäumen, mit kleinen

Blumenstücken und Gemüsegärten umgeben und die vormalige unfruchtbare Wildnis in ein lachendes Gefilde verwandelt, welches von den Einsichten und der Energie seines Schöpfers und derer, die er hierbei leitete, das lauterste Zeugnis ablegt. Vor den Gebäuden liegt ein ebenso nützliches als den Platz verschönerndes Wasserbecken. Die Aussicht von diesem Platze und aus den Gebäuden ist schön und ausgebreitet. Von der einen Seite das immergrüne Tal im Schoße hoher Waldgebirge, von der anderen das ebene Land bis zur Straße von Eisenach nach Gotha, den Seeberg über Gotha, die Gleichischen Schlösser usw. In den zwei größeren Gebäuden ist das, was vorzüglich und zunächst zu der Erziehungsanstalt und zu ihrer Ökonomie gehört, verteilt. Außer den Wohnungen der Salzmannischen Familie selbst und des größeren Teils der Lehrer und Zöglinge findet sich unter anderem darinnen der Saal zu den Gottesverehrungen und ein Naturalienkabinett, welches sowohl mehrere sehenswürdige inländische als auch ausländische Seltenheiten enthält. In dem zunächst an den Hauptgebäuden liegenden kleineren Hause wohnt jetzt Weissenborn, der Schwiegersohn Salzmanns, mit einer Anzahl seiner besonderen Aufsicht anvertrauter Zöglinge, und das zweite kleinere Gebäude faßt die Buchdruckerei in sich. Hier leben (nach der Zählung von 1806) 53 Zöglinge mit den zu den Familien Salzmanns und der Lehrer gehörigen Kindern und 43 erwachsene Menschen mit den Lehrern, den zur Buchdruckerei gehörigen Personen und zur Erziehungsanstalt angenommenen Dienstboten. Der Grundsatz der Erziehungsanstalt ist, ganz an die Stelle vernünftig denkender Eltern zu treten und die Kinder so zu behandeln, wie diese in ihrem Familienkreise sie behandelt haben würden, wenn sie von richtigen pädagogischen Maximen ausgehen. Daher ist alles darauf berechnet, daß die Kinder mit Salzmann und den übrigen Lehrern auf dem Fuße einer gut eingerichteten Familie leben. Die Zöglinge geben Salzmann den Namen Vater, und in dem ganzen Institut wird er mit diesem Namen bezeichnet. Sie essen dem größten Teil nach mit ihm an einem Tisch. Nur sind davon getrennt, die zu dem Hause Weissenborns als einem Zweig der größeren Familie überwiesen sind, zwölf an der Zahl, und die, welche um der Übung im Französischsprechen willen mit dem Lehrer dieser Sprache zusammen an einem besonderen Tisch essen, wozu nur die älteren Zöglinge gelangen. Aber alle nehmen an den Lehrstunden und an den übrigen Anstalten gleichen Anteil. Alle stehen zu Salzmann in demselben allgemeinen Verhältnis der Kinder zum Vater. Der physische Teil der Erziehung sucht durch eine richtige Verteilung der Stunden des Fleißes und des Vergnügens, durch einfache Nahrung, durch Genuß der freien Luft und des stärkenden Wassers (im Baden und Schwimmen), durch Bewegung und Anstrengung, dem Körper Festigkeit zu geben. Damit verbindet sich eine genaue Aufmerksamkeit auf das Verhalten und Befinden der Kinder und schnelle Vorschritte, wo ärztliche Hilfe nötig ist, die dann der geschickte Dr. Braun in Waltershausen gewährt. Das blühende Ansehn der Zöglinge, ihre Behendigkeit und Gewandtheit, die bis jetzt seit dem Entstehen der Anstalt durchaus geglückte Entfernung jedes seuchenartigen Übels und die äußerst geringe Zahl der mit Krankheit befallenen Personen bezeugt teils die glückliche Wahl des Orts, teils die Zweckmäßigkeit jener Mittel, die Gesundheit zu erhalten. Bei der moralischen Bildung müssen nach dem System des das Ganze leitenden Pädagogen Rührung, Gewöhnung und Überzeugung verbunden werden, um den Zögling sittlich gut zu machen. Ein Hauptvorzug dieses Teils der Erziehung ist die frühe Veranlassung, welche die Kinder erhalten, durch eigene Tätigkeit sich einen Erwerb zu verschaffen. Auf Rührung insbesondere sind die stattfindenden Gottesverehrungen, die Aufnahme neuer Zöglinge, andere zur Belohnung der vorzüglich Fleißigen eingeführten Feierlichkeiten usw. berechnet. Doch wird überall nicht der sinnliche Mensch allein, es wird immer auch zugleich sein edlerer, denkender Teil in Anspruch genommen. Vieles Gute wird auch schon durch die Entfernung der Hindernisse einer freien Entwicklung der Anlagen zum Besserwerden erreicht, die auf schädlicher Einwirkung des Umgangs mit anderen, auf nachteiliger Lektüre, auf verhältniswidrigen Zerstreuungen und dergleichen beruhen. Endlich wird der wissenschaftliche Unterricht auch fürwahr in keinem Zweige des Wissens, das dem künftigen praktischen Leben wichtig werden kann, vernachlässigt. In jedem Fache weist Schnepfenthal Männer auf, die ihm gewachsen sind. Überall wird hierbei von dem ausgegangen, was den Zöglingen als Menschen und künftigen Bürgern eines größeren Staates zunächst liegt, und sie erwerben daher ihre ersten Kenntnisse aus dem eigenen Anschaun der Natur und des Lebens der Menschen um sie her. Durch diese frühe Hinleitung zur Beobachtung der sie umgebenden Gegenstände werden ihre Aufmerksamkeit und ihr Nachdenken geschärft und sie unvermerkt einer immer größeren Anstrengung fähig gemacht, auch Kenntnisse, die nicht auf bloßer Intuition beruhen, sich eigen zu machen. Doch fast haben wir für unseren Zweck in diesen obgleich nur fragmentarischen Notizen schon zu viel von einer Anstalt gesagt, welche von Tausenden schon gekannt, keiner nähern Anzeige als der Nennung ihres Namens bedarf, um die, welche in ihre Nähe kommen, zu ihrem Besuch aufzufordern.

Zwischen Schnepfenthal und Waltershausen und auf dem Wege zu der letztern, eine kleine Stunde davon entfernten Stadt liegt das Dörfchen *Ibenhain* (23 Häuser, 120 Einwohner), welches nach Waltershausen eingepfarrt ist. Hier wohnt der Hofrat Guts-Muths, einer der an der Erziehungsanstalt zu Schnepfenthal angestellten Lehrer. Auch ist das aus dem Reinhardsbrunner Tal kommende Wasser (das Badewasser genannt), welches seinem natürlichen Lauf nach weiter östlich nach Hörselgau hinabströmen würde, zum Teil künstlich über Ibenhain und in die Stadt Waltershausen geleitet. Von Schnepfenthal führen sehr anmutige Wege durch einen mit vielen Fischteichen durchschnittenen Wiesengrund nach Reinhardsbrunn. Der Fahrweg, welcher durch das Dorf Rödichen dahin geht, ist der vorzüglichste wegen des finsteren Fichtenwaldes, welcher ihn beschattet, und der romantischen Blicke, die man von der kleinen Höhe des Wegs herab auf die Teiche und Wiesenflächen hat. Ein geübter Fußgänger erreicht *Reinhardsbrunn* von da in einer halben Stunde. Dieses ehemalige Benediktinerkloster liegt in einer Gegend, die zu den stillsten und einsamsten des Thüringer Waldes gehört, am Fuße des höheren Gebirges, wo ein Teil des Tales sich etwas erweitert. Auf der Abendseite hat es die hohen, steilen Abhänge des Wolfsstieges, Abtsberges und Schorns, auf der anderen Seite umgeben es niedrige Sandsteinberge. Das Kloster war eines der reichsten und ansehnlichsten in Thüringen. Seine Äbte waren infuliert(51) und standen unmittelbar unter dem römischen Stuhle. Die Geschichte seiner Stiftung von Landgraf Ludwig dem Springer im Jahre 1085 ist von Geschichts- und Romanschreibern mit manchen wunderbaren Nebenumständen ausgeschmückt worden. Es genoß lange der besonderen Begünstigung der Landgrafen von Thüringen. Dieses Kloster war ihr Erbbegräbnis und enthielt ihr Hausarchiv. Man hat sich viel Mühe ge-

Schloß Reinhardsbrunn

geben, die Gräber dieser Fürsten in neuerer Zeit wiederzufinden. Allein, da die Gebäude des jetzigen Schlosses an ganz anderen Stellen stehen als die des ehemaligen Klosters, so ist alle Nachforschung vergeblich gewesen, und nur das Grab Friedrichs mit der Gebissenen Wange, der zwar anfangs zu Eisenach begraben lag, aber nachher nach Reinhardsbrunn gebracht wurde, hat sich in den Gewölben unter der jetzigen Schloßkirche gefunden. Im Jahre 1292 brannten sämtliche Klostergebäude nebst der Kirche ab. Im Jahre 1525 wurde das Kloster von einem Haufen Aufrührer aus Waltershausen und umliegenden Ortschaften gänzlich geplündert und zerstört. Dabei ging eine Bibliothek zugrunde, die damals auf dreitausend Gulden geschätzt wurde. Nur die kostbarsten Kleinodien und das Archiv wurden gerettet. Dieses, die Verbreitung der Reformation in den sächsischen Landen und an den dasigen Höfen und endlich viele in dem Innern des Reinhardsbrunner Klosterlebens eingerissene Mißbräuche und Unordnungen, die nun erst laut wurden, gaben Anlaß zur völligen Säkularisation und Einziehung des Klosters. Es wurde in ein fürstliches Amt verwandelt und zu dessen Gerichtsbarkeit das Städtchen Friedrichroda und die Dörfer Cabarz, Groß-Tabarz, Rödichen nebst Schnepfenthal, Finsterbergen, Altenbergen, Engelsbach, Ernstroda, Cumbach und Wipperoda überwiesen. Das Personal des Amtes wohnt jetzt in der Stadt Waltershausen, und von dort aus werden auch die hierhergehörigen Geschäfte besorgt.

Christian Gotthilf Salzmanns Erziehungsanstalt in Schnepfenthal

Die jetzigen, erst seit 1601 errichteten Gebäude bestehen in einem irregulär gebauten Schlosse mit einer Kapelle und in mehreren Wirtschaftsgebäuden. Umgeben sind sie von großen Obst- und Gemüsegärten, die hier, begünstigt von ihrer Lage und im Schutze gegen alle rauhen Winde, besser gedeihen, als man von einer Waldgegend erwarten sollte, vortrefflichen Wiesen, etwas Feld und mehreren Fischteichen. Die uralten Linden und Fichten umher sind die größte Zierde dieses stillen Aufenthaltes. Die ziemlich zahlreichen Gemächer des Schlosses sind alle sehr einfach möbliert. Eine Galerie enthält eine große Sammlung von Hirschgeweihen, worunter sich mehrere von seltner Größe befinden, auch sieht man darunter die Gehörne des Rentieres, Elches, Steinbocks und der Gemse. Die Kapelle ist so einfach wie alles übrige: Kanzel und Altar sind von buntem Alabaster errichtet, und als Altarblatt findet man eine Abbildung der zahlreichen Familien des Herzogs Johann von Weimar mit der Vorstellung von Jakobs Traum. An der Außenseite der Kapelle stehen die Grabsteine folgender alten thüringischen Landgrafen: Ludwigs des Springers, seiner Gemahlin Adelheid, Ludwigs I., Ludwigs II. oder des Eisernen, seiner Gemahlin Jutta, Ludwigs IV. oder des Heiligen und Hermanns II. oder des Jüngeren(52). Diese hält man aus vielen Gründen für neuere Nachbildungen der älteren, vermutlich zerstörten Grabmäler. Dagegen scheinen die neueren Denkmäler Markgraf Friedrichs mit der Gebissenen Wange und seiner Gemahlin Elisabeth gleichzeitig zu sein.

Reinhardsbrunn war schon ein Lieblingsaufenthalt Herzog Ernsts II., der dort, entfernt vom Geräusch des Hofes und der Welt, sich selbst und wissenschaftlichen Forschungen in ungestörter Stille lebte. Sein liebster Spaziergang war ein am Ufer des Baches durch einsame Waldpartien gebahnter Weg, der sich in einer herrlichen Wiese verliert. Auch sein Sohn und Nachfolger Herzog August, der glühende Freund schöner Natur und Kunst, hat sich dieses ländliche Schloß zur Freistatt von Zwang und Geschäften erkoren. Er verlebt dort manche Woche der schönen Jahreszeit im reinen Genuß der Natur und immer beschäftigt, schönere Punkte der Umgebungen dieses merkwürdigen Ortes aufzufinden, Wege zu ihnen bahnen zu lassen und das Andenken der Vorzeit durch die Reize der Gegenwart zu beleben. In den Ökonomiegebäuden von Reinhardsbrunn wird ein ansehnlicher Viehstand gehalten, welcher dem Hof zu Gotha die frische Butter liefert, die von vorzüglicher Güte ist. Fremde pflegen sich daher hier mit der vortrefflichen Buttermilch zu erquicken.

Die Reinhardsbrunn umgebenden Berge, der Wolfsstieg, Abtsberg und Schorn, sind dem Geognosten interessant, weil an ihrem Fuß das Flözgebirge sich an das Urgebirge anlehnt. Ihre Gipfel bestehen aus Porphyr. Am Fuß des Abtsberges, bei der Ziegelhütte im Büchig, befindet sich der Herzog-Ernst-Stollen. Er ist quer durch alle Flözlager hindurch getrieben bis in das Todliegende und wurde angelegt, um den Gips für den dortigen Kalkofen zu gewinnen. Das Gipsflöz ist hier wegen seiner Kristallisationen merkwürdig. In einigen Höhlungen hat man die schönsten Kristallgruppen zum Teil von ausnehmender Größe gefunden. Dem Schorn gegenüber steht der Zimmerberg, der aus feinkörnigem Todliegenden besteht, in welchem Gänge von Schwerspat und Flußspat streichen, die roten Eisenstein, Eisenrahm und Eisenglimmer führen. Nur der Schwerspat aber wird gewonnen, teils für die Apotheken, teils um Streusand daraus zu machen. Hier bekommt das Tal den Namen der »Ungeheure Grund«. Er ist eng, steil und felsig, geht durch das Porphyrgebirge und verliert sich auf der Höhe zwischen dem Tannenberg, Simmelsberg und Büchenjohn im Granit des Hauptrückens. Hinter den Mauern des großen Gartens bei Reinhardsbrunn geht ein Weg über den Abtsberg in das Friedrichrodaer Waldtal, welches wir sogleich näher kennenlernen werden. Zuvor aber müssen wir noch einen Blick auf die botanische Ernte werfen, die sich in dem Tal von Reinhardsbrunn und von Rödichen und Schnepfenthal herauf sammeln läßt(45).

Das *Tal von Friedrichroda* ist wie das vorige nach seinem Hauptpunkte genannt. Zwischen den Ausgängen des Reinhardsbrunner und Friedrichrodaer Tales liegt ein langer schmaler Berg mit scharfem Rücken, welcher aus Flözkalkstein mit vielen Versteinerungen, besonders Ammoniten, besteht. Er macht hier die erste Erhebung des Thüringer Waldes aus dem flachen Lande. Vor ihm liegt das Dörfchen *Cumbach* (31 Häuser, 127 Einwohner), nach Ernstroda eingepfarrt. Die Einwohner nähren sich von Akkerbau und Viehzucht. Nahe an diesem Ort befindet sich ein 120 Acker großer Fischteich, an welchem die Landstraße von Gotha nach Friedrichroda vorbeiführt. Auf ihm halten sich häufig Wasservögel von verschiedenen Gattungen auf.

Am südöstlichen Ende dieses Berges fließt der von Friedrichroda kommende Bach, das Schilfwasser genannt, bei dem großen Dorf *Ernstroda* (von 110 Häusern, 422 Einwohnern) hervor aus dem Gebirge, in welchem hier die Flözlagen schnell aufeinander folgen. Auch in diesem Ort treiben die Einwohner größtenteils Ackerbau und Viehzucht. Einige nähren sich jedoch auch vom Straßenfuhrwesen und von dem damit verbundenen Handel. Der Pfarrer des Ortes, Hempel, ein Mann, ebenso treu seinem Beruf als reich an mannigfaltigen Kenntnissen und vorzüglich ein geschickter Mechaniker, besitzt eine artige Sammlung einheimischer ausgestopfter Vögel.

Den Bach hinauf kommt man zuerst an eine Mühle, dann an die kleine gothaische Stadt *Friedrichroda*, die in einem ziemlich offenen Tal liegt, eine Viertelstunde von Reinhardsbrunn, welches durch einen unbedeutenden Rücken von Flözsandstein davon getrennt wird. Sie ist ganz mit Fichtenwaldung und weitläufigen Wiesen, auch etwas Ackerfeld umgeben. In 227 Häusern und den außerhalb des Ortes gelegenen, dahin eingepfarrten sechs Mahlmühlen und einer Papiermühle leben (1806) 1538 Einwohner, und diese nähren sich vorzüglich von Garn- und Leinewandbleichen, Leinewand- und Drillichweben, dem mit der Weberei und Bleicherei in Verbindung stehenden Handel, von einigen Essigbrauereien und nächst diesem von Holzfällen und Bergbau. Die Bleiche ist der bedeutendste Nahrungszweig des Ortes. Nach einer uns von einem unterrichteten Mann mitgeteilten Nachricht rechnet man hier 240 Bleichstätten. Auf jeder wird im Durchschnitt dreimal des Jahres gebleicht und bei jedesmaligem Bleichen nicht leicht unter 200 Bund oder 400 Stück Garn (das Stück zu sechs Strängen, den Strang zu 20 Gebinden, das Gebinde von 40 Faden: 50 Bund oder 100 Stücke Garn nennt man hier eine Bleiche) gebracht, so daß jede Bleichstätte jährlich 1 200 Stücke Garn bearbeitet und demnach sämtliche Bleichstätten jährlich 288 000 Stück Garn bleichen. Das Garn ist teils Eigentum der Besitzer der Bleichstätten selbst, teils wird es ihnen von den Großhändlern gegen einen Bleichlohn, der nach dem Preis der Asche und anderer Zutaten steigt und fällt, zum Bleichen anvertraut. Rechnet man den Preis von 100 Stück gebleichtem Garn sehr mäßig (denn schon das rohe Garn wird zu 100 Stück mit 40 bis 50 Talern bezahlt) nur zu 50 Talern, so macht jene Garnquantität einen Umsatz von 144 000 Talern. Viele rohe Garne werden aus dem Lande selbst, ein Teil aber auch aus dem Quedlinburgischen und Halberstädtischen hierher gebracht. Die gebleichten Garne werden teils als solche weiterverkauft, teils zu Zwirn verarbeitet und in dieser Gestalt versendet, teils zur Fabrizierung der Drilliche und des leinenen Zeuges angewendet. Die Bleichstätten selbst bestehen in Rasenplätzen, die gewöhnlich vor oder hinter den Wohnhäusern sich befinden und auf welchen die Garne, die auf hölzernen Stangen, um sie bequemer zu transportieren, aufgereiht sind, ausgebreitet liegen. Das Wasser wird entweder aus Brunnen, die auf dem Bleichplatze selbst sich befinden und, weil ihr Rand zur Bequemlichkeit des Schöpfens der Erde gleich ist, manche Unglücksfälle nach sich ziehen, oder aus dem vorbeifließenden Bach selbst geschöpft, wenn dieser nahe genug liegt oder, wo dieser zu entfernt ist, mittels folgender einfachen Vorrichtung von ihm nach dem Bleichplatz geleitet: Von zwei unter der Erde in einem seine Spitze nach unten kehrenden Winkel miteinander verbundenen Röhren geht die eine mit ihrer Mündung in einen auf derselben angebrachten hölzernen Kasten, der sich unmittelbar neben dem Bach befindet, die andere mit ihrer Mündung über einer Grube auf oder bei der Bleichstätte zu Tage. Die letzte Mündung muß etwas tiefer liegen, als das Niveau der ersten ist. Wird nun in den Kasten aus dem Bach Wasser geschöpft, so steigt es, sowie die

mit diesem verbundene Röhre sich anfüllt, nach hydraulischen Gesetzen auch in der zweiten nach dem Bleichplatz geleiteten Röhre in die Höhe, und solange dort nachgefüllt wird, fließt es, einmal zum Ausgießen gekommen, in den Wasserbehälter am Bleichplatze ununterbrochen aus und kann von dort aus unmittelbar auf die Bleichwaren selbst ausgeschöpft werden. Außer dem Bleichen des Garns wird auch viel Leinewand aus den benachbarten Orten und Wäsche, welche die Einwohner der Stadt

Friedrichroda

Gotha, um ihr eine höhere Weiße zu geben, häufig hier waschen lassen, in Friedrichroda gebleicht. Dieser Bleicharbeit halber werden hier wenige Hühner und fast gar keine Gänse und Enten gehalten, und jeder Einwohner ist, seines Nachbars Federvieh totzuschlagen, unter gewissen Umständen berechtigt.

Nächst der Bleichnahrung stehen in Ansehung der Wichtigkeit die Leinen- und Drillichweberei und der Handel mit diesen Fabrikaten. Friedrichroda ist der Hauptsitz dieses Handels für die ganze Gegend, und die Kaufleute, die sich mit dem Vertrieb der leinenen Zeuge abgeben, setzen nicht bloß die Weber in Friedrichroda selbst, sondern noch eine weit größere Zahl in den benachbarten Orten in Tätigkeit und Nahrung. Man berechnet um das Jahr 1785 die Zahl der für Friedrichrodaer Kaufleute arbeitenden Weber auf 200 und den Umsatz an Drillich, der von diesem Ort nach dem Ausland gemacht wurde, jährlich auf 70 bis 80000 Taler. Allein, sowohl dieser Handel als der Handel mit Garnen ist in neuerer Zeit durch die langwierigen Kriegsunruhen sehr gefallen, und eine Menge Menschen haben durch diese Stockung ihren Kredit und ihre Nahrung verloren.

Der hiesige Bergbau wird vorzüglich auf Eisen und nebenher auf Kobalt getrieben. Im Wolfsstieg, einem aus Konglomerat bestehenden, auf Porphyr und Mandelstein gesetzten Berg, streichen Gänge, welche Quarz, Schwerspat, braunen Glaskopf und dichten Brauneisenstein führen. Der Gang, auf welchem mittels eines Schachtes schon seit sehr frühen Zeiten gebaut wird, soll von Süden nach Norden streichen, stellenweise ein Lachter mächtig sein und im ganzen von der seigern Richtung wenig abweichen. Zur Ablösung des Wassers ist ein Stollen aus dem Kesselgraben bis unter den Schacht geführt, wo er achtzig Lachter Teufe einbringt. Der Bau ist mit mehr als zwanzig Bergleuten belegt, und die geförderten Eisenerze werden auf das Schmelzwerk Luisenthal bei Ohrdruf geliefert, wo sie, mit anderen minder strengflüssigen Erzgattungen gemischt, verschmolzen werden. Dem Wolfsstieg, welcher an der westlichen Seite des Baches liegt, gegenüber, auf der östlichen liegt der Gottlob, ein Porphyrberg, an dem sich das Todliegende ebenfalls herangezogen hat. Auch in ihm brechen Eisenerze auf Gängen, und zwar Eisenstein, Braunstein, roter und grauer Eisenglimmer, auch Eisenglanz. Man benutzte vormals den grauen Glimmer und Eisenglanz, nachdem sie klar gepocht und von den gröbern Teilen durch Sieben gesondert worden, wie das Reißblei, zum Abputzen der Öfen und ähnlichen Arbeiten. An der südlichen Seite des Wolfsstieges zieht sich ein Seitental in das Gebirge westlich hinauf, das der Kesselgraben heißt und in welchem sich gleichfalls das Konglomerat an dem das Grundgebirge ausmachenden Porphyr anlegt. Hier finden sich Kobalterze, die man zu verschiedenen Zeiten mit ungleichem Eifer aufgesucht und an auswärtige Blaufarbenwerke überlassen hat. Der Bau auf denselben ist jedoch stets unbedeutend gewesen und liegt gegenwärtig. Überall findet man in diesen Gegenden sowohl an den erwähnten als auch an anderen Bergen Versuche zur Entdeckung von Erzen, die jedoch nur an den angezeigten Stellen mehr geglückt und wenigstens vormals bis zum wirklichen Bergbau gediehen sind. Über dem Wolfsstieg bezeichnen auf der Spitze eines der niedrigeren Berge mitten im dichtesten Walde einige Steinmassen die Stelle des Schlosses Schauenburg, von Graf Ludwig mit dem Barte im 11. Jahrhundert erbaut. Es ist das eigentliche Stammhaus der nachherigen Landgrafen von Thüringen aus dem lothringischen Geschlechte.

Im Haupttal selbst führt der von Gotha über Friedrichroda nach Pappenheim gehende Fußweg den Bach hinauf nach der Höhe des Gebirges hin. In einiger Entfernung von Friedrichroda liegen zwei Schneidemühlen, und zwischen denselben erblickt man am östlichen Abhang des Wolfsstieges einen Bruch von den sogenannten Waldplatten, die von den Waldbewohnern dieser ganzen Gegend zum Unterschlagen der Gebäude, zu Treppen, auch zu Stegen über Gräben und Bäche gebraucht werden. Sie bestehen aus einem Sandstein, der zu dem Konglomerat gehört und teils grau, teils rot, teils weiß bricht. Der graue ist der dauerhafteste und wird daher am meisten zu Waldplatten benutzt. Aus diesem Todliegenden, worinnen sich die erwähnten Brüche finden und welches sich in diesem Tal ziemlich hoch hinaufzieht und zunächst unter sich Mandelstein hat, steigen weiter oben hohe Berggipfel und Felsenstücke vom Porphyr hervor, wie zum Beispiel Regenberg, Spießberg u. a. In einer Seitenschlucht des letzteren Berges finden sich wilde Felsenpartien und ein artiger kleiner Wasserfall. Oben, wo sich das Tal verliert und am Langenberg und der Kniebreche an den hohen Gebirgsrücken anlehnt, ist alles Porphyr, welcher in der ganzen Gegend aus dem schon von uns beschriebenen Kugelporphyr besteht. Auf der Höhe der Kniebreche, ehe der Weg nach Pappenheim hinabzufallen anfängt, ist eine ganz vorzüglich schöne Aussicht über das Gebiet von Gotha, Erfurt, die Drei Gleichen und einen großen Teil des Thüringer Waldes.

Den Botaniker machen wir auf einige Pflanzen aufmerksam, die in den hier beschriebenen Gegenden wachsen: Galium hercynicum, Galium rotundifolium nach der Schauenburg zu, Lonicera nigra am Abtsberg, Moneses uniflora daselbst, Rosa majalis bei Friedrichroda, Dentaria bulbifera am Abtsberg und Centaurea phrygia.

Tal der Leina. Dieses Tal hat mit dem vorigen das gemein, daß es sich mit einem sehr engen Ausgang zwischen zwei Kalkbergen nach dem flachen Land zu öffnet. In dieser Öffnung liegt das ansehnliche Dorf *Schönau*, gewöhnlich Schönau vor dem Walde genannt zum Unterschied von Schönau an der Hörsel. Dieser Ort (von 135 Häusern, 594 Einwohnern) hat etwas Ackerbau, vorzüglich auf der Seite nach dem flachen Lande zu, und guten Wiesenwuchs. Die übrige Nahrung der Einwohner beruht auf Korb- und Siebmachen, auf Leineweben und Fuhrwesen. Sowohl die Korbflechter als auch die Siebmacher haben hier ordentliche Innungen. Ihr Material sind vorzüglich verschiedene Weidenarten, auch mitunter junge Schößlinge der Haselstaude, und ihre Waren werden durch ganz Thüringen und Hessen auf die Märkte zum Verkauf gebracht, zum Teil auch von Fuhrleuten mit ins Ausland und bis nach Dänemark geführt. Man rechnet indessen, daß eine Korbmacherfamilie, in welcher der Mann die eigentliche Arbeit treibt und die Frau und die Kinder einige Nebendinge und Vorbereitungen besorgen, ihren jährlichen Verdienst höchstens auf 60 Taler bringt und wirft ihnen die geringe Verbesserung und Verfeinerung ihrer Arbeiten vor. Nur wenige von 30 hier befindlichen Meistern haben seit einigen Jahren angefangen, bessere Formen anzunehmen und ihren Arbeiten überhaupt mehr Feinheit zu geben. Das Siebmachen wird von ungefähr 38 Familien getrieben, die alle Arten hölzerner Siebe (aus Salweidenholz) verfertigen und sie teils im Lande, teils auch außerhalb absetzen. Der Siebmacher flechtet jedoch nur die Böden der Siebe. Die Siebläufe werden von anderen Arbeitern geschnitten und jenem geliefert. Über dem Dorf Schönau lag in der Vorzeit auf einem Berg die Tannburg und bei dem Ort selbst ein Rittersitz, die Aue genannt. Von beiden sind keine Spuren mehr übrig. Eine halbe Stunde über dem Dorf Schönau ist das Tal etwas weiter und reich an malerischen Partien. Es öffnen sich zu beiden Seiten des Haupttales kleine Nebentäler. Auf dem östlichen Ufer der Leina liegen die Dörfer Catterfeld und höher hinauf Altenbergen mit einer zu beiden gehörigen, mitten im Wiesengrund gelegenen Kirche. Bei *Catterfeld* (105 Häuser, 424 Einwohner), dessen Nahrung hauptsächlich auf Viehzucht, Holzhauen, Köhlerei sowie anderen Holzarbeiten, Fuhrwesen und im Sommer auf Sammeln der Waldfrüchte wie an allen Waldorten beruht, war früher ein Kobaltwerk im Gange. Die Flöze legen sich an dem Ort, wo dieser Bau betrieben wurde, fast vertikal an und schichten sich erst in der Grundfläche des Tales horizontal. Zwischen dem Flöz- und Urgebirge fand sich schwarzer Erdkobalt, der bei dieser eignen Lage als ein Gang im Grundgebirge angesehen und behandelt wurde, jedoch nach seinen übrigen Eigenschaften Flözbergbau forderte. Wegen Geringhaltigkeit dieses Lagers ist jedoch dessen Gewinnung seit nunmehr 15 Jahren und länger ganz aufgegeben und die Werke auflässig worden, so daß die vorhandenen Stollen und Schächte nicht mehr befahrbar sind.

Über *Altenbergen* (57 Häuser, 192 Einwohner), dessen Einwohner sich in derselben Art wie die zu Catterfeld nähren, sieht man auf einem waldigen Hügel noch die wenigen Überreste der Johanniskirche. Sie wird für die erste christliche Kirche in Thüringen gehalten und ist von dem heiligen Bonifatius um das Jahr 724 erbaut worden. Die ältesten thüringischen Grafen lothringischen Stammes dotierten und erweiterten sie. Graf Ludwig der Bärtige ließ seinen Sohn, Ludwig den Springer, darinnen taufen. Seit dem Jahre 1713 ist sie, da sie teils zu klein, teils vorzüglich für die eingepfarrten Orte Catterfeld und Engelsbach unbequem gelegen und dieserhalb die jetzige Immanuelskirche erbaut war, nicht mehr zum Gottesdienst gebraucht worden, und seit dieser Zeit, vorzüglich aber seit der Mitte des 18. Jahrhunderts ist sie immer mehr verfallen, so daß jetzt nur noch einzelne Stücke der Grundmauer ihre Stätte bezeichnen. Man hat von diesem Platze eine nicht uninteressante Aussicht über die umhergelegenen Berge und Täler und nach einem Teil des flachen Landes.

In einem Tal, welches dem westlichen Ufer der Leina zufällt und von dem Engelsbach durchrieselt wird, liegt das Dorf *Engelsbach* (34 Häuser, 120 Einwohner), welches zwar eine eigene Kapelle zur Besorgung der Kindtaufen, Begräbnispredigten und einiger anderer gottesdienstlicher Verrichtungen hat, in Ansehungen der Haupthandlungen des Gottesdienstes aber nach Altenbergen eingepfarrt ist. Die Einwohner nähren sich teils von der Viehzucht, die von dem vortrefflichen Wiesengrunde, in welchem der Ort liegt, befördert wird, teils von Holzarbeiten, teils vom Graben und Brechen des in dieser Gegend vorkommenden weißen und roten Sandsteins, von welchen der erstere vorzüglich, nachdem er zermalmt worden, zu Scheuersand, der letztere zu Bausteinen angewendet wird. Höher hinauf verengt sich das Haupttal, wird bei einer einzeln liegenden Ölmühle äußerst wild und von steilen, mit Felsenspitzen besetzten Bergwänden eingeschlossen. Von dieser Gegend an stehen einzelne Gipfel und Felsen von Porphyr und Mandelstein aus dem hier sehr weit verbreiteten Todliegenden hervor. Im ganzen aber sind die sämtlichen Berge, die aus dieser Masse bestehen, ziemlich niedrig und haben in ihren Tälern einzelne größere Weitungen. In einer derselben liegt das Dorf *Finsterbergen* (124 Häuser, 592 Einwohner), das einsamste unter allen Dörfern des westlichen Teils des Thüringer Waldes. Die größtenteils armen Einwohner haben dieselbe Nahrung mit denen von Catterfeld und Altenbergen, dessen Pfarrer die hiesige Filialkirche mit versieht. Die Leina fließt dicht bei dem Ort unter einer langen Felsenwand vorüber, die aus Todliegendem in regelmäßigen Schichten besteht und der Hirtenstein genannt wird. Eine Stunde über Finsterbergen hinauf, wo sich mehrere kleine Seitenbäche in das Haupttal hereinziehen, sind die Berge hoch und schroff und bestehen größtenteils aus Porphyr und Grünstein. Den letzteren bemerkt man vorzüglich am östlichen Ufer, wo er sich von dem Spittertal herüberzieht. Über der Quelle der Leina, auf dem höchsten Gebirgsrükken, liegen die Pirschhäuser – hölzerne Jagdhäuser, die zum Aufenthalt des Landesherrn und seines Gefolges bei Jagdlustbarkeiten bestimmt sind. Auch sind hier ein Hirtenhaus und Stall für junge Pferde aus dem Gestüte zu Georgenthal, welche im Sommer im Gebirge weiden. Die Gebirgsart auf dieser Höhe ist Kugelporphyr, eine Fortsetzung von der Kniebreche. Der Fichtenwald ist hier mit viel Laubholz unterbrochen, welches sich besonders eine große Strecke auf die hessische Seite hinüberzieht. In botanischer Hinsicht ist diese ganze Strecke noch gar nicht untersucht. Die Aussicht von den Pirschhäusern würde ohne die Waldung, die sie gänzlich verdeckt, sowohl nach der thüringischen als auch nach der fränkischen Seite zu vortrefflich sein.

Tal der Apfelstädt. In einiger Entfernung von den eigentlich zu dem Thüringer Wald zu rechnenden Gebirgen öffnet sich dieses

Tal in den von Ohrdruf nach dem flachen Lande sich herabziehenden Grund, den von beiden Seiten Hügel von Kalkschichten einschließen, die nur an einigen Stellen von aufgeschwemmten Kieshügeln unterbrochen werden. Sobald die Apfelstädt, welche unser Tal bezeichnet, aus demselben heraustritt, vereinigt sie sich mit der von Ohrdruf herkommenden Ohra. Beide gemeinschaftlich nehmen hier den Namen Koller an, bis in der Entfernung einer guten Stunde bei Wechmar die Apfelstädt wieder in ihre Rechte tritt und von da an den alten Namen behauptet.

Die Öffnung des Tals gewährt einen freundlichen Blick in einen mit Bäumen besetzten Wiesengrund. Aus ihnen sieht die Kirchturmspitze von Hohenkirchen hervor, und im Vordergrund liegt eine zwischen Erlen sich halbverbergende Mühle sowie im Hintergrunde sich schon die Ansicht des höheren Gebirges darbietet. Zu beiden Seiten hat beim Eingang des Tales der Bach noch Kalkhügel zur Einfassung. Aber bald ziehen sich diese, indem das Tal sich mehr und mehr erweitert, weiter zurück. Der Boden wird Kiesgrund. Nach Abend zu geht derselbe die Anhöhe eines aufgeschwemmten Kieshügels bis zum Hirzberg hinauf. Gegen Südosten läßt das entfernter liegende Vorgebirge eine größere Ebene erkennen, die mit Äckern und Wiesen bedeckt ist. Der Weg an der Apfelstädt hinauf führt zuerst an einer Mahl- und Ölmühle vorbei auf das ansehnliche, sich in einer langen Gasse ausdehnende Dorf *Hohenkirchen* (145 Häuser, 581 Einwohner), wo noch ein nicht ganz unbedeutender Ackerbau getrieben wird, eine ansehnliche Schäferei sich befindet und schöner Wiesenwuchs vorhanden ist. Auf diesen Besitzungen, auf der davon begünstigten Rindviehzucht und auf dem Frachtfuhrwesen beruht die Nahrung des Ortes. Eine heftige nächtliche Feuersbrunst zerstörte im Jahre 1804 seine größere Hälfte, die jedoch verschönert aus ihrer Asche wiederum emporgestiegen ist. Unmittelbar bei Hohenkirchen im Tal aufwärts sieht man eine Papiermühle – ein schönes, anmutig gelegenes Gebäude. Kaum eine Viertelstunde von dieser Papiermühle und Hohenkirchen liegt der mit einer Filialkirche von Hohenkirchen versehene Ort *Herrenhof* (59 Häuser, 339 Einwohner), der in Ansehung seiner Nahrung in vollkommen gleichen Verhältnissen mit Hohenkirchen steht. Die Landstraße geht unmittelbar an ihm vorüber und führt ein Hölzchen, die Aue, das aus Laubholz besteht und von den überhandnehmenden Holzfreveln und Diebstählen traurige

Georgenthal

Spuren trägt. Die verschiedenen, durch dasselbe mit und neben der Landstraße führenden Wege nehmen alle ihren Ausgang in einer Fläche, die größtenteils von Wiesen bedeckt ist, hier und da mit Acker vermischt, jenseits welcher in der Entfernung von einer Viertelstunde der Ort *Georgenthal* (86 Häuser, 421 Einwohner) liegt. Dieser Ort ist einer der freundlichsten Punkte des Thüringer Waldes. Nach Nordosten in das eben beschriebene Tal und gegen Ohrdruf hin offen, von allen drei anderen Seiten mit Wald umgeben, zwischen denen sich schöne Wiesengründe und drei künstliche Fischteiche ausbreiten und die die kristallhelle Apfelstädt durchwindet, verbindet es die Naturschönheiten der Waldorte mit den Annehmlichkeiten des flachen Landes. Die schönste Ansicht von Georgenthal und seinen Umgebungen hat man da, wo die Landstraße von Gotha am sogenannten Ziegelberg den Hammerhög herabführt und wo der ganze, durchgehend mit Ziegeldächern versehene Ort selbst, zunächst unter den Füßen der Spiegel des Hammerteiches, umgeben von den zu dem Schießplatz und zu dem Hammerwerk gehörenden Gebäuden, etwas entfernter die zwei anderen Teiche mit einer Schneidemühle, im Hintergrund die nach Tambach zu und noch jenseits dieses Ortes liegenden Berge, eine unterhaltende Landschaft bilden. Georgenthal ist der Sitz eines Amtes, eines Oberforstmeisters und Oberförsters und hat eine eigene Kirche und einen Pfarrer. In dem mitten im Ort liegenden Privatgasthof hat der Reisende ein bequemes Unterkommen. Auch befinden sich hier ein fürstliches Residenzhaus, das neuerlich zu verschiedenen anderen Zwecken verwendet worden ist, und ein fürstliches Vorwerk. In den zu diesem gehörigen und in den auf dem Amtshofe befindlichen Ökonomiegebäuden ist die Stuterei verteilt, die hier auf landesherrliche Rechnung unterhalten wird und zu welcher seither gewöhnlich zwei oder drei Beschälhengste und 50 bis 60 Stuten bestimmt gewesen sind. Die Fohlen, alle nicht von einem ansehnlichen Körperbau, aber stark und dauerhaft, werden, wenn sie abgesetzt sind, im Sommer auf die Gebirgsweiden gebracht. Die Stuten mit den Saugfohlen bleiben in Georgenthal und genießen die näheren Waldweiden. Unmittelbar vor dem Ort, hart an der Straße von Gotha her, liegt ein herrschaftliches Hammerwerk, das nur aus einem Stabhammer besteht und sein Eisen von dem Schmelzwerke Luisenthal erhält. Auch die an dem Weg nach Altenbergen liegende Schneidemühle wird auf Rechnung des Landesherrn betrieben. Die zu allen diesen öffentlichen Einrichtungen angestellten Personen machen schon einen ansehnlichen Teil der Einwohner aus, und auf ihnen beruht vieles von der Nahrung der übrigen. Außer diesem beschäftigt sie die Viehzucht, Holzarbeit, Holzhandel und Fuhrwesen. Von einem hier wohnenden Schlosser (Eckhardt) werden vorzügliche Wagenwinden verfertigt, die weitumher Absatz haben, und auch die von dem Besitzer des Gasthofes getriebene Brauerei eines fast zu verführerischen Bieres ist nicht unbeträchtlich. In dem Haus des Forstkommissars Hofmann findet der Reisende eine reichhaltige Sammlung ausgestopfter einheimischer Vögel, die wert ist, gesehen zu werden, so wie die Bekanntschaft ihres mannigfaltige Kenntnisse in sich vereinigenden Besitzers schon an sich interessant ist. Auch ist bei Georgenthal die Veranstaltung, durch welche ein Teil der Apfelstädt an den nach Gotha gehenden Arm der Leina mittels des sogenannten Teilers, eines zu diesem Zweck eingerichteten Schleusenwehrs, überwiesen wird. Der Stadtrat zu Gotha unterhält hier zur Aufsicht über diese der Stadt höchst wichtige Einrichtung einen beständigen Wasservogt. Um und bei Georgenthal fangen schon die großen Lager des Todliegenden an, welche sich über das ganze Urgebirge bis nach Tambach und von da bis auf die Höhe des Gebirges hinaufziehen und daselbst in verschiedenen Abänderungen seines Korns und seiner Schichtungen sich über seinen Rücken hin an dem südlichen Berggehänge hinablagern. An dem Sperrhügel erreicht es seinen höchsten Punkt. Doch treten sowohl westlich, zum Beispiel nach Catterfeld und Altenbergen, als auch südöstlich, zum Beispiel nach dem wechmarischen Holze hin, einzelne Partien Porphyr und Mandelstein aus dem sich an ihm anlegenden Konglomerat hervor.

Das Tal der Apfelstädt zieht sich aufwärts von Georgenthal aus in einem engen, überall jedoch mit schönen Wiesenstücken besetzten Grund fort bis gegen Tambach und Dietharz hin, wo sich eine Weitung im Gebirge findet, welche diese Orte und ihre Fluren umfaßt. Die Landstraße über Tambach nach Schmalkalden läuft ebenfalls durch diesen Grund, und man kommt auf ihr an zwei Papiermühlen, einer Lohmühle und einem Drahthammer vorüber, die von der Apfelstädt getrieben werden. *Tambach*, in dem Dialekt der Waldbewohner Tommich genannt, ein sehr ansehnlicher, Marktrecht genießender Flecken (305 Häuser, 1452 Einwohner), hat, wie sich schon aus seiner Lage mitten im Gebirge schließen läßt, sehr wenig Ackerbau; und die hierzu bestimmten Grundstücke gewähren in den Sommerfrüchten, die auf ihnen erzielt werden, nur einen sehr geringen Ertrag. Besser gedeiht die Kartoffel, die auch sehr häufig und auf den kleinsten, dem Waldboden abgewonnenen Flecken Landes gebaut wird. Vortrefflich sind die Wiesen und ihre Kultur durch Wässerung hier vorzüglich weit getrieben, so daß man den Tambachern eine besondere Kenntnis in der Leitung der Wässerungsgräben beilegt und sie zuweilen zu gleichen Anlagen nach auswärtigen Orten berufen hat. Die Viehzucht ist auch daher einer der hauptsächlichsten Nahrungszweige der Einwohner. Doch wäre sie einer weit größeren Ausdehnung fähig, wenn nicht sehr vieles Heu ins flache Land geführt würde. Die anderen Nahrungszweige der Tambacher beruhen auf Holzhauerarbeit, Köhlerei, Holzhandel und Fuhrwesen. Einige Einwohner treiben auch etwas Bleicherei, und verschiedene Zimmerleute versehen von hier aus die Einwohner des flachen Landes mit zugehauenen Balkenstücken zu ihren Bauunternehmungen. An der Kirche sind ein Pfarrer und ein Diakonus (der letztere ist zugleich Pfarrer an der Kirche zu Dietharz) und an der Schule drei Schullehrer angestellt, wovon einer den Titel Rektor hat. Durch Tambach selbst, dem größten Teil seiner ziemlich beträchtlichen Ausdehnung nach, führt die Landstraße nach Schmalkalden. Sie verläßt unmittelbar hinter dem Orte den Grund und geht ziemlich steil das Gebirge hinauf bis auf die Höhe des großen Rosengartens, von wo aus sie in das Hessische hinübertritt und nach dem Nesselhof hinabläuft. Dieser Weg hat an einigen höheren Punkten schöne Aussichten auf das umherliegende Gebirge und auf einen Teil des flachen Landes. Er führt übrigens ununterbrochen auf lauter Todliegendem hin. Ungefähr eine Stunde oberhalb Tambach liegt in einiger Entfernung vom Weg westlich eine Quelle, welche Lutherbrunnen genannt wird und zu Ehren des Mannes, von welchem sie den Namen führt, ordentlich gefaßt ist. Man versichert, daß ihr Wasser heilsame Kräfte besitze und daß sein Gebrauch den großen Reformator von den Steinschmerzen befreit habe, als er sich im Jahre 1537 hier aufhielt, daher er auch Tambach sein Phanuel (54), wo ihm der Herr erschienen sei, nannte.

Noch westlicher von jener Landstraße zieht sich der Spittergrund in das Gebirge herein, der sich bei Tambach öffnet. Dieser Grund ist eng und an manchen Stellen etwas sumpfig. Zu beiden Seiten schließen ihn die mächtigen Lager des Konglomerates ein, die diese ganze Gegend bedecken. Erst gegen die Quelle des Baches hin steigt Urgrünstein aus jenen Lagern hervor und erhebt sich zum Teil zu sehr schönen und malerischen Felsen, über welche, da wo das Gebirge sich mit dem Hangweg schließt, der unter dem Namen «das Gespringe« bekannte schöne Wasserfall (Spitterfall) herabstürzt. Der Bach selbst, die Spitter, geht durch den Ort Tambach und fällt unterhalb desselben in die Apfelstädt. Nicht weit davon, etwas mehr östlich, nimmt die letztere auch den Tambach auf, einen kleinen Bach, welcher aus zwei Quellen gebildet wird, die hoch oben am Rosengarten entspringen. Der Grund, den sie nach ihrer Vereinigung durchlaufen, hat nichts Ausgezeichnetes. Indem wir so von Westen nach Osten fortgehen, kommen wir zur Apfelstädt selbst und zu dem Haupttal, das uns beschäftigt, zurück. Dieses führt in einer kleinen Entfernung westlich von Dietharz durch einen Grund in das Gebirge hinein, der immer noch aus Todliegendem besteht und durch groteske Felsen, die sich aus demselben hier bilden, interessanter wird. Zu diesen gehört unter anderen die mehrere hundert Fuß hohe, lotrecht abfallende Klippe, der Bielstein genannt. Sie ist ungefähr eine halbe Stunde von Tambach entfernt und wert, sie aufzusuchen, wenn man auch den Grund nicht weiter verfolgen will, der von da bis zum sogenannten Frankengrund, gegen die hessische Grenze und den Sperrhügel hin fortläuft. Von Südosten her fallen ihm kurz unter dem Ursprung der Apfelstädt noch zwei kleinere Nebentäler zu, in deren einem die Trockene Apfelstädt von einem Berg gleichen Namens, in dem zweiten ein anderer kleiner Bach vom Rotehög herabkommt und sich mit der eigentlichen Apfelstädt vereinigen. Beide Bäche trocknen nicht selten im Sommer aus. In derselben südöstlichen Richtung vereinigt sich noch unterhalb des Bielsteins und nach der Mündung des Haupttales zu mit diesem der Mittelwassergrund, der von dem kleinen Buchenberg herabkommt. Auch hier ist noch nichts als Todliegendes zu sehen, in welchem jedoch Spuren des zur Steinkohlenformation gehörigen Flözes vorkommen, die sich auch auf dem Sperrhügel nochmals zeigen. Die Felsenpartien sind zum Teil sehr malerisch. Vorzüglich auffallend ist unter ihnen der bei dem Austritt des Baches in das Tal der Apfelstädt wahrzunehmende durchbohrte Felsen.

Das äußerste Nebental nach Osten zu ist der Grund des Schmalwassers. Dieser Bach durchströmt das Dorf *Dietharz* (37

Häuser, 432 Einwohner) und vereinigt sich unterhalb desselben mit dem Bach der Apfelstädt. Der Ort hat eine eigene Kirche, die der Diakonus zu Tambach als Pfarrer besorgt, und die Nahrung der Einwohner ist mit der der Einwohner zu Tambach völlig gleichförmig. In dem Schmalwassergrund selbst, der sich unmittelbar bei Dietharz öffnet, findet sich der Porphyr wieder, und zwar von derselben rötlich- und graulichweißen Farbe, wie er am Inselsberg vorkommt und von hier bis zum Schneekopf fortsetzt. Zwischen dem Hauptrücken des Gebirges und seinem Abhang zeigt sich am Großen Buchenberg und an den ihm zunächst angrenzenden Bergen ein dunkelgraulichroter Tonporphyr mit viel grobeingemengtem Feldspat und Quarz, der, von allen Seiten von jenem weißlichen Porphyrlager umgeben, nur nach dem Mittelwasser zu an das sich daselbst herüberziehende Todliegende grenzt und am Ölberg und Schorn, wo er an jenen weißlichen Porphyr stößt, mit diesem ein blaßrötliches Übergangsgestein bildet. Ganz vorzüglich sehenswert ist dieser Grund in Ansehung seiner wilden und romantischen Felsenbildungen. Ungefähr eine Viertelstunde von Dietharz findet man an einem Felsen beim Martersbach das Hünenloch oder Hülloch, eine in der Mitte der hier ganz steil herabfallenden Wand befindliche Höhle, die vom Tag aus am weitesten in der Breite und Höhe geöffnet ist, gegen ihren Hintergrund aber durch die in schiefem Winkel herniedergehenden Steinmassen immer niedriger wird und sich etwa zwanzig Schritte vom Eingang ganz schließt. Sie ist auf ihrem Boden mit den Bruchstücken des herabfallenden Gesteins überall bedeckt. Auch hat dieses außerhalb, nach dem Tal zu, einen kleinen, mit Rasen bedeckten Hügel gebildet, auf welchem man bequem zu der Höhle selbst hinaufsteigen kann. Zu beiden Seiten des Grundes, der in seiner ganzen Ausdehnung fruchtbare Wiesen aufweist, begleiten den Wanderer schöne Felsen, die an den Bergen hervorstehen, von mancherlei malerischen und grotesken Bildungen. Am auffallendsten ist in einer Entfernung von zwei Stunden von Dietharz der kolossalische *Falkenstein*, ein Porphyrfelsen, welcher ganz voll Höhlungen und Klüfte, von beiden Seiten durch kleine Nebentäler von den anliegenden Bergen getrennt und nach dem Haupttale zu steil abgeschnitten, frei und selbständig in die Höhe steigt. Durch die östliche Schlucht kann man aus dem Grund hinauf auf seinen Gipfel gelangen, von welchem in die Tiefe hernieder sich der schauerlichste Blick öffnet.

Hier soll in früheren Zeiten ein festes Schloß gestanden haben, das auch den Namen Falkenstein führte. Ebenso zeigt man in einiger Entfernung von dieser Stelle, in dem düsteren Dickicht der Waldung hinter dem Büchenberg, am Ölberg, den Platz, wo eine andere Burg, der Waldenfels, dessen Besitzer bis in das 14. Jahrhundert zugleich Herren von Tambach und Dietharz waren, sich befunden haben soll, und ein drittes Schloß, die Krachenburg, hat nach der Tradition nicht weit von Dietharz auf einem zunächst der Kirche gelegenen Berg seine Stelle gehabt. Von allen drei Burgen selbst ist keine Spur mehr übrig. Vom Falkenstein an verengt sich das Tal immer mehr bis zu einer Art Schlucht, die nach dem Rücken des Gebirges sich hinanzieht. Dieser Höhe liegt nach Westen hin der Hubenstein sehr nahe, ein Porphyrfelsen, der sich mitten in der dichtesten Waldung emporhebt und nicht nur durch die Gruppierung der einzelnen Felsenstücke, aus welchen er besteht, sondern auch durch die Aussicht, die er über einen Teil der Berge und einige Punkte des flachen Landes gewährt, Interesse und Unterhaltung darbietet. An seinem Fuß liegt ein Pirschhaus, in welchem sich die Förster und ihre Pursche und Kreiser aufzuhalten pflegen, wenn sie ihr Beruf in diese Gegenden führt, die den hessischen Orten Steinbach, Ober- und Unterschönau so nahe liegen, daß sie von diesen aus für den, der das Übersteigen des Rückens nicht scheut, fast bequemer noch zu besuchen sind als von der thüringischen Seite her (45).

Tal der Ohra. Den Ausgang dieses schönen Tales bezeichnet die Stadt *Ohrdruf* an der Ohra, welche etwas über eine halbe Stunde unter dieser Stadt in die von Georgenthal herabkommende Apfelstädt fällt. Diese wohlgebaute, nach Gotha ansehnlichste Stadt des Fürstentums liegt unter 50° 50' 33" nördlicher Breite in einer sehr anmutigen, ziemlich ebenen Gegend, eine halbe Stunde vom Fuß des hier sehr steil ansteigenden Gebirges, drei Stunden von Gotha, fünf Stunden von Arnstadt und sechs Stunden von Suhl entfernt. Sie ist einer der Orte, die am frühesten in den historischen Nachrichten von Thüringen genannt werden, und gehört zu dem oberen Teil der Besitzungen der ehemaligen Grafen von Gleichen, welche jetzt den Fürsten von Hohenlohe, unter Herzoglich-Sachsen-Gothaischer Landeshoheit zustehen. Eine Fürstlich-Hohenlohische Kanzlei und ein Konsistorium für diesen Distrikt haben in ihr ihren Sitz. Beide stehen unter der Regie-

Der Falkenstein (Abbildung aus dem Original)

rung und dem Ober-Konsistorium zu Gotha. Auch hat sie ein Fürstliches Schloß und ein Lyzeum, an dem ein Rektor und sechs Lehrer angestellt sind und welches für die Bildung seiner Zöglinge, vorzüglich in Rücksicht der alten Sprachen, schon seit einer langen Reihe von Jahren im stillen, aber mit dem unverkennbarsten Nutzen gearbeitet hat. Die städtische Rechts- und Polizeiverwaltung ist in den Händen des der Kanzlei untergebenen Stadtrates, der aus zwei Bürgermeistern und 24 anderen Ratsverwandten und städtischen Beamten besteht. Kirchen hat die Stadt vier, wovon die zu der beträchtlichen Vorstadt, das Lange Leich genannt, insbesondere gehörige Trinitatiskirche sowie die Gottesacker- und die Siechhofskirche sämtlich außerhalb der Stadt gelegen sind. In der Stadt befindet sich allein die sehr schöne Michaeliskirche. Sie wurde, nachdem eine große Feuersbrunst im Jahre 1753 den größten Teil der Stadt in die Asche gelegt hatte – ein Zufall, dem sie ihre jetzige regelmäßigere Anlage verdankt – an der Stelle der mitabgebrannten alten Michaeliskirche, deren Stiftung man dem heiligen Bonifatius zuschreibt, von dem gothaischen Baumeister Weidner aufgebaut. Sie ist nach einem einfachen Plan in einem edlen Stil errichtet, aus Quaderstücken, die die reichhaltigen Steinbrüche des benachbarten Seeberges lieferten. Der ganze Bau kostete 30000 Taler. Ein in derselben befindliches Deckenstück rührt von einem Ohrdrufer Maler Henning her. Mit ihr ist ein Turm verbunden, von welchem man eine schöne Aussicht auf die ganze Stadt und die umhergelegene Gegend genießt. An den sämtlichen Kirchen ist ein Superintendent, der zugleich Inspektor der zu dem hohenlohischen Anteil der Grafschaft Gleichen gehörigen Ortschaften ist, mit vier anderen Geistlichen angestellt. Endlich müssen wir noch bemerken, daß das Herzoglich-Gothaische Forstamt Schwarzwald hier seinen Sitz genommen hat. Es besteht aus einem Oberforstmeister und einem Forstkommissair. Die Stadt zählt 837 Häuser und 4411 Einwohner, wovon 2757 zum Kirchspiel der Michaeliskirche und 1654 zur Trinitatiskirche, letztere als Bewohner des Langen Leichs und der dazugeschlagenen einzelnen Mühlen und anderer Gebäude, gehören. Ihre Nahrungszweige bestehen in Ackerbau und Viehzucht, Handel mit Holz und Früchten, Straßenfuhrwesen und in folgenden Manufakturen und Fabriken: Bleicherei, Lohbereitung (auf zwei Lohmühlen) und Gerberei, Rasch- und Zeugweben, Sichel- und Krauthobelschmieden (auf einem Zahnsichel- und Krauthobelwerk), Peitschenstielmachen, Öl- und Graupenfabrikation (auf acht Öl- und Graupenmühlen), Papiermachen (auf zwei Papiermühlen) und Kupferverarbeitung (auf zwei Kupferhämmern und von mehreren geschickten Kupferschmieden). Der Ackerbau bearbeitet eine Fläche von 4044 Ackern Land. Dieses hat jedoch größtenteils steinigen und unfruchtbaren Boden und bringt daher nur einen mäßigen Ertrag an Früchten. Die, im Durchschnitt genommen, ziemlich zweckmäßige Behandlung der Länderei kann allein sie bei ihrem Grad von Fruchtbarkeit erhalten, und vorzüglich ist ihr das vorteilhafte Verhältnis von Wiesen (die Stadtflur enthält deren 1 776 Äcker) und die dadurch ziemlich ansehnliche Viehzucht günstig, obgleich ein viel zu großer Anteil des gewonnenen Heues auswärts verkauft und also nicht so vorteilhaft verwendet wird, als in der Erweiterung der Viehzucht geschehen könnte. Der Handel mit Holz, wohin auch die auf zwei Schneidemühlen verfertigten Bretterwaren gehören, ist sehr beträchtlich, so wie auch der Handel mit Früchten, da von hier aus sich ein großer Teil der Waldorte damit versieht, von ziemlicher Ausdehnung ist und der Stadt eine nicht unbedeutende Nahrung gewährt. Das Frachtfuhrwesen, welches sonst in Ohrdruf von großem Umfang war, hat sehr abgenommen. Für die Bleicherei befinden sich hier zwei große Anlagen, die Hänelsche und Göringische. Beide treiben ansehnliche Geschäfte und erhalten zufolge eines auf lange Erfahrung gegründeten festen Zutrauens, welches sie genießen, aus einem weiten Umkreis des flachen Landes leinene Waren zum Weißbleichen. Von den anderen Gewerben wollen wir nur noch der Peitschenstielmacher gedenken, einer Gattung Arbeiter, die man nur an wenigen Orten findet. Sie verfertigen die mancherlei Arten geflochtene und ungeflochtene hölzerne Peitschenstiele, deren sich die Fuhrleute, Ackerbauern, Pferdehändler usw. bedienen. Ihr Handwerk ist zünftig. Das Material, das sie bearbeiten, ist Erlen-, Ahorn-, Maßholder- und Ulmenholz. Sie müssen das für sie brauchbare Holz, die Klafter mit 16 Talern, auf den thüringischen Forsten bezahlen. Es ist aber auch notwendig, daß sich solches ganz regelmäßig und ohne weiter zu reißen, als der Zweck erfordert, spalten lasse. Je nachdem die Arbeit künstlicher oder einfacher werden soll, wird das Stück Holz bis auf den Griff in 4, 6, 15 bis 20 Teile gespalten und diese dann künstlich ineinandergewunden. Die so verfertigten Peitschenstecken werden schockweise verkauft. Die teuersten sind die vierrutigen Fuhrmannsstecken von Maßholder, wovon die feinste Art das Schock 16 bis 18 Taler kostet. Dieses Gewerkes sind jetzt

5 Meister in Ohrdruf. Die Gewerbe der Beilschmiede, der Messerschmiede, des Drahtziehers, die sich sonst hier befanden und wovon das zweite sehr ansehnlich war, haben sich ganz verloren. Unter den hier lebenden Gelehrten verdient der als Schriftsteller bekannte Bürgermeister D. Krügelstein außer mehreren Arbeiten der Verfasser des Systems der Feuerpolizeiwissenschaft Auszeichnung. Er ist seinem ersten Berufe nach Arzt, macht sich jedoch durch eine rastlose, keine Anstrengung und keine Hindernisse scheuende Tätigkeit in allen Fächern des gemeinen Besten um die Sache der Menschheit in nicht geringem Grade verdient.

Eine halbe Stunde von Ohrdruf entfernt liegt unterhalb im Grunde, durch welchen der Weg über Schwabhausen nach Gotha führt, an der Ohra »Der Birnbaum«, ein Wirtshaus, das wegen vorzüglich schmackhaften hier gebrauten Bieres berühmt ist und als ein Lustort der Ohrdrufer häufig von ihnen besucht wird. Gegen Südwesten findet sich auch in derselben Entfernung das große Dorf *Gräfenhain* (120 Häuser, 602 Einwohner), welches wegen seiner angenehmen Lage – es lehnt sich an dem Abhange des Berges an – von ferne in die Augen fällt. Seine Einwohner sowie die des eine Viertelstunde davon liegenden und nach Gräfenhain eingepfarrten *Nauendorf* (42 Häuser, 167 Einwohner) nähren sich außer vom geringen Ackerbau von dem Ertrag ihrer Viehzucht, von Holzhauen und anderen Holzarbeiten. Vormals stand bei Gräfenhain ein nicht unbeträchtlicher Bergbau in Betrieb, der, soweit man Nachrichten von ihm hat, auf Rücken im Flözgebirge, das sich hier an das Urgebirge anlehnt, nach Kobalterzen stattfand. Diese brachen sehr reichhaltig und wurden mit Vorteil abgesetzt. Aus welchen Ursachen jedoch dieser Bau seit nunmehr länger als fünfundzwanzig Jahren auflässig wurde, ist uns nicht bekannt. Jetzt trifft man nur noch auf einzelne Spuren verfallener Schächte und bewachsener Halden, die ihr vormaliges Dasein verraten. Über Gräfenhain und Nauendorf geht der Fahrweg von Ohrdruf nach Georgenthal. Ein näherer Fußweg führt bei trockenem Wetter zwischen Hohenkirchen und Gräfenhain hin über die Wiesen oder den sogenannten Girn.

Die Landstraße nach Suhl, die von Ohrdruf ausgeht, läßt anfangs die Wahl zwischen zwei verschiedenen Wegen, welche sich aber in der Entfernung von zwei Stunden auf dem Gebirge wieder zu einem vereinigen. Die eigentliche größere Straße führt aus

Ohrdruf zu dem Crawinkler Tor hinaus über das Forsthaus Friedrichsanfang auf das Gebirge. Dieses Forsthaus, bei welchem sich ein Gasthof, wo man eine leidliche Bewirtung haben kann, und drei Bauernhäuser befinden (zusammen hat es 28 Einwohner), ist dem Amt Georgenthal unterworfen. Es liegt einsam, von Birken und Fichtenwaldungen auf drei Seiten umgeben, aber mit einer vortrefflichen Aussicht nach Osten. Nur eine Viertelstunde davon, etwas tiefer, liegt *Crawinkel* (in älteren Zeiten Grafenzelle, Gravincelle genannt, 210 Häuser, 860 Einwohner), ins Amt Ichtershausen gehörig. In seine Kirche ist das Forsthaus Friedrichsanfang mit Zubehör eingepfarrt. In diesem Ort herrscht viel Industrie. Die Felder sind von geringer Beschaffenheit und sehr steinig. Bedeutender ist der Ertrag der Wiesen und der dadurch unterhaltenen, aber noch sehr unter dem möglichen Grade der Ausdehnung bleibenden Viehzucht. Vorzüglich aber suchen die Einwohner außer dem Frachtfuhrwesen, welches einige treiben, ihre Nahrung durch Holzarbeiten aller Art, durch Kienrußbereitung, durch Verfertigung musikalischer Instrumente und durch Bearbeitung der sogenannten Crawinkler Mühlensteine. Aus Holz machen sie Mulden, hölzerne Küchengeräte, Löffel, Quirle, Backtröge, kleine Fässer, eine besondere Art von Futteralen für die Schleifsteine der Mäher, Rechen, buntbemalte Schränke und Laden, die von den Bauern dieser ganzen Gegend gebraucht werden, usw. Auch wird von hier aus von mehreren Zimmerleuten vieles zugehauenes Bauholz ins flache Land abgesetzt. Von musikalischen Instrumenten werden vorzüglich Violinen verfertigt. Sieben Violinmacher treiben diese Beschäftigung. Fünf Mühlsteinbrecher endlich bearbeiten mit ihren Gehilfen die obengedachten Mühlsteine, die von dem Wohnorte ihrer Verfertiger, weil sie von da versendet werden und also keineswegs von der Nähe ihres Fundortes bei Crawinkel ihren Namen haben. Denn die Steinbrüche, welche diese Steine liefern, sind zum Teil zwei Stunden weit von jenem Ort entfernt. Sie finden sich an dem Sieglitz- und Tragberg, Burzel usw. südlich und westlich von Crawinkel, in den um Oberhof herum gelegenen Bergen. Die Steinart, aus welcher sie verfertigt werden, ist ein blaßrötlicher, etwas poröser Porphyr mit einzeln eingemengten Quarzkörnern und Feldspat, welcher letztere zum Teil verwittert ist. Die daraus bearbeiteten Mühlsteine schärfen sich selbst, indem durch das Abreiben immer neue Höhlungen geöffnet und die Ecken der aus der Hauptmasse hervorstehenden Quarzkörner erneuert werden, und eben durch diese Eigenschaft werden sie für ihren Zweck so vorzüglich brauchbar. Die Gewinnungsart dieser Steine ist höchst mühsam und gefährlich. Pulver darf zu ihrem Absprengen nicht gebraucht werden, weil dieses ungleiche Risse verursacht. Alles müssen die Hände und Werkzeuge vollbringen. Auf der Stelle im Bruch kostet der ganz vollendete Stein 12 bis 15 Taler. Von Friedrichsanfang führt die Straße durch einen tiefen, finstern Hohlweg einen steilen Berg, die Rumpel genannt, hinauf. Dieser Hohlweg heißt auch der Crawinkler Steiger. Die Gebirgsart ist hier das Konglomerat oder Todliegende. Es legt sich an den Porphyr an, der sich zeigt, sobald man die Höhe erreicht hat. Die Aussicht von dieser Höhe ist bewunderungswürdig schön. Von der Ruine bei Liebenstein an im Osten bis über Gotha im Nordwesten hinaus liegen ein unermeßlicher Horizont und eine unendlich mannigfaltige Reihe von Gegenständen vor den Blicken. Im Süden und Südosten hingegen begrenzt das höhere Gebirge die Aussicht. Der zweite Weg von Ohrdruf nach dieser Landstraße führt durch das Tal der Ohra. Er ist etwas kürzer als der erstere, aber so steinig und enge, daß er nur von leichtem Fuhrwerk befahren zu werden pflegt. Auf diesem Weg kehren wir wieder in unser Haupttal zurück. Zuerst führt derselbe von Ohrdruf aus durch die fast eine Viertelstunde lange Vorstadt, das Lange Leich, dann durch eine ebenso lange Lindenallee, die zu beiden Seiten von Wiesen eingeschlossen ist. An der westlichen Seite liegt das Schießhaus. Jährlich hält hier die Bürgerschaft ein feierliches Vogelschießen. Auf der entgegengesetzten östlichen Seite stehen mehrere Gebäude, und am Ende dieser Allee ist ein kleiner Teich, und man hat nun das Gebirge nahe vor sich, das steil aus der Ebene emporstrebt und zu dessen Fuß man durch einen kleinen Kiefern- und Fichtenwald gelangt. Am östlichen Ufer der Ohra erhebt sich hier sehr steil und hoch der Kienberg, ein Porphyrberg, an dessen Fuß die Aue, eine mit Eichen und Birken bewachsene Anhöhe, die aus Flözlagern besteht, sanft ansteigt. Auf dem westlichen Ufer liegt ein niedriges Vorgebirge von verschiedenen Flözlagern und mit kleinen Tälern durchschnitten, aus welchen jedoch auch der Porphyr in einigen höheren Kuppen und an verschiedenen steilen Abhängen zutage ansteht. Am Eingang dieses Tales, dicht am Fuß des Kienberges findet sich *Luisenthal*, ein Riesenschmelzwerk, welches auf Rechnung der Herzoglichen Kammer betrieben wird. Es hat einen hohen und einen Blauofen. Der erstere wird aber seit einer geraumen Zeit nicht mehr gebraucht, überhaupt auch keine Gußwaren wie vormals hier gefertigt. Der Blauofen ist jährlich 26 bis 30 Wochen, solange der Ofen seine Dienste tut, im Gange. Er wird alle zwei Stunden abgestochen. Die Erze, die man hier verschmilzt, sind einheimische vom Wolfsstieg (bei Friedrichroda) und von Frankenhain und ausländische von Stahlberg und Mommel bei Schmalkalden und von Saalfeld. Man versetzt sie in dem Verhältnis, daß, wenn vom Wolfsstieg 18 Tonnen verbraucht werden sollen, vom Stahlberg 11, von Saalfeld $2^1/_3$, von Mommel 2, von Frankenhain 1 Tonne gemischt werden. Auf 115 Tonnen Eisenerz rechnet man 4 Tonnen Kalkfluß und 3 Zentner Wascheisen an Zusatz. Letzteres wird bei dem mit diesem Hüttenwerk verbundenen Pochwerk aus den Schlacken ausgeschieden. Auf 10 Tonnen, die man verschmelzt, rechnet man 14 bis 15 Zentner Roheisen und den jährlichen Ertrag von 2600 bis 2700 Tonnen, die ungefähr verschmolzen werden, auf 3800 bis 4000 Zentner Roheisen. Dieses Roheisen wird auf den zu den hiesigen Werken gehörigen Hammerwerken, einer Groß- und einer Zain- und Kleinschmiede, welche aufwärts im Tal zwischen Stutzhaus und Schwarzwald gelegen sind, und auf den Großschmieden oder Hämmern zu Georgenthal und Dörrberg weiterverarbeitet. Die zum Schmelzen mitverwendeten Schmalkalder Eisenerze werden zufolge eines Vertrages gegen Holzkohlen geliefert, die aus den gothaischen Waldungen dahin abgegeben werden. Ein Kassierer und ein Kontrolleur führen nebst einem Schmelzer bei dem Werk die Aufsicht. Außer ihren Wohnungen befinden sich hier noch ein Gasthof und ganz in der Nähe eine Mühle, die Waldmühle genannt. Dieses Schmelzwerk gehörte vormals Privatpersonen und wurde im Jahre 1753 von der Herzoglichen Kammer zu Gotha erkauft und durch einen hohen Ofen, Vorrichtungen zu Gußarbeiten und andere Veranstaltungen erweitert. Seinen Namen erhielt es zu Ehren der Herzogin Luise Dorothee. Seit der Einrichtung dieses Hüttenwerks sind mehrere Privathammerwerke, die vormals in dieser Gegend sich befanden, nach und nach eingegangen. Die Lage der Hüttengebäude ist herrlich, und reizende Spaziergänge führen zu Punkten, von welchen man die schönsten Aussichten in das Tal und auf das flache Land genießt.

Eine Viertelstunde höher hinauf im Tal liegt das Dorf *Stutzhaus* (31 Häuser und mit Einschluß der eingepfarrten Orte Schwarzwald und Luisenthal 495 Einwohner), worinnen ein Pfarrer, ein herzoglicher Förster und auf der sogenannten Langenburg ein hohenlohischer Förster, der die Aufsicht über die Gräflich Gleichischen Waldungen hat, wohnen. Die anderen Einwohner finden ihre Nahrung durch Holzhauen, Kohlenbrennen und auf den Hütten-, Hammerwerken und Schneidemühlen, da es an Ackerbau, etwas Land zu Kartoffeln ausgenommen, und Wiesen fast ganz fehlt. Die Straße führt von diesem Dorf, welches sich

Blick aus dem Tal nach Oberhof

um das nördliche Ende des Streitberges, der dem Kienberg gegenüber liegt, herumzieht, immer im Tal fort, vor der den Orten Stutzhaus, Schwarzwald und Luisenthal gemeinschaftlichen Kirche und Schulwohnung und den zu dem eben genannten Schmelzwerk gehörigen Hämmern, desgleichen einer herrschaftlichen Schneidemühle vorüber nach dem Dorf *Schwarzwald* (43 Häuser). Dieses liegt an dem Ausgang zweier hier zusammenlaufender Täler, zwischen hohen und steilen Bergen. Auf einer hervorragenden Felsenspitze des einen Berges (Turmberg) liegen die malerischen Ruinen eines alten Schlosses, vormals des Sitzes des Amts Schwarzwald, welches jetzt in das Städtchen Blasienzelle verlegt ist. Die Nahrung der Einwohner zu Schwarzwald ist dieselbe wie zu Stutzhaus. Dieses ganze Tal, von Ohrdruf bis hierher mäßige anderthalb Stunden lang, ist durch die reiche Abwechslung, welche die wilde, romantische Gegend mit den zwischen ihr eingeschobenen Kunstanlagen der Menschen dem Auge darstellt, durch den Kontrast, welchen das rege Tosen und Leben der Mahl- und Schneidemühlen, des Schmelzwerkes, der Eisenhämmer, der von ihnen ab- und zugehenden Fuhrwerke, der Holzhauer mit der stillen, aber noch kräftigeren Wirksamkeit der Natur macht, durch den wohltätigen Eindruck, den die balsamische Waldluft, die Kühle, die der rieselnde Bach in den schattigen Gängen verbreitet, auf die körperlichen Empfindungen gewährt, höchst interessant. Von den beiden Tälern, die sich bei Schwarzwald vereinigen, ist das östliche ein enges Nebental, welches der Ohra einen kleinen Bach zuführt. In demselben, nicht weit von den Ruinen, findet man Versuche von Bergbau auf Eisenerze. Der westliche Grund ist die Fortsetzung des Haupttales und öffnet sich gegen dieses ziemlich breit. Die hier herrschende Steinart ist durchgehend Porphyr, und es zeigen sich weiter nach dem höheren Gebirge hin mehrere von den schon gedachten Crawinkler Mühlsteinbrüchen. Dieses Tal ist sehr wild und mit vielen entblößten und steilen Wänden und einzelnen Felsenstücken besetzt. Eine seiner größten Felsenpartien heißt der »Triefende Stein« von dem Wasser, welches von allen Seiten von ihm häufig herabtropft und bei nasser Witterung herabströmt. Der Ursprung dieses Grundes und der ihn durchfließenden Ohra findet sich bei Oberhof so nahe, daß man nur noch eine mäßige Höhe zu steigen nötig hat, um dahin zu gelangen. Eben dahin führt zwischen jenen beiden Tälern die Landstraße an dem steilen Berg, die Krüppe, hinauf. Dieses kleine Dörfchen *Oberhof* (33 Häuser, 136 Einwohner), welches von Schwarzwald auf dem von uns jetzt angedeuteten Weg gute zwei Stunden entfernt ist, liegt auf einer ausgebreiteten Fläche nahe an dem Rükken des Gebirges. Es gewährt mit seinen einzelnen zerstreuten Häusern einen ganz eigenen Ausblick. Diese Häuser sind ganz von Holz, mit Brettern überzogen und mit Schindeln gedeckt, ganz grau und im Sonnenschein silberfarben schimmernd. Umgeben sind sie mit Wiesen von dem schönsten Grün und diese von schwarzen Fichtenwäldern eingefaßt, durch deren Öffnung man hier und da ein Stückchen des entfernten flachen Landes und blauen Gebirges gewahr wird. Hier ist eine gothaische Geleitstätte, und in dem Geleithaus findet der Reisende ein bequemes Nachtquartier und gute Bewirtung. Die übrigen Häuser werden von armen Holzhauern und einem Schullehrer bewohnt. Auch ist hier eine kleine Kirche, und der Diakonus von Zella besorgt die geistlichen Geschäfte. In einem unweit des Geleithauses erbauten Stalle halten sich die Fohlen des Georgenthaler Gebietes auf, welche im Sommer hier auf die Weide getrieben werden.

Aus Oberhof führt die Straße links nach Suhl, rechts nach Zella. Beide gehen über den höchsten Rücken des Gebirges, welcher auf der Straße nach Suhl überhaupt seine größte Breite hat. Diese letztere läuft über eine große, ziemlich flache, waldige Strecke, die Suhler Leube genannt, deren höchste Punkte, am Fuß des Großen Beerberges, des nächsten Nachbarn vom Schneekopf, nur ein paar hundert Fuß niedriger sind als diese beiden hohen Berge. Die beträchtliche Höhe der Gegend verkündigt sich schon durch den Wuchs der Fichten, welche dort nie ihre volle Größe erreichen, sondern klein bleiben und ein knotiges, krummes Ansehn erhalten. Dieses rührt indessen zugleich von der offenen Lage und der dadurch vermehrten Gewalt der Stürme her. Denn an einigen ebenso hohen, vielleicht noch etwas höheren Abhängen des Beerberges und Schneekopfs findet man da, wo die Berge selbst einigen Schutz gewähren, wieder höhere und besser gewachsene Stämme. Die Suhler Leube ist im Winter ein gefährlicher Weg, da sie oft mit Schnee so hoch bedeckt ist, daß man nicht das mindeste vom Weg sehen und in Schluchten zu geraten Gefahr laufen würde, wenn der Weg nicht durch hohe Stangen bezeichnet wäre. Auch hat der Geleitpächter auf Oberhof die Obliegenheit, die mit Schnee bedeckten Wege auf gewissen Strecken durch Aufschaufeln öffnen zu lassen. Selbst im Sommer beim günstigsten Wetter behält diese Gegend ein etwas ödes, trauriges Ansehn, bis man den südlichen Abhang des Gebirges erreicht hat, wo die Straße einen steilen Berg hinab nach Suhl führt. An dieser Stelle –, sie heißt die Ausspanne, weil von hier die Vorspannochsen von Suhl, deren sich schwere Fuhrwerke den Berg hinauf bedienen, zurückgeschickt werden, – öffnet sich eine unermeßliche Aussicht nach Franken, in welcher sich die

Gleichberge bei Römhild, der Dolmar, die Veste Coburg sowie das Fichtelgebirge aus näherer oder größerer Ferne hervorheben und dem Auge wohltuende Ruhepunkte darbieten.

Der Weg von Oberhof nach Zella führt nicht lange über jene große Fläche, sondern geht bald in sehr malerische Täler herab, die wir weiter unten beschreiben. Noch verdient von Oberhof oder Stutzhaus aus der Saukopf besucht zu werden, einer der höheren Berggipfel, auf welchem ein Pürschhaus steht und wo herab man eine sehr schöne Aussicht nach der thüringischen Seite

Oberhof

des Gebirges hin genießt. Dieser Berg besteht übrigens aus dem weißlich- und rötlichgrauen Porphyr, welcher an dem ganzen westlichen Ufer der Ohra sich heraufzieht und auch auf der östlichen Seite das Hauptgestein ausmacht. In ihm kommt an mehreren Stellen die poröse Abart vor, welche zu den Crawinkler Mühlsteinen angewendet wird. Auf der westlichen Seite des Ohragrundes zeigen sich nur einzelne Spuren eines roten Porphyrs in der Hauptmasse. Hingegen verhält sich dies anders auf dem entgegengesetzten Teil des Gebirges. Östlich von Oberhof liegt nämlich der Eckardtskopf. Dieser besteht aus einem braunroten Porphyr von feinem Korn, ziemlicher Härte und sparsam eingemengtem Quarz und Feldspat. Eben diese Porphyrart zieht sich am Schloßberg bis nach der Lütsche herab und wird überall von dem obgedachten weißlich- und rötlichgrauen Porphyr umgeben. Auf den Grenzen der Porphyrlager finden sich nach Verschiedenheit der aneinanderstoßenden Steinarten mancherlei Gattungen von Übergangsporphyr, insbesondere zwischen dem graulichen und roten, ein in beiden Farben streifig abwechselnder sowie an anderen Stellen ein grüner Porphyr. Das Todliegende findet man noch an dem Kienberg, der jedoch zum Teil auch aus dem gewöhnlichen Porphyr besteht, und in einer größeren Masse hat es sich nach dem Geratal zu an dem Großen Beerberg eingeschoben.

Ehe wir diese Gegend ganz verlassen, mögen hier noch einige Notizen für den Botaniker stehen. Er findet bei Ohrdruf: Pinguicula vulgaris, Antirrhinum cymbalaria; Lathyrus nissolia bei Luisenthal; Galium harzynicum bei Stutzhaus, Prenanthes purpurea bei Schwarzwald; Circaea lutetiana, Ranunculus aconitifolius, Chara flexilis und unter mehreren, nicht gemeinen Laubmoosen: Andreaea alpina, Dicranum undulatum, Bartramia halleriana bei Oberhof: Andromeda polifolia, Genista pilosa, Salix arenaria, Empetrum nigrum. Auch Linnaea borealis will man hier gefunden haben. Von Laubmoosen: Weisia heteromalla, Dicranodontium denudatum und Buxbaumia foliosa.

Tal der Gera. Dieses Tal kommt von dem höchsten Punkt des Thüringer Waldes, dem Schneekopf, herab, durchzieht den breitesten Teil des Gebirgskörpers, enthält den beträchtlichsten Fluß an der ganzen Nordseite desselben, und hier treten auch die niedrigen Flözgebirge am weitesten in das flache Land hervor. Sie erstrecken sich bis Arnstadt, und wir dürfen wohl unseren Lesern eine kurze Nachricht von dieser in mancher Hinsicht interessanten Stadt und von einigen Gegenden um dieselbe geben, wenn sie gleich nicht eigentlich zum Thüringer Wald gehört, da jeder Reisende, der sich in der Nähe befindet, nicht unterlassen sollte, diese schönen Gegenden und ihre mannigfaltigen Merkwürdigkeiten auch zu besuchen. Außerdem führt von Erfurt her der nächste Weg zum Thüringer Wald über diese Stadt. *Arnstadt* liegt an der Gera, die hier aus einem von steilen Flözkalkbergen eingeschlossenen Tal heraus in das flache Land tritt. Die Stadt ist an dem Fuß dieser Berge gebaut, die sich hoch über sie erheben und eine herrliche Aussicht über die auf der anderen Seite liegenden getreidereichen Fluren darbieten. Bis über die Hälfte ihrer Höhe sind die Berge mit Gärten bedeckt. Der obere Abhang ist zum Teil kahl, zum Teil mit Buchenwaldung besetzt. Auf der ziemlich flachen Höhe findet man wieder Getreidefelder, die aber von geringem Wert sind. Arnstadt ist die Hauptstadt einer Herrschaft gleichen Namens, die dem Fürsten von Schwarzburg-Sondershausen unter Sachsen-Weimarischer Landeshoheit gehört. Die Stadt hat außer mehreren öffentlichen und fürstlichen Gebäuden 750 Privatwohnhäuser innerhalb der Stadtmauer und außer einigen Mühlen und mehreren größeren und kleineren Gartenhäusern 19 Häuser in der Vorstadt. Die Zahl ihrer Einwohner ist nicht bekannt. Die Stadt ist sehr gut gebaut und hat zwei fürstliche Schlösser, wovon das eine, ein ansehnliches Gebäude, im Innern seiner Flügel zum Sitz der Landeskollegien und zu ökonomischen Zwecken benutzt wird und in Ansehung der einige Zeit verfallen gewesenen Hauptgebäude neuerlich wiederhergestellt wurde. Es findet sich hier eine schöne Sammlung von Porzellan und eine Anzahl sehenswerter Gemälde, unter welchen ein Stück von Rubens ist. Das andere Schloß wurde im Jahre 1732 zu erbauen angefangen. Kirchen hat die Stadt ohne die außerhalb der Stadt liegende Gottesackerkirche und die im Waisenhaus und Schlosse befindliche Kapelle drei. Das in der Stadt selbst gelegene Waisenhaus, in welchem die Kinder mit Baumwollspinnen beschäftigt und neben ihnen auch einige Witwen unterhalten werden, wurde durch die unermüdlichen Bemühungen des bekannten Gottesgelehrten Mosche, der damals Superintendent zu Arnstadt und nachher Senior zu Frankfurt am Main war, im Jahre 1765 zu errichten angefangen. In demselben befindet sich eine Sammlung von Kunstsachen und natürlichen Seltenheiten, welche die Fürstin zu Schwarzburg, Auguste Dorothee, anlegte und nach ihrem Tode dem Waisenhaus schenkte. Die Naturalien bestehen aus wenigen Mineralien und Conchylien und einigen in Spiritus aufbewahrten Schlangen und Embryonen. Fast noch sehenswerter sind die in einer beträchtlichen Reihe von Glasschränken aufbewahrten Darstellungen der mancherlei Beschäftigungen und Szenen des menschlichen Lebens durch händehohe Puppen, die jedoch, wenn sie ursprünglich für das Haus, wo sie stehen, bestimmt gewesen wären, um vieles ausgewählter und lehrender sein dürften. Eine andere Merkwürdigkeit der Stadt ist die unmittelbar vor derselben gelegene große Günthersmühle, die sechzehn Mahlgänge und vier Schneide- und Graupenwerke hat. Die Gera treibt diese Mühle mit oberschlächtigen Rädern. Doch können sie nur bei starkem Wasser alle zugleich in Bewegung gesetzt werden. Noch weniger dürfen wir auch die lateinische Schule vergessen, welche stets sehr verdiente Männer unter den an ihr angestellten Lehrern aufzuweisen hatte. Von den in der Nähe von Arnstadt befindlichen Gärten und anderen Anlagen zeichnen sich viele teils durch ihre von der Natur begünstigte Lage, teils durch die von dem Kunstfleiße ihrer Besitzer ihnen gegebenen Einrichtungen aus. Zu den letzteren gehört der Nagelsche Garten, in welchem die bekannte Gottholdische Sämereihandlung ihren Sitz hat. Von den ersten erwähnen wir die Gegend um den Schönbrunnen. Dies ist ein Wirtshaus westlich von Arnstadt, unter der Altenburg gelegen, einem Berg, von welchem man eine ungemein schöne Aussicht über einen weit verbreiteten Horizont genießt, innerhalb dessen man Ichtershausen, Molsdorf, Erfurt, vorzüglich die Cyriaksburg und den Petersberg, weiter in der Entfernung die Hainleite, den Brocken, dann die gleichischen Schlösser und in einem sich nach Südost öffnenden Grund die Stadt Ilm vor den Augen hat. Bei dem Schönbrunn wird das in der ganzen Gegend sehr bekannte und beliebte Arnstädter Vogelschießen gehalten. Die Nahrung von Arnstadt beruht teils auf dem Handel, teils auf der Landwirtschaft, teils auf einzelnen Gewerben. Außer einigen bedeutenden Handelshäusern, die mit inländischen Fabrikaten einen ausgebreiteten Verkehr haben, ist vorzüglich der Handel mit Getreide und Holz wichtig, welcher hier zwischen dem Thüringer Wald und dem sächsischen und erfurtischen Getreidelande getrieben wird. Arnstadt ist ohne Zweifel der größte Getreidemarkt in ganz Thüringen. Die Waldbewohner bringen Bau- und Brennholz, vorzüglich das erstere, hierher und nehmen das benötigte Getreide wieder mit zurück, welches die Bauern des flachen Landes hauptsächlich aus den eben genannten Gegenden hierher bringen. Dieser Tauschhandel wird aber nicht zwischen diesen beiden Teilen unmittelbar, sondern

fast allein durch Arnstädter Bürger getrieben, die daher an dem Gewinn einen nicht unbeträchtlichen Anteil haben. Was die Landwirtschaft betrifft, so ist der Ackerbau nur in den in der Ebene gelegenen Ländereien von besserem Ertrag. Der größere Teil der Äcker ist steinig und dürr und bringt daher nur wenig und geringe Frucht. Allein, beträchtlicher ist die Viehzucht, die jedoch nicht durch den Ackerbau, sondern durch die Bierbrauerei und Branntweinbrennereien unterstützt wird, so daß solche von einer Ausdehnung ist, die sie als eine nicht unerhebliche Nahrungsquelle der Stadt betrachten läßt. Unter den übrigen Gewerben steht die Bierbrauerei (zu welcher 120 Brauhöfe berechtigt sind und die in zwei großen und vier kleinen Brauhäusern betrieben wird) obenan. Die Güte des Bieres verschafft ihm einen verbreiteten Absatz. Auch werden hier viele wollene, leinene und baumwollene Tücher und Zeuge verfertigt, und sowohl die Rot- als auch die Weißgerbereien sollen in gutem Flor stehen. Papier wird in einer in der Stadt selbst befindlichen Papiermühle fabriziert. Sowohl ein Kupferhammer als auch ein Messingwerk, die vormals vorhanden waren, sind verfallen. Die öffentliche Verwaltung der Herrschaft Arnstadt wird von einer fürstlichen Regierung, einem Konsistorium und einer Rentkammer geleitet. Auch hat das Amt Arnstadt und Käfernburg in der Stadt seinen Sitz, und mit der fürstlichen Regierung ist die gräflich untergleichische Kanzlei verbunden, welche die Geschäfte der unter Sachsen-Gothaischer Landeshoheit stehenden Grafschaft Untergleichen zu besorgen hat.
Südostwärts von der Stadt lag vor Zeiten an dem Wald, der Hain genannt, die alte Käfernburg, Wohnsitz der Grafen von Käfernburg, die am Ende des 14. Jahrhunderts ausstarben. Jetzt sind nur noch wenige Ruinen von derselben übrig. An der Stelle, wo sie gestanden hat, genießt man eine weite und unterhaltende Aussicht. Am Fuß des Berges, auf welchem die Burg sich befand, ist ein Vorwerk, das den Namen derselben angenommen hat. Etwas weiter südlich war die Augustenburg, von der Fürstin Auguste Dorothee erst im Anfange des 18. Jahrhunderts erbaut und jetzt auch schon wieder mit den dazugehörigen Gärten und Lusthäusern fast ganz verfallen. Die Porzellan- oder vielmehr Fayencefabrik Dorotheental, die ungefähr um dieselbe Zeit angelegt wurde, ist gleichfalls schon seit vielen Jahren eingegangen und die Gebäude mit den dazugehörigen Besitzungen jetzt Eigentum ei-

nes erfurtischen Handelshauses. Alle diese einzelnen Häuser sind nach dem Ort Oberndorf, welcher ganz in ihrer Nähe liegt, eingepfarrt. Ihre Lage ist so anmutig, daß die Streifereien dahin angenehme Spaziergänge gewähren. Eben dieses ist der Fall mit dem Weg nach Ichtershausen und Molsdorf, der unterhalb Arnstadt dem Lauf der Gera folgt, der aber unserem Zweck zu entfernt ist, um bei ihm zu verweilen. Wir eilen vielmehr das Tal der Gera aufwärts. Der Teil desselben, der von Arnstadt bis oberhalb Plaue führt, heißt von diesem kleinen Städtchen der Plauische Grund und ist wegen seiner Naturschönheiten wert, gesehen zu werden. Wer sie in einer vorzüglich malerischen Zusammenstellung übersehen will, der verschaffe sich die Erlaubnis, sie von D. Beyers Garten, der an einer Anhöhe am Eingange des Plauischen Grundes liegt, betrachten zu dürfen. Er verbindet dann mit jenem Genusse noch das Vergnügen, welches die schönen Anlagen des Besitzers ihm gewähren müssen. Auf dem Wege selbst, der an dem Ufer der Gera hinläuft, bleibt man noch eine beträchtliche Strecke innerhalb des Flözkalkgebirges. Nicht ganz eine Stunde von Arnstadt zieht sich von Osten ein kleiner Grund mit einem unbedeutenden Bach herunter, welcher in die Gera fällt. An demselben liegt das zur Herrschaft Arnstadt gehörige Dörfchen *Siegelbach*, ein Filial von dem in dem Haupttal weiter aufwärts, ungefähr in der Entfernung einer halben Stunde davon gelegenen *Dosdorf*. Beide Dörfer haben einen ansehnlichen Nahrungszweig an dem Weißkraut (Kohlkopf, Brassica oleracea var. capitata), welches sie bauen und wovon sie auch jährlich viele Pflanzen an andere Dörfer überlassen. Bei Siegelbach liegt das Walpurgisholz, ein sehr anmutiges Buschhölzchen, das seinen Namen von einem der heiligen Walburgis zu Ehren auf dem Berg, wo sich dieses Wäldchen befindet, erbauten Nonnenkloster, das jedoch im Jahre 1309 nach Arnstadt verlegt wurde, erhalten haben soll. In diesem Hölzchen findet der Botaniker eine nicht unbedeutende Ernte sowie überhaupt die Gegend von Arnstadt selbst und die ganze Strecke bis hierher ihm viele Unterhaltung verspricht(45). Verfolgt man den Weg, ohne nach Siegelbach abzubiegen, so kommt man an der Triglismühle vorüber, die sehr anmutig gelegen ist und den Arnstädter Einwohnern zu einem Belustigungsort dient, von da nach Dosdorf und ferner nach Plaue. Beide letzteren Orte gehören zur Herrschaft Arnstadt. Die mitten in derselben gelegene Triglismühle nimmt aber das Haus Sachsen-Gotha als zu seinen Besitzungen gehörig in Anspruch.

Plaue ist eine kleine Stadt, die einen Wochenmarkt hat und in deren Kirche das jenseits der Gera liegende Dörfchen Kleinbreitenbach als Filial eingepfarrt ist. Die Gegend, die in diesem ganzen Grund stets unterhaltend und reich an malerischer Abwechslung bleibt, wird hier noch durch die Ruinen der alten Ehrenburg gehoben, welche westlich über dem Städtchen Plaue liegen. Ihm gegenüber im Osten steigt der Reinsberg herauf, ein Flözkalkberg, auf seinem Gipfel zum Teil von Laubholz gekrönt. Oben auf dem Punkt, wo man Plaue im Westen sich gegenüber hat und im Süden Reinsfeld nahe am Abhange unter den Füßen liegt, findet sich die schönste Aussicht auf die, zu beiden Seiten des in einem langen Rücken sich ausdehnenden Berges, hinlaufenden Täler, die nur durch das unwirtbare Ansehn der kahlen Abhänge der Kalkfelsen, die den Plauischen Grund zu beiden Seiten einschließen und sich ebenso in das östlichere Tal hinunterziehen, gestört wird. Daß bei Plaue vormals ein Salzwerk gestanden haben soll, ist schon früher von uns erwähnt worden. Hier vereinigen sich die drei Hauptquellen der Gera, von welcher die mittlere die eigentliche Gera ist, die östlichste von Martinroda und Neusiß herabkommt und die westliche, welche die Wilde Gera, auch Kleine Gera oder Aue genannt wird, von Gräfenroda und Liebenstein herfließt. In diesem westlichen Tal aufwärts tritt man wieder in das Fürstentum Sachsen-Gotha, wohin schon der erste Ort, zu welchem man gelangt, *Liebenstein*, gehört. Dieses Dorf (56 Häuser, 261 Einwohner) wird von der Familie von Witzleben, die hier ein Rittergut hat, besessen und hat wegen seiner bergigen Lage und steinigen Kalkbodens nur mittelmäßigen Ackerbau, hingegen an der Gera hin schöne Wiesen. Das nahe gelegene *Rippersroda* (37 Häuser, 65 Einwohner) ist ein Filial von jenem und hat dieselbe Gerichtsherrschaft. Die Einwohner beider Orte nähren sich teils von ihrem Ackerbau, teils von Arbeit im Holz und Tagelohn. In Rippersroda kommt noch ein Nahrungszweig mit Grabung und Ausfuhr einer Walkerde (55) hinzu, welche unweit dieses Ortes gefunden und von den Tuchmachern und Gerbern zu Ohrdruf sehr geschätzt wird. Unterhalb des Dorfes Liebenstein verliert sich der Bach in den Sommermonaten ganz in dem Steingeröll und füllt eine halbe Stunde weiter, kurz vor seiner Vereinigung mit der eigentlichen Gera, sein bis dahin ganz trocknes Flußbett wieder an. Die schönen Ruinen des jetzt ganz verfallenen ehemaligen Rittersitzes der Gutsherrn von Liebenstein, der, nach jenen zu urteilen, ein sehr ansehnliches Gebäude gewesen sein muß, verschönern die Ansicht des Grundes. An den Ruinen ist ein neueres Gebäude angebaut, welches jetzt auch der Zerstörung der Zeit überlassen ist. Von Liebenstein führt der Weg ins Gebirge, dem Bach entgegen, nach *Gräfenroda*, ein beträchtliches Dorf (106 Häuser, 773 Einwohner, letzteres mit Einschluß des Dörrberges, der Lütsche, des Hammers, des schwarzburgischen Anteils an Gräfenroda und einer Mühle gezählt, die sämtlich in die Kirche von Gräfenroda eingepfarrt sind). Der Feldbau ist auch hier ebenso beschränkt als von mittelmäßigem Ertrag, die Wiesen beträchtlicher. Die Hauptnahrung der Einwohner beruht auf Holzarbeit und Holzhandel, Kienrußbrennen auf einigen in diesen Gegenden liegenden Kienrußhütten, Frachtfuhrwesen und damit verbundenem Handel. Das Dorf steht unter gemeinschaftlicher sachsen-gothaischer und schwarzburg-sondershäusischer Gerichtsbarkeit mit Ausnahme weniger Häuser, die ausschließlich den einen oder den anderen Landesfürsten als ihren Gerichtsherrn anerkennen. Südlich von Gräfenroda liegt das schwarzburg-sondershäusische Dorf *Geschwenda* mit einem Rittergut. Die Freiherrn von Belmont sind Gerichtsherrn desselben. Es liegt auf einer steinigen Fläche auf der Höhe des hier noch fortstreichenden Kalksteinflözes und hat einen unfruchtbaren Boden. Der Weg von Gräfenroda nach Ilmenau führt über diesen Ort.

Setzt man hingegen den Weg den Bach der Wilden Gera aufwärts fort, so kommt man nach *Dörrberg*, welches bis zu Ende des 17. Jahrhunderts in einer einzelnen Schneidemühle bestand, die jetzt auf herrschaftliche Rechnung verwaltet wird. Der bis dahin in Gräfenroda wohnende herzogliche Förster baute sich um jene Zeit daselbst an, und nach und nach erweiterte sich der Ort auf acht Wohnhäuser. Unterhalb desselben, nach Gräfenroda hin, liegen das schwarzburg-sondershäusische Forsthaus und eine seit 1802 für die Kinder der nach Gräfenroda eingepfarrten Orte, die vorher die entfernte Schule jenes Dorfes besuchen mußten, erbaute anmutig gelegene Schulwohnung sowie oberhalb, nach dem Gebirge zu, ein herrschaftlicher Eisenhammer nebst einigen Wohngebäuden. Dieser Dörrberger Grund zieht sich südlich ins Gebirge hinein. Westlich läuft ein Nebental in denselben aus, in welchem acht den Namen Lütsche führende Wohnhäuser liegen, alle außer einer darunter befindlichen Mühle von armen Holzhauern und Tagelöhnern bewohnt. Ihre Lage ist sehr malerisch und der Name von dem Bache entlehnt, welcher den Grund durchströmt und bei Dörrberg in die Wilde Gera fällt. Im Haupttal wird der Grund immer wilder und romantischer. Zuerst kommt man ein kleines, westlich sich hereinziehendes Nebental vorüber, in welchem von Sieglitzkopf her der Siegelbach nach der Gera herabrollt und sich in dieselbe ergießt. Nicht weit von dieser Vereinigung zeigen sich auf der östlichen Seite des Tales oben auf einer entblößten Porphyrklippe an dem Berge, die Altenburg genannt, die Ruinen eines vormals hier gelegenen festen Schlosses. Man findet innerhalb der noch übrigen Reste von Mauern verschiedene verbrochene Schächte, die nach den vermeintlichen Schätzen des Kellers, wo der Wein in versteinerten Fässern aufbewahrt sein soll, niedergetrieben worden sind. Dann kommt man an mehreren kleinen Nebengründen, die zum Teil sehr felsig und romantisch sind, und den aus ihnen in die Wilde Gera sich ergießenden Bächen vorüber, bis man schon ziemlich hoch im Gebirge, in der Gegend von Gehlberg, welches östlich liegenbleibt, zu der Quelle gelangt, die unmittelbar vom Schneetiegel am Fuß des Schneekopfs herabströmt. Höher hinauf trifft man noch drei andere Quellen, deren Täler bei Oberhof am Fuß des Beerberges und an einem entfernteren östlichen Punkt des Schneekopfes ihren Ursprung nehmen und alle in wilde, in tiefe Waldung versteckte, sumpfige Gegenden, von denen in der Folge noch einiges vorkommen wird, sich verlieren. Bei Dörrberg und Lütsche findet man auf dem bis jetzt beschriebenen Weg das Urgebirge, und zwar den die Hauptmasse dieses ganzen Striches ausmachenden graulich- und rötlichweißen Porphyr wieder, welcher tiefer im Gebirge mit dem porösen, zu den Crawinkler Mühlsteinen benutzten Porphyr abwechselt und nach Oberhof hin sich um den rotbraunen Porphyr des Eckardtskopfes anlegt. Er zieht sich an der ganzen östlichen Seite des Tales hinauf bis da, wo der Schuderbach bei dem Ausgebrannten Stein in das Haupttal fällt, zwischen dem Kehltal und dem Langenbach sich am Großen Buch eine Masse Todliegendes hereinlegt, unter welchem jedoch weiter nach dem Schneekopf hin der Porphyr wieder hervortritt. Ebenso ist es auf der westlichen Seite, wo der Zug des Porphyrs bis nach Gehlberg hin fortdauert. Jedoch findet sich hier an der östlichen und nordöstlichen Seite, am Dörrberg, an der Altenburg, an der Zolltafel teils Todliegendes, in welchem viele Trümmer eines grünen Übergangsgesteins vorkommen, das hier vormals ein ausgedehntes Lager gebildet und bis nach dem Schneekopf hinauf sich erstreckt haben mag, teils rauher Kalk, der an das Todliegende zu grenzen und dasselbe, wo er sich findet, zu decken scheint. Wie wir schon erwähnt haben, führt die eine gegen Gehlberg hin sich zeigende Quelle gerade in dem Schneetigel hinauf, aus welchem sie nach dem Tal herabrieselt. Dieser Schneetigel ist eine enge, an dem nordöstlichen Fuße des Schneekopfes sich findende Schlucht, bei deren Ursprung sich ein fürchterlich steiler Abhang tief von dem Schneekopf herabzieht, der mit einer ganzen Reihe zum Teil beträchtlich großer Felsen besetzt ist. Sehr spät im Sommer schmilzt hier erst der Schnee hinweg, und die Gegend ist daher hiervon und von dem in ihr sich sammelnden Wasser beständig sumpfig. Wer sich indessen nicht scheut, diese unwegsame Höhe zu erklimmen, gelangt unmittelbar zu dem Schneekopf, allein, freilich nicht auf dem bequemsten Weg. Um ihn zu besuchen, ist die Straße von Oberhof her die vorzüglichste. Hat man diesen Punkt erreicht, so führt der schon oben angegebene Fahrweg nach Suhl auf der Höhe des Gebirges ohne Anstoß bis zur Ausspanne fort, von wo an dann der Weg nach dem Schneekopf die Richtung der Hauptlandstraße verläßt und an dem südlichen Abhange des Großen Beerberges gemächlich ansteigend hinführt, bis man den Schmückergraben vorübergekommen ist, wo dann ein Seitenweg nach dem Schneekopf zuläuft, der aber durch dichte Waldung geht, so daß nicht zu raten ist, ihn ohne Führer einzuschlagen. Verfolgt man die Hauptstraße, so hat man wenig über eine halbe Viertelstunde bis zur Schmücke, wo man einen Wegweiser bis zur Höhe des Schneekopfes selbst erhält. Bis zur Schmücke kann man auch den Weg ohne allen Anstoß mit Chaisen machen, so daß von dieser Seite her die Reise auch für Personen, die des Fußgehens nicht gewohnt sind, zwar weiter, aber viel angenehmer und minder beschwerlich ist als nach dem Inselsberg. Denn von der Schmücke aus hat man höchstens eine kleine halbe Stunde bis auf den Gipfel des Berges, und man gelangt dahin so allmählich, daß man es kaum ahnet, daß man hier den höchsten Gipfel des Thüringer Waldes besteigt.

Die von uns schon öfters genannte *Schmücke*, welche dem

Die Schmücke bei Oberhof

Schneekopf grade gegen Mittag liegt, ist ein einzelnes, im Gothaischen dicht an der Grenze des königlich-sächsischen Hennebergs erbautes Haus mit einigen Ställen, welches ursprünglich nur bestimmt ist, Vieh, das im Sommer aus den umliegenden Gegenden hierher gebracht wird, darinnen zu halten und die hier befindliche vortreffliche Gebirgsweide genießen zu lassen. Es heißt daher auch eigentlich das Viehhaus auf der Schmücke. Letzteres ist nämlich die Benennung des ganzen Berggehänges, welches sich von dem auf der königlich-sächsischen Seite gelegenen Geiersberg herüber in das Gothaische zieht. Auf diesem Haus, an welchem der Weg von Suhl nach Gehlberg und Arnstadt vorübergeht, wohnt ein herrschaftlicher Pächter, der zugleich eine kleine Gastwirtschaft treibt. Man findet hier wenigstens frische Milch, Butter, Geräuchertes, Kaffee und ein nicht unannehmliches Nachtlager. Auch ist die Schmücke von Suhl, Zella und Gehlberg her, von welchen Seiten der Weg ziemlich steil und nur für Fußgänger oder Holz- und andere stärkere Lastwagen gangbar hierher führt, der Ruhepunkt aller, die nach dem Schneekopf reisen. Der Gipfel des *Schneekopfes* zeichnet sich nicht sehr aus, weil er auf einem sehr hohen, breiten Gebirgsrücken aufsitzt und von anderen hohen Bergen umgeben ist. Über seine Erhebung über der Meeresfläche sind die Angaben ebenso verschieden als über die des Inselsberges. Drei dieser Bestimmungen haben wir schon oben angeführt. Eine vierte gibt ihn auf 503 Toisen oder 3018 Schuh an. Vergleicht man diese verschiedenen Messungen mit denen des Inselsberges, so findet man einen Unterschied von 160 bis 220 Fuß, um welchen der Schneekopf für höher als der Inselsberg geschätzt wird. Beträchtlicher scheint also seine Erhebung über die Meeresfläche in jedem Falle zu sein als die des letzteren. Aber ungewiß ist ihr Maß sowie auch das seiner Höhe an sich. Seine Masse ist ein Hornsteinporphyr von lichtrötlichgrauer Farbe mit sehr kleinen Quarz- und Feldspatkristallen. An seinen Seiten hinunter nach dem Schneetiegel hin und in demselben, im Schmückergraben und nach dem Langenrain zu, welcher letztere Berg als die Fortsetzung des Schneekopfes nach Norden zu betrachtet werden muß, nimmt dieser Porphyr eine braunrote Farbe an und stimmt mit dem am Eckardtskopf bei Oberhof überein. An ihn schmiegt sich, wie dort, rundumher anderes Gestein an. Nördlich der weißliche Porphyr des Hauptlagers, östlich ein graulichroter Porphyr mit viel weißem und grauem Feldspat von Gehlberg herauf, südlich, von Goldlauter her, ein braunroter Tonporphyr und westlich, am Beerberg hinunter, roter Hornsteinporphyr. Die Gebirgsmasse des Gipfels ist fast gar nicht entblößt, denn der ganze Berg ist nicht nur mit Moos, Gras, Heidekraut und Preisel- oder Mehlbeeren, sondern sogar mit Fichten oder Tannenholz fast bis oben dicht bewachsen, so daß nur die höchste Fläche offen ist und freie Aussicht verstattet. In einer kleinen Entfernung von dem höchsten Punkte des Berggipfels ist ein steinernes Haus errichtet, welches dem Wanderer in dieser den Stürmen und Nebeln sehr ausgesetzten Gegend ein sicheres Obdach gewährt. Der volle Genuß der Aussicht ist hier ebenso mißlich wie auf dem Inselsberg. Oft und fast noch öfter als dort werden die sichersten Erwartungen durch unvermutet aufsteigende Wolken und Nebel gestört, die die Gegend umher verschleiern. Allein, ebenso belohnend wie auf jenem Berg ist es auch dann hier, den Punkt zu treffen, wenn die Decke sich weghebt und den Blick in die Nähe und Ferne gestattet. Ganz so weitumfassend wie die Aussicht vom Inselsberg ist jedoch die vom Schneekopf nicht. Sie hat dagegen manches andere, was sie auszeichnet, und insbesondere gehört dahin der Blick auf die rund um den Schneekopf her an ihn gedrängten, fast gleiche Höhe mit ihm erreichenden Berge und die zwischen ih-

Turm auf dem Schneekopf

nen zum Teil in schauerliche Tiefen sich hinabziehenden engen Schlünde. Über sie hinweg erblickt man im Südwesten den Dolmar und die Geba, die Gleichberge bei Römhild, mehrere alte Bergfesten, unter welchen sich besonders das Heldburger Schloß, der Straufhain und die Veste Coburg deutlich unterscheiden. Hinter ihnen ziehen sich die fränkischen Gebirgshöhen hin, und bei heiterem Wetter erreicht das Auge selbst das Fichtelgebirge. Mehr nach Morgen hin hebt sich der Singer aus der Ebene hervor so wie in dem Halbzirkel von da nach Norden die Stadt Ilm, Erfurt mit seinen Türmen und Festungen, die Höhen zwischen Auerstedt und Naumburg und über sie hin die fruchtbaren Flächen von Sachsen sich darstellen. Im nördlichen Horizont selbst liegen zunächst die Drei Gleichen, hinter ihnen die Ebenen Thüringens bis zu den schwarzburgischen Gebirgen hin ausgebreitet. Diese schließen sich an den Harz, welchen der Brocken kenntlich macht. Von da beschäftigen nach Nordwest zu den Blick die hessischen Berge, die zwischen dem Harz und dem Inselsberg sichtbar werden. Bei diesem letzteren schließt sich jedoch die entferntere Aussicht ganz, von den nach Westen zuvorliegenden nahen und höheren Gebirgen verdeckt. So schön übrigens auch hier das Schauspiel ist, welches der Aufgang der Sonne gewährt, so ist doch, weil nach Morgen hin die weiteste

Aussicht sich öffnet, die Beleuchtung dieser Tageszeit nicht vorteilhaft für die sichtbaren Gegenstände. Ungleich deutlicher und bestimmter heben sie sich im Lichte der Abendsonne hervor. Um den Schneekopf und sein Berggehänge her ziehen sich auf der West-, Nord- und Ostseite tiefe Schluchten nach den ins flache Land ausstreichenden Haupttälern hinunter. Den an der östlichen Seite sich findenden Schneetiegel haben wir schon erwähnt. An der westlichen Seite geht ein ähnlicher, noch wilderer Grund herab, der der Schmückergraben heißt. Er schneidet den Schneekopf vom langen Hauptrücken des Gebirges und vom Beerberg, an welchen er außerdem unmittelbar stoßen würde, ab. Diese Schlucht ist fürchterlich tief und dunkel und wird selten von eines Menschen Fuß betreten. Die Fichten, welche hier zu ungeheuren Stämmen in undurchdringlichen Dickungen wachsen, sterben ungenutzt in diesen Gründen, aus welchen man sie nicht hinwegschaffen kann, und glaubwürdige Augenzeugen haben uns versichert, daß die größten Stämme dort schon auf den Wurzeln faulen und oft so morsch sind, daß ein einziger Mensch sie mit einem Stoße umstürzen kann. Schnee und Wind tun dies unaufhörlich und machen natürliche Verhaue, durch welche die Gegend immer unzugänglicher wird. Im Schmückergraben trifft man an mehreren Stellen Todliegendes, das vom Großen Buch sich hereinzuziehen scheint, zwischen welchem jedoch der Porphyr sich hier und da gleichfalls emporhebt. Dieses Todliegende enthält Trümmer eines zu einem wahrscheinlich vormals mächtigeren Lager von Übergangsgestein gehörigen grünen Porphyrs. Nachdem der Schmückergraben fast unmittelbar nach seinem Ursprung mit dem Steinbrücksgraben, der auch von Süden herstreicht (der Bach, der aus den Quellen des Steinbrücks- und Schmückergrabens sich bildet, heißt der Langenbach) sowie ferner mit dem ebenfalls nach Süden von dem nördlichen Abhang des Beerberges sich herunterziehenden Grund des Sattelbaches und mit dem Schnabelbach, der aus einem anderen Grund südlich von Oberhof entspringt und nach Osten zu läuft, sich vereinigt hat, nimmt er ebenfalls die Richtung nach Osten und zieht sich um den Kopf des Langenrains herum, an dessen nordöstlichem Abhang er dann mit dem Schneetiegel zusammentrifft. Zwischen der Höhe über dem Ursprung des Schneetiegels und dem Schneekopf liegen die Teufelskreise auf einer am südwestlichen Fuß des Schneekopfes sich nach dem Viehhaus auf der Schmücke hinziehenden ebenen Strecke. Es sind sumpfige Stellen auf einem großen Lager von Torf, das sich hier ausgebreitet hat. Hier und da sammelt sich innerhalb der in diesen Teufelskreisen befindlichen Vertiefungen stehendes Wasser. Von diesen Löchern ist das sogenannte Teufelsbad das größte und tiefste. Man behauptet, daß es unergründlich sei, und von mancherlei Märchen, mit welchen sich die Bewohner dieser Gegend unterhalten, erwähnen wir nur die Sage, daß leichte Körper, in dieses Loch geworfen, in einem Brunnen in Arnstadt wieder zum Vorschein kämen. Auch hielt man in vorigen Zeiten diese Gegend für einen Aufenthaltsort tückischer Geister, welche die Reisenden verführten und in die Sümpfe und Abgründe lockten. Nach einer alten Nachricht wurde in der Nähe der Teufelskreise ein Bergwerk angelegt, welches aber »wegen Gespenstern« nicht fortgebaut werden konnte. Vergleicht man die Beschreibungen, die von den Teufelskreisen aus älteren Zeiten übrig sind, mit ihrer jetzigen Beschaffenheit, so scheint die Tiefe und mit ihr der Umfang dieser Sümpfe sehr abgenommen zu haben.

Wir werfen, ehe wir den Schneekopf und seine Umgebungen ganz verlassen, noch einen Blick auf einige botanische Merkwürdigkeiten, die sich an den Abhängen dieses Berges und vorzüglich in den Gegenden des Teufelskreises finden. Diese sind: Circaea intermedia, Eriophoron vaginatum, Leersia oryzeides, Drosera anglica, Vaccinium uliginosum, Vaccinium oxycoccos, Ledum palustre, Chimaphila umbellata, Moneses uniflora, Lunaria rediviva, Ophrys cordata, Empetrum nigrum, Dicranum undulatum, Dicranum longifolium und Bartramia helleriana. Einige dieser Pflanzen kommen auch schon in der Gegend von Dörrberg vor.

Nach Südosten hin liegt die Güldene Brücke, eine Bergwand, die durch den Schlund des Schneetiegels und durch die Verflachung, in welcher die Teufelskreise liegen, von dem Schneekopf getrennt ist. Sie besteht aus Todliegendem, das hier an den Kugelporphyr grenzt, so wie dieser an den weißlichen Porphyr, der das Hauptlager dieser Gebirgsgegend bildet. Auch kommen Schichten von glimmerhaltigem schieferartigem Gestein darinnen vor. In dieser Gegend war die Niederlage der vormals ebenso häufigen als berühmten Porphyrkugeln, welche hier unter dem Namen Schneekopfskugeln bekannt sind und sich in vielen Sammlungen finden. Sie lagen ungefähr einen halben bis ganzen

Schuh unter der Oberfläche. Sie enthielten zuweilen schöne amethystfarbige Quarzkristalle, die selbst der Bearbeitung durch Künstler wert waren. Jetzt scheint die vormals reiche Vorratskammer derselben an der angezeigten Stelle durch die häufigen Nachforschungen nach diesen, im Gehalt ihrer Kristalle von vielen Unkundigen weit über die Gebühr geschätzten Kugeln erschöpft zu sein. Man findet nur sehr selten noch eine unbeschädigte, häufig aber einzelne Trümmer zerschlagener Kugeln.

Über diese Güldene Brücke geht von der Schmücke aus der Weg nach *Gehlberg*, einem zum Fürstentum Gotha gehörigen Dorfe (26 Häuser, 201 Einwohner). Einige Holzhauer ausgenommen, ernähren sich sämtliche Einwohner von den Glashütten, deren sich zwei hier befinden und welche auch die erste Veranlassung zu der Entstehung des Orts selbst gaben. Sie wurden im Jahre 1645 angelegt. Jede Glashütte enthält sechs Stühle, nach welchen sich die Anteile der verschiedenen zu diesen Hütten gehörigen Eigentümer bestimmen. Die Zeit, wo in selbigen gearbeitet wird, ist ungefähr sechsundzwanzig bis dreißig Wochen, und man rechnet, daß auf jedem Stuhl wöchentlich für 50 Taler Glas geblasen werde, so daß die Summe des im ganzen Arbeitsjahr verfertigten Glases von jeder Hütte auf 9000 Taler und von beiden Hütten auf 18000 Taler sich belaufen dürfte. Rechnet man zu den, wenn sämtliche Stühle im Gange sind, – dieses ist jedoch nicht immer der Fall –, erforderlichen 60 Arbeitern noch diejenigen Personen, welche mit Herbeischaffung der Materialien und Verführung der Glaswaren beschäftigt werden, so ergibt sich von selbst, wie wichtig das Dasein der Glashütten für die Erhaltung einer Menge Familien ist. Einige Einwohner beschäftigen sich noch insbesondere mit Glasmalen und Glasschleifen. Beide Künste sind jedoch hier zu keiner großen Vollkommenheit getrieben. Auch bestehen die Produkte der Glasfabrikation selbst größtenteils in ordinären Trinkgläsern, Weingläsern und Bechern, obgleich auch alle anderen Arten von weißen Glaswaren gefertigt werden können. Die um Gehlberg gelegenen Wiesen sind ganz vorzüglich gut und tragbar, und der Viehstand ist daher im Verhältnis zur Größe des Ortes und der Einwohnerzahl ziemlich stark. Seit 1749 hat der sonst nach Geraberg eingepfarrte Ort eine eigene Kirche und einen Pfarrer, der zugleich die Stelle des Schullehrers mit versieht.

Östlich vom Weg, der von der Schmücke nach Gehlberg geht,

gleich unter der Güldenen Brücke, fängt das Tal der eigentlichen Gera an, welche drei Quellen hat, wovon eine zwischen dem Ampelsberg und der Seiffartsburg, die andere weiter östlich am Gehrweg und die dritte etwas entfernter von der Höhe am Gehlberg entspringt und sich in einer von Süden nach Norden gehenden Richtung mit dem Hauptbache vereinigt. Die Schluchten sind da, wo sie sich an den Höhen herabziehen, ebenso eng, wild und sumpfig wie die kurz vorher von uns beschriebenen, welche das westlichere Tal der Wilden Gera bilden, und erst allmählich erweitern sie sich etwas mehr zu einem freundlichen und mit fruchtbaren Wiesen besetzten Tal. Steigt man das der Schmücke am nächsten gelegene Tal herab, so hat man einen Weg von zwei bis drei Stunden nach Arlesberg und kommt ganz oben im Gebirge zuerst an einen Floßteich, der zum Behuf der im Frühjahr stattfindenden Geraflöße angelegt ist, dann in der Nähe von Arlesberg an einer Pechhütte und an einer Schneidemühle vorüber, wovon jene Privateigentum ist, diese auf herrschaftliche Rechnung verwaltet wird. Gleich vom Ampelsberg an, an welchem die eine Quelle der Gera entspringt, tritt man in die Region eines gräulichroten Porphyrlagers, das sich jenseits Gehlbergs, da wo der Weg von Dörrberg herüberläuft, in der ganzen oberen Gegend dieses Tales bis auf die Höhe des Gebirges und östlich bis nach dem Rumpelsberg und Schwalbenstein (zwei zwischen Arlesberg und Ilmenau liegenden Bergen) fortzieht. Es fällt dieser Porphyr teils in das Ziegelrote, teils ins Dunkelrote. Er hält in Ansehung der Härte das Mittel zwischen Ton- und Hornsteinporphyr und hat milch- und gräulichweißen, zum Teil kristallisierten Feldspat und kleine Quarzkörner reichlich eingemengt. An dieses Porphyrlager schließt sich in der unteren Gegend dieses Grundes der weißliche Porphyr wieder an, welcher das Hauptlager dieser ganzen Gegend ausmacht. Bei Arlesberg tritt man aus dem Urgebirge in das Todliegende, welches sich von der Altenburg bei Dörrberg herüber und bis nach Elgersburg und Ilmenau fortzieht. Dieses *Arlesberg* ist ein kleines gothaisches Dörfchen (24 Häuser, 122 Einwohner), der Sitz eines Försters, dessen Wohnung wahrscheinlich die Veranlassung zur Anbauung der übrigen Häuser gab, deren Bewohner sich von Harzscharren, Holzhauen und Viehzucht nähren. Sie sind nach Gera eingepfarrt. Die Lage dieses Ortes unmittelbar am Ausgang des Wiesengrundes und in der Nähe imposanter Felsenmassen ist sehr romantisch. Von hier geht der Weg durch liebliche Wiesenflächen immer zur Seite des kristallhellen Baches nach *Geraberg*, einem gothaischen Dorf (159 Häuser, 620 Einwohner mit Einschluß der eingepfarrten Misselmühle), welches durch seinen beträchtlichen Umfang, durch das von Wohlhabenheit zeugende Ansehn seiner meisten Häuser und durch die anmutige Abwechslung seiner Umgebungen einen ungemein interessanten Anblick gewährt. Außer dem Wasser des schönen Waldbaches, der den Ort selbst in seiner ganzen Länge durchströmt und hier reich an vorzüglich guten Forellen ist, befinden sich noch sieben Springbrunnen hier. Die hauptsächlichste Nahrung der Einwohner beruht auf der durch die nah gelegenen Wiesen und durch die fetten Waldweiden begünstigten Viehzucht, auf der Arbeit in den herrschaftlichen und in den nicht unbeträchtlichen Gemeindeholzungen, auf Pechsieden, Kienrußbrennen und Pottaschensieden. Auch ist eine Papiermühle hier. 92 Häuser besitzen überdies die Gerechtigkeit, ihr benötigtes Holz unentgeltlich aus dem herrschaftlichen Wald zu erhalten, und auch die Fischerei in den der Gemeinde gehörigen verschiedenen Teichen gewährt einem Teil der Einwohner einige Zuflüsse. Vormals war der Ort Eigentum der Herren von Witzleben auf Elgersburg. Mit diesem letzteren Rittersitz wurde es im Jahre 1800 an die Herzogliche Kammer zu Gotha verkauft, so daß dieser Ort nunmehr landesherrlichen Gerichten unterworfen ist. In der gleichen anmutigen Fortsetzung des Wiesengrundes der Gera führt der Weg längs dieses Flüßchens weiter nach dem schwarzburg-rudolstädtischen Dorf *Angelroda* (65 Häuser, 223 Einwohner), welches der Familie von Witzleben noch jetzt gehört, die daselbst einen Rittersitz hat. Die Nahrung der Einwohner ist der von Gera ähnlich. Man kommt auf diesem Weg an den sogenannten Felsenkammern vorüber. Diese sind Spaltungen in den hohen Felsmassen von verschiedener Geräumigkeit, zum Teil so schmal, daß man oben, wo sie auf der Höhe des Felsens auslaufen, sie überspringen kann. An ihren Seiten sind hohe Tannen emporgewachsen, deren Spitzen aus ihnen hervorragen. Die Bildung dieser Felsenklüfte hat ein höchst groteskes Ansehn, und der kleine Umweg, den man machen muß, um sie zu besuchen, wird den Wanderer nicht gereuen. Überhaupt gewährt der Weg von Arlesberg bis hierher, der ungefähr einundeinehalbe Stunde lang ist, durch die mannigfaltige Abwechslung der Aussichten, die er nach mehreren Punkten hin darbietet, eine reiche Unterhaltung und verdient, von Reisenden ganz vorzüglich gewählt zu werden, wenn sie diesen Teil des Thüringer Waldes besuchen. Von Angelroda weiter nach Plaue führt der Weg teils durch Kornfelder, teils durch Wiesen wiederum ungefähr eine Stunde lang fort, und auf demselben kommt man oberhalb der Stelle, wo sich die vorhin beschriebene Wilde Gera mit der Gera selbst vereinigt, auch an dem Punkt vorüber, auf welchem der östliche Hauptbach der Gera in diese fällt. Wir steigen von hier nochmals in das Gebirge zurück, um mit der Kenntnis dieses Grundes die Reise durch dieses Tal zu vollenden. Die entferntere Quelle dieses östlichen Baches entspringt in dem weimarischen Amt Ilmenau, am Fuß der Sturmheide, bei dem Dorf *Roda* (62 Häuser, 307 Einwohner), dessen Nahrung vorzüglich auf Verfertigung eiserner Nägel aller Art (im Jahre 1789 waren über 30 Nagelschmiedemeister hier), auf Harzscharren und Holzarbeit beruht. Von hier aus nimmt das Wasser seinen Lauf (fast immer in derselben Richtung wie der von dem Ilmenauer Bergwerk auf der Sturmheide führende Hauptstollen, welcher bei Martinroda sein Mundloch hat) bis zu diesem letzteren Ort. Auf diesem Weg fallen ihm mehrere kleine Bäche zu, wovon einer der vorzüglichsten der ist, welcher von Elgersburg herabkommt und sich unweit Martinroda mit dem Hauptbach vereinigt, jedoch bei heißer Witterung nicht selten ganz vertrocknet.

Elgersburg, ein gothaisches Dorf (71 Häuser, 410 Einwohner) gehörte vormals den Herren von Witzleben, seit 1800 der Herzoglichen Kammer zu Gotha, die es durch Kauf an sich gebracht, die zu den Gütern gehörige Ökonomie aber vereinzelt und den Einwohnern dieses und der nahe gelegenen Orte in Erbpacht überlassen hat. Das hier befindliche Schloß, der vormalige Sitz der Herren von Witzleben, hat eine ungemein schöne Lage auf einer Anhöhe und beherrscht eine vortreffliche Aussicht auf die sich vom Gebirge gegen das flache Land ziehenden Täler und Wiesengründe, so wie es auch von mehreren Punkten der letzteren selbst eine sehr malerische Ansicht gewährt. Die Nahrung der Einwohner beruht außer der geringen Feldwirtschaft und der etwas einträglicheren Viehzucht auf dem Kienrußbrennen und dem Handel mit diesem Produkt. Es werden hier sieben Kienrußstätten, zum Teil jedoch nur schwach betrieben, und die großen Fässer, die zu dessen Versendung gebraucht werden, verfer-

tigt man ebenfalls hier, dagegen zu Manebach, eine Stunde von hier, die kleineren Kienrußhütten gemacht werden. Von diesen beiden Arten Gefäße allein rechnet man den jährlichen Absatz der zwei Orte Elgersburg und Manebach auf 1 200 Taler. Der erstere Ort hat übrigens einen eigenen Pfarrer, welcher die Filialkirche zu Manebach zugleich mit versieht.

Elgersburg

Martinroda (381 Einwohner) liegt im weimarischen Amt Ilmenau und gehört den Herren von Witzleben. Der Feldbau ist auch hier durch die gebirgige Lage des Ortes sehr beschränkt, und die Einwohner nähren sich daher teils von Kienrußbrennen, teils vom Fuhrwesen. Von diesem Ort zieht sich der Bach in einem nach Neusiß zulaufenden Grund fort. Bis Elgersburg findet man sich noch immer in dem von Westen herübergelagerten Porphyrgebirge. Bei diesem Ort legt sich das Todliegende an das Grundgebirge an, und von Martinroda aus tritt man wiederum in den Flözkalk über, der bis Neusiß der Begleiter des Baches bleibt. *Neusiß* ist ein kleines weimarisches, ins Amt Ilmenau gehöriges Dörfchen (36 Häuser, 152 Einwohner) mit einem fürstlichen Kammergut. Außer der nicht beträchtlichen Feldwirtschaft beschäftigen sich die Einwohner vorzüglich mit dem Handel und dem Straßenfuhrwesen, und es war vormals ein Handelshaus hier, welches auch zu Hamburg Haus- und Warenlager hatte Nicht weit unterhalb Neusiß, nachdem der Bach ins Schwarzburgische getreten ist, vereinigt sich derselbe mit der Gera und setzt mit ihr den Weg durch die schon beschriebenen Gegenden über Plaue fort.

Nachwort

Die hier in einer Auswahl vorgestellte Beschreibung des Thüringer Waldes erschien ursprünglich 1807 und 1812 mit zwei Bänden auf 690 und 526 Seiten im Oktavformat. Ein Nachdruck in vollem Umfang war von vornherein ausgeschlossen, sollte das Vorhaben doch den Prinzipien der Reihe »Klassische Reisen« gerecht werden. So fand nur der erste Band Verwendung. Während daraus das I. Heft mit einer allgemeinen Beschreibung nahezu ungekürzt wiedergegeben ist, konnten vom II. Heft, in dem die westliche Hälfte des Gebirges geschildert wird, nur die Täler der Nordseite Aufnahme finden.

Bei der Bearbeitung waren nach Auffassung der Herausgeber einige Aufzählungen verzichtbar. Das gilt zum einen für Höhenangaben verschiedener Orte des Gebirges, die mehr oder weniger von den heute bekannten Werten abweichen und besser modernen Karten zu entnehmen sind. Ebenso wurden mehrere umfangreiche Listen mit wissenschaftlichen Pflanzennamen ausgelassen, zumal sie nur sehr ungenaue oder gar keine Fundortangaben enthalten.

Entsprechende Gründe ließen uns bei der Aufzählung der Wirbeltiere auf allgemein verbreitete oder wegen ihrer Lebensansprüche als Besiedler des Gebirges zweifelhafte Arten verzichten, gleichfalls auf eine aus heutiger Sicht recht zufällige Folge von Insektennamen. Wer daran dennoch ein spezielles Interesse hat, dürfte ohnehin lieber zur Originalausgabe greifen. Anmerkungen am Schluß dieses Buches enthalten Erläuterungen zu nicht mehr allgemein gebräuchlichen Begriffen, wenn sie in heute zugänglichen Nachschlagewerken fehlen. Um eine richtige Deutung veralteter geologischer Termini zu ermöglichen, sind diese in tabellarischer Form den jetzt gültigen Begriffen zugeordnet worden.

Im Interesse der Lesbarkeit wurden Orthographie und Interpunktion moderner Schreibweise angeglichen.

Das I. und II. Heft des Originals enthalten außer einer Titelvignette lediglich drei Kupferstiche, die K. E. A. v. Hoff eigenhändig fertigte. Neben der Reproduktion dieser Originalabbildungen wurden für diese Ausgabe noch weitere zeitgenössische Illustrationen ausgewählt.

Der Vorrede des I. Heftes läßt sich entnehmen, daß die einander in Freundschaft verbundenen Verfasser seit v. Hoffs erster geologischer Exkursion zum Schneekopf und nach Oberhof im Jahre 1792 regelmäßig gemeinsame Streifzüge durch das Gebirge unternahmen und 15 Jahre Beobachtungen sammelten, die in erster Linie den Inhalt des Werkes bestimmen sollten. Wie es im Vorwort heißt, »durchwanderten sie in verschiedenen Richtungen das Gebirge, fanden dort, entfernt vom Geräusche der Welt und vom Gewühle der Leidenschaften, unter den gefälligen, frohsinnigen Bewohnern, im Austausch ihrer Bemerkungen, in dem gemeinschaftlichen Genuß der mannigfaltigen Naturschönheiten die sorgenfreiesten Stunden ihres Lebens.«

Zwar führte sie ihr Weg nicht wie andere Zeitgenossen in ferne Länder, doch geben Art und Weise der Schilderungen, besonders deren Originalität, Veranlassung genug, sie in diese Buchreihe aufzunehmen.

Die gesellschaftlichen und politischen Verhältnisse des beginnenden 19. Jahrhunderts können Unternehmungen dieser Art nicht förderlich gewesen sein. Die Kleinstaaten Deutschlands, noch in feudaler Ordnung verharrend, waren der Eroberungspolitik Napoleons nicht gewachsen. Im Herbst des Jahres 1806 wurde Preußens Armee bei Jena und Auerstedt vernichtend geschlagen. Noch im Dezember des Jahres folgten die Herzöge von Gotha/Altenburg, Weimar und Meiningen durch Beitritt zum Rheinbund dem nationalen Verrat anderer Fürsten. Die napoleonische Fremdherrschaft fand erst 1813 mit den Befreiungskriegen ein Ende.

Andererseits erlebten im letzten Drittel des 18. sowie in der ersten Hälfte des 19. Jahrhunderts Wissenschaft und Kunst im Geiste der Aufklärung eine beispiellose Blüte, brachten Forschungsreisende neue Kenntnisse aus der Ferne nach Europa. Ihre oft abenteuerlichen Berichte machten neugierig und weckten eine allgemeine Reiselust. Wer nicht selber zu reisen vermochte, wollte doch lesend den eigenen Horizont erweitern, seiner Bildung dienen.

Der junge deutsche Naturforscher Georg Forster (1754–1794), Teilnehmer an James Cooks zweiter, in den Jahren 1772 bis 1775 unternommenen Weltreise, gilt als Begründer der wissenschaftlichen Reisebeschreibung. Er beschränkt sich nicht mehr auf die sachliche Wiedergabe gesammelter Fakten, sondern war bemüht, die Gesamtheit der Natur, seine Forschungen und Erlebnisse mit der Ausdruckskraft des Dichters zu schildern.

In dieser Zeit vollzogen sich durch die Entwicklung der Technik tiefgreifende Veränderungen der Produktionsverhältnisse. Sie wirkten sich auch auf die Anstrengungen um die Erforschung der Erde aus. Ein neuer Prototyp des Entdeckers gewann Gestalt. Er war nicht nur subtiler Beobachter, sondern fähig, Zusammenhänge zu erkennen und zu ordnen. Alexander v. Humboldt (1769–1859) wurde die große Gestalt dieser klassischen Epoche der Wissenschaft. Besonders seine 1799 begonnene fünfjährige »Reise in die Äquinoktialgegenden« erregte und begeisterte die Zeitgenossen.

Vergleichbar Bedeutendes vollzog sich auf dem Gebiet der Gesteinskunde. Zwischen 1750 und 1830 bildeten Sachsen und Thüringen eines der europäischen Zentren des Fortschritts in der geologischen Forschung. Abraham Gottlob Werner (1749–1817) legte an der Bergakademie Freiberg das Fundament zu einer wissenschaftlichen Geologie, Leopold v. Buch (1774–1853) war deren größter Vertreter in dieser Zeit und ihr »Reformator«.

Es steht außer Frage, daß auch unsere beiden Verfasser, Christian Wilhelm Jacobs als Vertreter des aufstrebenden Bürgertums und Karl Ernst Adolf von Hoff in der Geisteshaltung des aufgeklärten Adels, von den genannten Zeitgenossen beeinflußt und angeregt waren.

Generell spielte Thüringen für das deutsche Geistesleben um diese Jahrhundertwende eine hervorragende Rolle. Weimars Ruhm als Heimstatt der klassischen deutschen Literatur ist Allgemeingut. Daß Gotha parallel dazu eine ebenbürtige, verdienstvolle Pflegestätte der Wissenschaften war, ist kaum einmal gewürdigt worden. Die Namen berühmter Gelehrter sind für immer mit dieser thüringischen Stadt verbunden.

Ernst Friedrich v. Schlotheim (1764–1832) gilt noch heute als Begründer der wissenschaftlichen Paläobotanik. Der Göttinger Naturforscher und Anatom Johann Friedrich Blumenbach (1752–1840) wurde hier geboren. Dessen Schüler Jasper Ulrich Seetzen (1767–1811), ein namhafter Orientreisender, erhielt an der Gothaer Sternwarte seine praktische Ausbildung und durch Ernst II. von Sachsen-Gotha-Altenburg das für die Unternehmungen notwendige Instrumentarium. Prominente Astronomen wie Franz Xaver v. Zach (1754– 1832) und Bernhard v. Lindenau (1779–1854) wirkten damals in Gotha. Justus Perthes (1749–1816) gründete 1785 die bis auf den heutigen Tag fortwirkende »Geographisch-kartographische Anstalt«, zu der wiederum Geographen und Kartographen von Weltgeltung gehörten, in jener Zeit Adolf Stieler (1775–1836). Mit seinem berühmten »Hand-Atlas« legte er den Grundstein für die kartographische Verlagstätigkeit. Auch Carl Ritter (1779–1859), Schöpfer der wissenschaftlichen Geographie, darf genannt werden, weil er in Christian Gotthilf Salzmanns Erziehungsanstalt zu Schnepfenthal bei Gotha 11 Jahre Zögling war und die denkbar beste Vorbereitung auf sein späteres Forscherleben erfuhr.

In diesem geistigen Umfeld entschlossen sich die Autoren zu einer Schilderung des Thüringer Waldes, die besonders Reisenden gewidmet wurde. Die Freunde wollten das Gebirge nicht nur selbst kennenlernen, vielmehr verfolgten sie dabei wissenschaftliche Zwecke, wie es in der Vorrede des ersten Bandes heißt. Zudem fanden sie verfügbare Literatur oft unzuverlässig und wollten vor allem dem unkundigen Besucher nicht nur schon damals bekannte Punkte wie den Inselsberg oder die Wartburg vorstellen, sondern weitere Orte, die von Seiten der Natur oder Kunst ebenso oder kaum weniger interessant sind.

Von ihren Neigungen und Kenntnissen her ergänzten sich v. Hoff und Jacobs vorzüglich. Geologische und mineralogische Beschreibungen sowie hydrographische Angaben sind des ersteren Werk, wobei ihn überwiegend eigene Ansicht und Forschung leiteten. C. W. Jacobs fiel die Aufgabe einer Schilderung der Bewohner und ihrer Gewerbe sowie von Pflanzen und Tieren zu.

Seit Friedrich Kries (1768–1842), ein Göttinger Studienfreund A. v. Humboldts, Mathematiker und Gymnasialprofessor in Gotha, im Jahre 1793 erstmals unsere Autoren auf einer Reise begleitete, nahm er oft an deren Exkursionen teil. »Ihm verdanken die Verfasser dieser Blätter viele Stunden froher Laune sowohl als belehrende Unterhaltung, ihm geben sie, indem sie diese Sammlungen, die Früchte jener Streifereien, ihm widmen, nur einen Teil seines Eigentums zurück«, schreiben sie in der Vorrede zum I. Heft.

Jacobs erwähnt mit besonderer Dankbarkeit, er habe Angaben über Pflanzenfunde von den Schnepfenthaler Lehrern J. Girtanner (1773–1857) und K. Salzmann (1784–1870) erhalten und hätte sich bei faunistischen Mitteilungen ganz auf J. M. Bechstein (1757–1822), den in Waltershausen geborenen Lehrer, Forstmann und »Vater der Naturgeschichte«, stützen können.

Wenn die Herausgeber und der Verlag das Buch auswählten, um es dem an Naturschilderung und Reisebeschreibung interessierten Leser unserer Zeit zugänglich zu machen, sind sie wohl eine Begründung schuldig.

Welche Bedeutung dem Werk bei seinem Erscheinen beigemessen wurde, läßt sich nach den inzwischen vergangenen 180 Jahren nur noch andeutungsweise feststellen. v. Hoffs Biograph Otto Reich schreibt, es habe den ungeteilten Beifall der Zeitgenossen gefunden, Goethe vor allem sei entzückt gewesen von der Behandlung der mineralogischen und geologischen Verhältnisse. Das Buch soll den regen mündlichen sowie schriftlichen Kontakt zwischen ihm und v. Hoff eingeleitet und ihre Freundschaft begründet haben.

Tatsächlich hat die weitgehende Originalität der geologischen Beschreibung und der meisten übrigen Fakten gesichert, daß das Buch noch sehr lange Zeit ein zuverlässiger Ratgeber blieb und den Besuch des Gebirges förderte. Johann Ludwig Heim (1741–1819), Meiningischer Geheimer Rat und Verfasser der gründlichen »Geologischen Beschreibung des Thüringer Waldgebirges«, nannte diesen Führer vortrefflich.

Auch der regionalen Topographie und Kartographie brachten die Verfasser mit ihrem Werk entscheidende Fortschritte. Durch seinen Vetter Adolf Stieler mit dem Kartenzeichnen und durch den Astronomen v. Lindenau mit der Höhenmessung vertraut,

Ausschnitt aus der dem Original beigegebenen Karte des Thüringer Waldes, die von Hoff aufgenommen und gezeichnet hat

unternahm v. Hoff selbst eine kartographische Aufnahme des Thüringer Waldes. Die Ausstattung des Reiseführers mit einer Karte bot dazu willkommenen Anlaß. Wie wesentlich diese Leistung war, erfahren wir aus dem kompetenten Urteil des Gothaer Kartographen Carl Vogel, der im Jahre 1863 schrieb: »Die geographische Literatur und speziell die Kartographie über das Thüringer Waldgebirge ist nicht sehr alt. Sie datiert erst aus dem Anfange dieses Jahrhunderts, ist aber dafür mit einer Ausführlichkeit und Gediegenheit eingeleitet, welche noch heute in ihrem Werte nichts verloren hat, ja die sogar vielen später und ganz neuerdings erschienenen Arbeiten bedeutend zugute gekommen ist. Wir meinen das 1807 in Gotha herausgekommene, zwei Bände nebst Karte umfassende Werk ›Der Thüringer Wald‹ von K. E. A. v. Hoff und C. W. Jacobs. Unstreitig haben diese beiden Männer sich das größte Verdienst um die Kenntnis dieses schönen Gebirges erworben. Einzelne Teile desselben waren allerdings schon früher kartographisch dargestellt, wenn auch, wie das bei dem Mangel jeder spezielleren Vermessung erklärlich ist, ungenügend und voll von Fehlern. Die erste Originalkarte aber über den ganzen Umfang des Thüringer Waldes, welche auf Beobachtungen, Messungen und lokalen Forschungen beruhte, ist keine andere als die obigem Werke beigegebene und verdient daher aus diesem Grunde schon eine besondere Erwähnung – ganz abgesehen davon, daß sie für die damalige Zeit, mit nur geringen Hilfsmitteln, wirklich gut zu nennen war. Die genannten Autoren haben sozusagen damals den ›Wald‹ erst entdeckt, da er bei dem fast gänzlichen Mangel jeden Straßennetzes – der Eisenbahnen selbstverständlich zu schweigen – nur von Einheimischen gekannt und besucht, Ferneren aber nur wie jedes andere Gebirge soweit bekannt war, als es der Schulunterricht für gut befand, seines zu erwähnen.«

Erste Pflegestätten thüringischer Landeskunde waren im 18. Jahrhundert die Universitäten zu Erfurt, Leipzig, Jena und Halle. Wertvolles Schriftgut enthalten seit 1754 vor allem Veröffentlichungen der Erfurter Akademie gemeinnütziger Wissenschaften. Die komplexe Darstellung einer Landschaft aber, wie sie unsere Autoren mit ihrem Buch vorlegten, war zu der Zeit etwas völlig Neues. Politisch-territorial begrenzte Landeskunden der thüringischen Kleinstaaten erschienen mehrere Jahrzehnte später, auch weitere touristische Literatur läßt sich erst ab 1836 nachweisen.

Bis zum Erscheinen des umfassenden mehrbändigen geographischen Handbuches über Thüringen von Fritz Regel sollten noch 80 Jahre vergehen. Dennoch wird unser Reiseführer darin als treffliches Werk gerühmt und zitiert.

Aus heutiger Sicht interessiert vor allem, ob denn eine so alte Darstellung noch nutzbar ist. Da das Gebirge seit dieser Schilderung geomorphologisch so gut wie keine sichtbaren Veränderungen erfuhr, kann sich der Leser von daher durchaus orientieren.

Es ist zudem äußerst reizvoll und gewinnbringend, die Schilderungen der Vegetationsverhältnisse, Siedlungen, Gewerbe, Sitten und Gebräuche mit der heutigen Situation zu vergleichen. Dabei wird unter anderem deutlich, wie sehr in dieser Hinsicht die vergangenen zwei Jahrhunderte unter dem Einfluß des Menschen formend und verändernd wirkten. Für die Entstehungszeit des Buches bemerkenswert erscheint den Herausgebern vor allem das vielfach spürbare Bemühen um eine ganzheitliche Betrachtungsweise im Sinne A. v. Humboldts. Sie läßt die Verfasser Zusammenhänge erkennen, die uns erstaunlich modern anmuten, beispielsweise die Äußerungen zur Vegetationsgeschichte des Gebirges oder über Ursachen der Armut vieler Waldbewohner.

Als wertvoll darf dieser Thüringer Wald-Führer schon deswegen gelten, weil die Autoren nicht nur kompilatorisch wirkten. Das gilt vor allem für K. E. A. v. Hoffs geologische Ausführungen, die den Kenntnisstand am Ende des 18. Jahrhunderts repräsentierten, aber ebenso für C. W. Jacobs' Mitteilungen zur ökonomischen Geographie. Die Angaben zur Siedlungs- und Bevölkerungsstruktur, zu den Produktionsverhältnissen, zum Stand der Technik oder zum Brauchtum stellen eine Fundgrube für Historiker und Ethnographen dar. Bemerkenswert ist weiterhin, daß v. Hoff langfristige meteorologische Beobachtungen von mehreren Punkten gleichzeitig fordert, das heißt, die spätere Basis des uns heute unverzichtbaren Wetterdienstes. In dem Falle liegt die Anregung dazu auf der Hand, wurden doch um 1800 auf Veranlassung A. v. Humboldts in Europa und Amerika zahlreiche meteorologische Stationen eingerichtet.

Überraschend wirkt auf den heutigen Leser die gesellschaftskritische Haltung der Autoren. Sie wird mehrfach spürbar, besonders, wenn sie zur Lage der Arbeiter bemerken: »Jene sind wahre Leibeigene, die nicht für sich, sondern nur für den Wohlstand der letzteren (gemeint sind die Fabrikanten, d. Hrsg.) arbeiten, und diese, nicht zufrieden, einen mäßigen Anteil des Gewinnes in einer billigen Teilung mit ihren Arbeitern an sich zu nehmen, befolgen fast allgemein den Grundsatz, soviel als möglich zu gewinnen und in eigenem Wohlbefinden die Not ihrer dürftigen Brüder nicht zu achten.«

Auch wer eine reizvolle Lektüre sucht, wird nicht enttäuscht. Die gefällige, lebhafte Sprache, die Fähigkeit, scheinbar Gewöhnliches interessant zu schildern, vermag uns Urteil und Blick zu schärfen.

Herkunft, Lebensweg und Persönlichkeitsbild der Verfasser sowie ihre Bedeutung aus gegenwärtiger Sicht sind geeignet, die Beurteilung dieses Buches zu ergänzen.

Christian Wilhelm Jacobs entstammte einer seit 1680 in Gotha beheimateten angesehenen Bürgerfamilie. Dort wurde er im Jahre 1763 als ältester Sohn des Amtsadvokaten Wilhelm Heinrich Jacobs (1739–1818) geboren. Seine Mutter war Dorothea Magdalena geb. Madlung (1742–1767), jüngste Tochter des Hofadvokaten und Bürgermeisters zu Gotha, Johann Wilhelm Madlung.

Der um ein Jahr jüngere Bruder, Friedrich Christian Wilhelm Jacobs (1764–1847), Philologe, Gymnasialprofessor und Oberbibliothekar in Gotha, ist publizistisch äußerst produktiv gewesen. Im siebenten Band der 1840 erschienenen »Vermischten Schriften« erfahren wir in den Nachrichten aus seinem Leben über die zu der Zeit kaum zehnjährigen Geschwister: »Wir lasen, was uns vorkam, und ahmten es nach, d. h., wir schilderten die Natur wie Kleist und Zacharias, aber in Prosa, schrieben Idyllen wie Geßner und Reiseabenteuer wie die Insel Felsenburg. Alle Reisebeschreibungen, die uns in die Hände fielen, brachten wir in Auszug. Ja, da uns die mächtigen Bände der Büschingischen Geographie mit Ehrfurcht erfüllten, unternahmen wir selbst, eine eigene Erdbeschreibung anzufertigen.«

Anregungen zur Schriftstellerei dürften bereits vom Vater ausgegangen sein. Von ihm erschienen 1774 in Gotha zwei Bände »Beobachtungen über verschiedene Gegenstände aus dem Reiche der Natur und Sitten.«

Der uns hier interessierende Christian Wilhelm Jacobs studierte in Jena seit 1779 Jura, um beruflich dem Vater zu folgen. Zuletzt Oberkonsistorialrat, starb er 1814 zu Wipperoda, einem Dorf bei Gotha, erst im 51. Jahr seines Lebens »bei einer Fußreise nach dem Thüringer Walde, den er beschrieben hatte und von Zeit zu Zeit in wissenschaftlicher Absicht besuchte« (Jacobs, 1840). Als die Vorarbeiten zum Reiseführer erfolgten, war er besonders mit Staats- und Kameralwissenschaft beschäftigt, wozu sich in den Gewerben und Manufakturen des Thüringer Waldes reichlich Gelegenheit bot. Außer diesem Buch publizierte er 1793 in Leipzig »Ideen über Gegenstände der Criminalgesetzgebung«. Auch darin ist seine humanistische, fortschrittliche Gesinnung spürbar.

Im Vorwort zum I. Band können wir erfahren, daß C. W. Jacobs über eine eigene botanische und zoologische Sammlung verfügte, also ein Naturalienkabinett besaß, das ihm wichtiges »Hülfsmittel« war und zugleich zeigt, wo neben dem Beruf die wirklichen Neigungen dieses Mannes lagen.

Weder in seiner wissenschaftlichen noch in der publizistischen Tätigkeit konnte er aber die Bedeutung seines Bruders, geschweige die des Freundes und Mitautors erreichen.

Der Staatsbeamte und Naturforscher Karl Ernst Adolf von Hoff wurde am 1. November 1771 in Gotha geboren. Zusammen mit seinen vier Geschwistern erlebte der Knabe eine äußerst sorgfältige Erziehung im aufgeklärten elterlichen Haus. Mit seinem wichtigsten Hauslehrer Friedrich Jacobs und mit dessen Bruder Christian Wilhelm begann eine dauerhafte Freundschaft, die für seinen Lebensweg bestimmend werden sollte. Über das Erwachen des Interesses für die Naturgeschichte schreibt Otto Reich (1905): »Ein Zufall war es auch, der damals schon dem Schüler die Lust an der Naturgeschichte des Erdkörpers abgewann. Im Sommer begleitete er seinen Vater auf einer Dienstreise nach Coburg. Dort hatte der Minister Moritz August v. Thümmel, ein Verwandter und Freund der Familie, kurz vorher eine Steinschneidemühle und Steinschleiferei angelegt und ließ aus dem im Coburgischen gefundenen versteinerten Holze vielerlei Kunstwerke verfertigen. Als er sah, daß derlei den jungen von Hoff lebhaft interessierte, beschenkte er ihn mit einer Dose von versteinertem Holze und mit mehreren polierten Stücken verschiedener Art und Farbe. Dieses Geschenk hat den ersten Grund zu seiner Liebhaberei an der Mineralogie gelegt. Die Thümmelsche Dose bewahrte er als ein Heiligtum. Auf der Rückfahrt über den

Thüringer Wald mußten die Reisenden wegen der fürchterlichen Wege oft aussteigen. Der Knabe benutzte die Gelegenheit, Steine zu untersuchen, um versteinertes Holz zu entdecken.« Die von seinem späteren Freund Johann Carl Wilhelm Voigt (1752–1821), Bergrat und bedeutender Geologe in Ilmenau, angebotenen Sammlungen von Gesteinsarten trugen nicht wenig dazu bei, das spezielle geologische Interesse v. Hoffs zu fördern. Er konnte sogar seinen Vater überzeugen, eine solche Sammlung zu kaufen.

Mit dem 14. Lebensjahr wurde Karl v. Hoff ins Gothaer Gymnasium aufgenommen. Zu seinen Lehrern gehörten unter anderem der Historiker Johann Georg August Galetti (1750–1828) und erneut Friedrich Jacobs. Seine Neigungen galten dabei besonders den naturwissenschaftlichen Fächern. 1788 verließ er das Gymnasium mit Auszeichnung und begann noch im gleichen Jahr das Studium der Rechtswissenschaften an der Universität in Jena, das ihm, dem Wunsch des Vaters folgend, eine sichere Karriere als Staatsbeamten ermöglichen sollte. Während des zweijährigen Aufenthaltes in Jena erhielt er vom Gothaer Herzog ein ansehnliches Stipendium. 1790 setzte er sein Studium an der Göttinger Universität, einer der bedeutendsten ihrer Zeit, fort. Hier war es besonders sein Lehrer Johann Friedrich Blumenbach, bei dem er Vorlesungen zur Naturgeschichte hörte, der sein Interesse an der Mineralogie und Geologie förderte. Karl v. Hoff hat bei der Beschäftigung mit den Naturwissenschaften, wie er selbst schreibt: »... Erholung von Mühe und Geschäften, Freude in heiteren und Trost in trüben Tagen gefunden und erfahren, daß die einzige Leidenschaft, die nie der Sättigung unterliegt, der Dienst an der Wissenschaft ist, weil diese Quelle des Strebens und des Genusses nie erschöpft werden kann.«

Studienhalber unternahm er im Jahre 1791 eine Fußreise in den Harz. Dabei standen vor allem geologische und mineralogische Interessen im Vordergrund. Er besichtigte Höhlen und nahm an einer Befahrung der Grube »Samson« bei Andreasberg teil. Ende September 1791 schloß er das Universitätsstudium in Göttingen ab und kehrte nach Gotha zurück, wo er im Dezember des gleichen Jahres das Patent eines Legationssekretärs bei der Geheimen Kanzlei erhielt und eine Laufbahn als Staatsbeamter begann. Seine Tätigkeit wurde nun vom Geheimratskollegium bestimmt, das sich im Gothaer Schloß Friedenstein regelmäßig

Karl Ernst Adolf von Hoff

mit dem Fürsten über Probleme der Außenpolitik, des Militärwesens und der Verwaltung des Herzogtums beriet. Karl v. Hoff gewann wegen seiner Gewissenhaftigkeit schnell die besondere Anerkennung des zuständigen Ministers Frankenberg. Seine ersten Erfahrungen auf dem Gebiet der Diplomatie sammelte er während der Verhandlungen des Herzogtums Gotha mit Preußen an der Seite des Ministers Hans v. Thümmel 1792 in Frankfurt am Main. Im Mittelpunkt dieser diplomatischen Mission stand die Größe des vom Herzogtum zu stellenden Truppenkontingentes für die Niederschlagung der französischen Revolution durch die europäische Reaktion nach deren Kriegserklärung an Frankreich. Im Rahmen der partikularistischen Politik des Herzogtums Gotha führten ihn weitere diplomatische Missionen im Jahre 1806 nach Berlin, Königsberg und Posen sowie 1807 als Begleiter des Ministers v. Thümmel und des Geheimen Legationsrates Bridel-Brideri für längere Zeit an die preußischen, sächsischen und polnischen Höfe. Nach Napoleons Niederlage bei Leipzig bekannte sich der Gothaer Herzog zum Deutschen Bund. Dabei trat das besondere diplomatische Geschick von Hoffs bei der Wahrung der Interessen des Herzogtums Gotha im Verlauf der politisch-territorialen Neuaufteilung Deutschlands in Erscheinung.

Im Jahre 1806 machte Karl v. Hoff erstmals Bekanntschaft mit Alexander von Humboldt, als er am 17. November in der Akademie der Wissenschaften eine seiner Vorlesungen hörte. Humboldt besuchte ihn 1807 in Gotha. Gleichzeitig bestand eine enge Freundschaft zu Leopold von Buch, der erstmals 1810 nach Gotha kam. Darüber schrieb Karl von Hoff: »Am 3. Junius trat zu mir ins Zimmer – Leopold v. Buch, der Mann, den ich schon seit fast 10 Jahren für den Ersten aller Geognosten zu halten ganz entschieden war. Wir gerieten tief in unser gemeinschaftliches Lieblingsstudium, meine Sammlung von Steinen und Notizen wurden geöffnet, und diesen und den ganzen folgenden Tag blieben wir zusammen. Er trug alles, was ich ihm mitzuteilen hatte, in seine Schreibtafel. Ich eilte, ihn mit Studnitz und Lindenau bekannt zu machen. Am 5. wollte er weiterwandern über den Thüringer Wald, und gern nahm er meine Begleitung zum Inselsberge an. Studnitz und Lindenau folgten uns dahin nach, wo wir zusammen einen interessanten und vergnügten Tag zubrachten. Studnitz und Lindenau kehrten abends nach Gotha zurück, ich brachte mit Buch die Nacht auf dem Inselsberge zu und geleitete ihn noch am folgenden Tag durch das Drusental bis zum südlichen Rand des Gebirges.«

Große Verdienste erwarb sich v. Hoff bei der von ihm zwischen 1817 und 1820 geleiteten Reorganisation der Universität

Jena, wofür ihm der Großherzog von Weimar den Weißen Falkenorden verlieh. In diese Zeit fällt auch ein reger gedanklicher Austausch mit dem Geheimrat von Goethe.

Nach dem Tod des Herzogs August (1822) regelte Karl von Hoff die erbrechtlichen Angelegenheiten und verhinderte, daß das herzogliche Mobilarvermögen, einschließlich der herzoglichen Haus- und Privatsammlungen, für die Stadt Gotha und die Nachwelt verlorengingen. 1826 wurde er zum Kurator der Gothaer Sternwarte ernannt.

Nach einer einjährigen Tätigkeit in Meiningen erhielt er 1829 das Oberkonsistorialpräsidium zu Gotha. Außerdem übertrug man ihm nach dem Tod seines Freundes Ernst Friedrich von Schlotheim (1832) die Direktion der Kunst- und wissenschaftlichen Sammlungen auf Schloß Friedenstein, die er bis zu seinem Ableben im Jahre 1837 innehatte.

Trotz seiner anstrengenden Tätigkeit im Staatsdienst am herzoglichen Hof fand von Hoff auf zahlreichen Reisen und unzähligen Begegnungen mit namhaften Wissenschaftlern und Gelehrten seiner Zeit stets Möglichkeiten, seinen Interessen für Geologie, Mineralogie und Geographie zu folgen und in diesen Naturwissenschaften zu bedeutsamen schöpferischen Leistungen zu gelangen.

Besonders in der Erforschung der Erdgeschichte wetteiferte er mit seinem Gothaer Freund und Kollegen Ernst Friedrich von Schlotheim, der sich vorrangig mit der fossilen Pflanzenwelt des Thüringer Rotliegenden beschäftigte. Karl von Hoff wählte die nähere Umgebung von Gotha, vor allem aber den Thüringer Wald, zu den Hauptgebieten seiner geologisch-mineralogischen Studien. Die auf Wanderungen und Reisen gesammelten Mineral- und Gesteinsproben sind in seiner wissenschafts-historisch bedeutenden und im Gothaer Museum der Natur aufbewahrten Sammlung von Mineralien, Gesteinen und Fossilien des Thüringer Waldes erhalten geblieben, nach seinem handschriftlich verfaßten Katalog 1867 Belegstücke. In diesem für die damalige Zeit vorbildlich angelegten Katalog wird jede Gesteinsart des Thüringer Waldes in einem einleitenden Text wissenschaftlich exakt behandelt. Die Durchsicht des Kataloges läßt den Schluß zu, daß Karl von Hoff wohl den Plan hatte, nach Herausgabe der Thüringer Wald-Bände eine geologische Beschreibung des gesamten Thüringer Waldes in ausführlicher Form zu veröffentlichen, vielleicht in Anlehnung an das 1796 bis 1812 in 6 Bänden erschienene Werk »Geologische Beschreibung des Thüringer Waldgebürgs« von J. L. Heim. Wie aus den häufigen Zitaten im Katalog anzunehmen ist, hatte von Hoff bei seinen geologisch-mineralogischen Arbeiten im Thüringer Wald vor allem mit Heim in Meiningen und Voigt in Ilmenau im wissenschaftlichen Meinungsstreit gestanden. Bedeutende Anteile der geologischen Sammlungen Heims und Voigts sind noch zu Lebzeiten der Gelehrten in die Sammlung von Hoffs übergegangen und bis in die Gegenwart erhalten geblieben. Die von Heim im Vorwort zu seinem eigenen Werk (Teil I, 1796) niedergeschriebenen allgemeinen Erfahrungen wurden bei der geologischen Untersuchung des Thüringer Waldes auch für Karl von Hoffs geologische Arbeitsmethoden bestimmend. Neue Erkenntnisse auf geologischem Gebiet gewann er vornehmlich aus der direkten Beobachtung der Natur, bei der systematischen Untersuchung von Gebirgstälern, Flußläufen, Felsbildungen und Bergbauaufschlüssen.

Neben der noch für die Gegenwart beispielgebenden Methodik der Anlage einer wissenschaftlichen Belegsammlung und der Erkenntnisfindung ist auch sein publizistisches Gesamtwerk recht bedeutend.

Von den politischen Schriften ist vor allem das zweibändige Werk: »Das deutsche Reich vor der französischen Revolution und nach dem Frieden zu Lunéville« zu nennen (erschienen 1801 und 1805). Karl von Hoff war seit 1795 freier Mitarbeiter im Perthesschen Verlag und zwischen 1819 und 1822 selbständiger Herausgeber des Hofkalenders.

Nachdem er im Jahre 1798 zum Mitglied der Mineralogischen Societät in Jena ernannt wurde, faßte er im Jahr darauf den Entschluß, ein Journal für Mineralogie und Geologie zu gründen, »um die mineralogische Tätigkeit und Publizität anzufachen und sich selbst in dem Kreis des Wissenswürdigen dieses Lieblingsstudiums geschäftig zu halten«. Mit Unterstützung des Leipziger Buchhändlers Roch und zahlreicher Fachgelehrter erschien nach gründlicher Vorbereitung im Jahre 1801 das erste Heft des »Magazins für die gesamte Mineralogie, Geologie und mineralogische Erdbeschreibung«. Das Journal fand großen Anklang, mußte jedoch schon nach der Herausgabe des vierten Heftes sein Erscheinen einstellen, da der Verlagsbuchhändler unerwartet verstarb.

Unter anderem folgte im Jahre 1810 eine »barometrische Reise« bis ins Hessische Bergland. Wichtig war ihm eine dabei erfahrene geologische Erkenntnis: »Hier auf der Blauen Kuppe fand ich auf einmal Licht und Aufschluß über die Bildung des Basaltes, und die Wernersche Wassertheorie war nun für immer und fort aus meinen Augen verworfen.«

Der international geführte Meinungsstreit zwischen den Neptunisten, die die Entstehung von Granit und Basalt auf wäßrigem Wege erklärten, und den Plutonisten, die die vulkanische Entstehung des Basaltes heftig vertraten, ging demnach auch an v. Hoff nicht spurlos vorüber. Dies lag schon an seiner Verehrung des Freiberger Professors Werner, des Hauptvertreters des Neptunismus, und an seinen späteren freundschaftlichen Beziehungen zu Voigt in Ilmenau, einem Anhänger des Plutonismus. So war v. Hoff anfänglich Verfechter neptunistischer Vorstellungen, wurde jedoch durch eigene Untersuchungen an Basalten in Thüringen und Hessen von der vulkanischen Entstehung des Basaltes überzeugt.

Nach angespannter Arbeit fuhr er mehrmals zur Erholung nach Karlsbad und nutzte den Aufenthalt zu geologischen Studien, deren Ergebnisse in der Arbeit: »Geognostische Bemerkungen über Karlsbad« (1825) zusammengefaßt wurden. In den folgenden Jahren veröffentlichte er eine Reihe kleinerer Abhandlungen mit lokalem Inhalt und setzte seine meteorologischen Beobachtungen und Höhenmessungen in Thüringen fort. Dabei stand er im regen Gedankenaustausch mit dem bedeutenden Mathematiker Karl Friedrich Gauß in Göttingen und mit Heinrich Berghaus in Gotha.

Als nach dem Tod A. G. Werners 1817 der Plutonismus-Neptunismus-Streit längst überwunden war, begannen neue grundlegende Auffassungen die geologischen Wissenschaften zu durchdringen. Karl v. Hoff erreichte mit der Herausgabe seines umfangreichsten Werkes: »Geschichte der durch Überlieferung nachgewiesenen natürlichen Veränderungen der Erdoberfläche« Teil I bis V, Gotha bei Justus Perthes 1822–1841, den Höhepunkt in seinem naturwissenschaftlichen Schaffen. Mit diesem Werk schuf er wesentliche Grundlagen für die Herausbildung einer modernen Geologie und nutzte erstmals umfassend die aktualistische Denkweise bei der Erklärung geologischer Erscheinungen der Erdgeschichte. Nach seiner Ansicht lassen sich die

Vorgänge und Veränderungen in der Erdgeschichte, wie beispielsweise die Bildung der Täler, Flußläufe, Meeresküsten und Vulkane, aus den gegenwärtig nachweisbaren Kräften und Erscheinungen auf der Erde ableiten.

Karl von Hoff wurde damit zum Mitbegründer der aktualistischen Denkweise in der Geologie, die auch heute noch die Grundlage für die Erforschung der Erdgeschichte bildet. Für den Ablauf geologischer Prozesse nahm er riesige Zeiträume an und trat somit offen gegen die damals noch verbreitete Katastrophenlehre Cuviers auf, nach der zahlreiche, vor allem kurzzeitige, katastrophale Umwälzungen in der Erdgeschichte zur Umgestaltung der Oberflächenformen geführt haben sollen. Mit den neuen Erkenntnissen v. Hoffs wurden einer umfassenden Erdgeschichtsforschung neue Tore geöffnet. Der bedeutende englische Geologe Charles Lyell (1797–1875), dem irrtümlich der Hauptanteil an der Begründung der Aktualitätstheorie zugeschrieben wird, kannte sicher die von Hoffschen Auffassungen. Aber erst ihm gelang es, dieser umwälzenden Erkenntnis in der Geologie zum Durchbruch zu verhelfen.

Karl v. Hoffs wissenschaftliches Hauptwerk beschäftigte ihn selbst bis in seine letzten Lebensjahre. Am 24. Mai 1837 verstarb 65jährig in Gotha einer der bedeutendsten deutschen Geologen und Geographen der ersten Hälfte des 19. Jahrhunderts. Gemeinsam mit den bereits erwähnten großen Gelehrten seiner Zeit beeinflußte er nachhaltig den erkenntnistheoretischen Fortschritt in den Erdwissenschaften. 150 Jahre danach gedenken wir eines Mannes, der zu den bedeutendsten Naturwissenschaftlern seiner Zeit gehörte, dessen wissenschaftliche Leistungen ihn zu einem Wegbereiter der modernen Geowissenschaften werden ließen.

Anmerkungen

(1) Eine geographische Meile entspricht 7,4 km.

(2) Nach heutiger Kenntnis hat ein solcher See nicht existiert. Die Schotterlager entstanden infolge verminderter Transportleistung der Bäche während der Eiszeit.

(3) Geographische Höhenmessungen befanden sich zu dieser Zeit noch in den Anfängen. Die genannten Werte weichen zum Teil beträchtlich von den tatsächlichen Verhältnissen ab. Die genauen Höhenangaben findet man in allen moderneren Karten, daher wurde an dieser Stelle darauf verzichtet.
Fuß, Pariser Fuß, Schuh: altes Längenmaß. Entsprach 12 Zoll = 144 Linien = etwa 32 cm.

(4) Acker: altes sächsisches Feldmaß. In Sachsen-Gotha als Feldmaß 0,22 ha, als Waldmaß 0,34 ha.

(5) Klafter: altes Längenmaß, meist 6 Fuß, etwa 1,80 m.

(6) purgieren: medizinisch reinigen bzw. abführen.

(7) Luftsäure: alte Bezeichnung für Kohlensäure.

(8) Johannistag: kirchlicher Festtag, 24. Juni.

(9) Schwarzholzwaldungen: Nadelholzwälder, insbesondere Fichte.

(10) Den im Original durch von Hoff und Jacobs verwendeten geologischen Begriffen und Zeiteinteilungen wird in der Übersicht auf Seite 244 die heute gebräuchliche Terminologie gegenübergestellt.
Die Gesteine Granit, Porphyr und Mandelstein wurden von v. Hoff zum Urgebirge gerechnet. Sie entstammen nach heutiger Kenntnis der Zeitspanne Karbon bis Perm.

(11) Blaufarbewerk: Hüttenwerk, in dem ein blauer Farbstoff (Schmalte, Smalte) hergestellt wurde.

(12) Hornstein: verkieselte Tonsteine bzw. kieselsäurereiche, knollige Ausscheidungen in Sedimentgesteinen.

(13) Trapp: treppenförmig angeordnete Decken von vulkanischem Gestein, z. B. Trappbasalt, davon abgeleitet Urtrapparten, Übergangstrapp (›Trapp‹ = Treppe, schwed. Bergmannsausdruck).

(14) Porphyr: Bezeichnung für Ergußgesteine, die in einer dichten oder sehr feinkörnigen Grundmasse größere Kristalle als Einsprenglinge aufweisen. Sie sind besonders häufig im Rotliegenden des Thür. Waldes zu finden. K. E. A. v. Hoff unterscheidet im Thüringer Wald den Tonporphyr (in einer dunkelgrauen bis rötlichgrauen Grundmasse sind große Feldspatkristalle und doppelpyramidale Quarzkristalle enthalten), Hornsteinporphyr bzw. Feldspatporphyr

(Grundmasse rötlich, feinkörnig, mit wenig eingesprengtem Quarz und Feldspat) sowie Kugelporphyr (mit kugelförmigen Absonderungen von mm- bis dm-Größe, die im Inneren häufig kristallerfüllte Hohlräume aufweisen, sog. »Schneekopfkugeln«).

Zeitskala der Erdgeschichte:

heute gültige Gliederung		*Einteilung bei v. Hoff/Jacobs*	
Quartär		aufgeschwemmtes	
Tertiär		Gebirge	Basalt
Kreide			
Jura			
	Keuper	jüngeres	
Trias	Muschelkalk	Flöz-	jüngerer Flözkalkstein
	Buntsandstein	gebirge	
	Zechstein	älteres	älterer Flözkalkstein (bestehend aus bituminösem Mergelschiefer = Kupferschiefer; Zechstein = Zechsteinkalk; Stinkstein = bituminöser Kalkstein; Höhlenkalkstein bzw. rauher
Perm		Flöz-	Kalk = Riffkalkstein; Gips = Teil der salinaren Folge)
	Rotliegendes		Todliegendes (vor allem Konglomerat, Schieferton und Sandstein);
		gebirge	älteres Steinkohlengebirge (vor allem Kräuterschiefer und Steinkohle)
Karbon		Über-	Tonschiefer- und Grauwackenformation, beste-
Devon			
Silur		gangs-	hend aus Tonschiefer,
Ordovizium			Kalkstein, Grauwacke,
Kambrium		gebirge	Grauwackenschiefer, Grünstein bzw. Urgrünstein
Präkambrium		Ur-	Glimmerschiefer
		gebirge	Gneis
			Syenit
			Hornblendegestein
			Grünsteinschiefer

(15) Mandelstein: blasenreiches Ergußgestein, dessen Hohlräume sekundär mit Mineralien (z. B. Kalkspat) ausgefüllt wurden. Im Rotliegenden des Thüringer Waldes sind vor allem Melaphyrmandelsteine charakteristisch.

(16) Grauwacke: meist dunkelgraues, sandsteinartiges Sedimentgestein mit relativ hohem Feldspatgehalt und zahlreichen Gesteinsbruchstücken; Grauwakkenschiefer ist im Aufbau feinkörniger als Grauwacke.

(17) Trochiten: Stielglieder fossiler Seelilien (Crinoideen), besonders des Muschelkalkes (Trias).

(18) Konglomerat: grobklastisches Sedimentgestein, das aus abgerundeten Gesteinstrümmern (Geröllen) besteht, die durch ein Bindemittel miteinander verkittet sind.

(19) Todliegendes: alte Bezeichnung für Ablagerungen des Unteren Perm, die heute etwa dem Begriff »Rotliegendes« entspricht, ausgenommen die kohleführenden Schichten des Unteren Rotliegenden, die durch v. Hoff als »ältere Steinkohlenformation« bezeichnet werden. Das Todliegende besteht vorwiegend aus rotbraun oder grau gefärbten Tonsteinen, Sandsteinen und Konglomeraten.

(20) Alpenkalkstein: entspricht nach v. Hoff dem älteren Flözkalkstein (vgl. Anmerkung 10). Der Begriff wird in der Literatur nicht einheitlich verwendet.

(21) Kräuterschiefer: meist grau gefärbte Ton-, Schluff- und Feinsandsteine, die von zahlreichen inkohlten Pflanzenresten (z. B. Farne, Schachtelhalme) erfüllt sind. Es sind die typischen Begleiterscheinungen der Steinkohlenflöze im Rotliegenden des Thüringer Waldes.

(22) Gryphiten: alte Bezeichnung für fossile Austernschalen, z. B. Gryphitenkalk des Jura.

(23) Die im Original an dieser Stelle folgende, 294 Arten umfassende Pflanzenliste wird weggelassen, weil sie keine Fundortangaben enthält.

(24) Lehde: unbebautes Land, das früher in Kultur gestanden hat.

(25) Die Autoren folgen – nach eigenen Angaben – größtenteils J. M. Bechstein, »dessen große Verdienste um den zoologischen Teil der Naturgeschichte Thüringens, vorzüglich um die Säugetiere und Vögel, nur die Ungerechtigkeit verkennen könnte« (v. Hoff u. Jacobs in der Vorrede zum I. Heft dieses Werkes). Die im Original lange Folge von Tiernamen wird nur verkürzt wiedergegeben, weil sie offensichtlich in vielen Fällen wohl Thüringen, aber nicht direkt das Gebirge betrifft und die Lesbarkeit erschweren würde.

(26) Sartorius, Georg Christian (1774–1838), Baurat in Eisenach.

(27) Auf die im Original hier publizierte Liste mit 204 Insektenarten wird verzichtet, weil deren Zusammenstellung recht zufällig anmutet und weil ihre nomenklatorische Deutung in vielen Fällen unsicher bleiben müßte.

(28) Trinitatis: kirchliches Fest, Sonntag nach Pfingsten.

(29) Grummet: der getrocknete zweite Schnitt von einer Wiese.

(30) Jacobi: kirchliches Fest, 25. Juli.

(31) Schulthess: Schultes, Johann Adolf (1744–1821).

(32) Bloche, Blöcher: auf Holztriften oder Waldwegen zu Tal geführte, auf Bretterlänge zugeschnittene Rundhölzer.

(33) Kreiser: Jagdgehilfe bei Treibjagden.

(34) Zainhammer: Hammerwerk zur Herstellung von Eisendraht.

(35) Rennfeuer: direkte Stahlerzeugung aus Erzen. Älteste, heute bedeutungslose Methode der Stahlgewinnung.

(36) Nappe: Salznapf oder Salzpfanne.

(37) Trockene Werra: östlicher Arm der Werra, Saar.

(38) Beinglas: Trübglas. Die Trübung wird vorwiegend durch Zugabe von Knochenasche erreicht.

(39) Meerschaum: meist weiße, erdige oder porös-knollige Masse aus feinsten Nädelchen des Minerals Sepiolith, einem Magnesiumsilikat, das wegen seiner Porosität auf Wasser schwimmt. Es handelt sich um ein Verwitterungsprodukt magnesiumhaltiger Gesteine. Das bedeutendste Vorkommen findet sich bei Eskisehir in der Türkei.

(40) Breche: Maschine zum Brechen des gerösteten Flachses.

(41) Rasch: leichtes Wollgewebe aus gröberem Kammgarn in vierbändigem Köper.
Schalon: Florentiner Rasch.

(42) Olitätenhandel: Handel mit wohlriechenden Ölen und Arznei.

(43) Schnitthandel: Kleinhandel mit Ellenware.

(44) Zeolithe: Mineralgruppe aus wasserhaltigen Kalktonerde- oder Alkalitonerde-Silikaten, die vor allem in Hohlräumen jung-vulkanischer Gesteine, z. B. in Basalten und Phonolithen, zu finden sind. Die meisten Zeolithe sind farblos bis weiß oder licht gefärbt.

(45) An dieser Stelle folgt im Original eine längere Aufzählung von Pflanzen, die in dieser Ausgabe ausgelassen wird.
Bei der Beschreibung der einzelnen Täler führen v. Hoff und Jacobs vielfach mehr oder weniger umfangreiche Pflanzenlisten auf, zum Teil ohne eine eindeutige Bestimmung der Fundorte und naturgemäß mit den damals gebräuchlichen botanischen Namen. Eine Prüfung dieser Listen, die dankenswerterweise Herr Siegfried Knoll, Mechelgrün/ Vogtl., vornahm, ergab, daß nicht in allen Fällen der Pflanzenname entsprechend der heute gültigen Nomenklatur zu ermitteln war. Die Herausgeber entschieden sich daher für eine Kompromißlösung, die dem Anliegen dieser gekürzten Ausgabe Rechnung trägt. Kürzere Aufzählungen, die zumeist auch Fundortangaben enthalten, wurden, sofern dies möglich war, von Herrn Knoll in die heute gültige Nomenklatur übertragen, während auf sehr umfangreiche, teilweise mehrseitige Pflanzenlisten im Interesse der Lesbarkeit verzichtet wurde.

(46) Hotzeln: getrocknete Birnen.

(47) Schleifkothen: Schleifmühle für Degen und Messerklingen.

(48) Traiteur: Gastwirt, Inhaber eines Speisehauses.

(49) Selenite: Mineralgruppe aus selenhaltigen Hydroxyden, meist Mineralneubildungen in Buntmetallagerstätten.

(50) Christian Gotthilf Salzmann (1744–1811): erfolgreichster Pädagoge des Philanthropismus.

(51) infulierte Äbte: ihnen war vom Papst die Berechtigung zum Tragen der Mitra, der Bischofsmütze, verliehen worden.

(52) Die Grabplatten der Thüringer Landgrafen, von denen hier die Rede ist, entstanden erst im 14. Jahrhundert und befinden sich seit dem Jahre 1952 in der Georgenkirche zu Eisenach.

(53) Lachter oder Klafter: veraltetes Längenmaß, etwa 1,80 m.

(54) Phanuel: Schauplatz eines christlich-religiösen Ereignisses.

(55) Walkerde: helle Tonerde, die industriell genutzt wird.

Literaturverzeichnis

Alberti, H.-J. v.: Maß und Gewicht. – Berlin 1957.

Anschütz, J. M.: Über die Gebirgs- und Steinarten des chursächsischen Hennebergs, nebst einer Uebersicht aller bis jetzt bekannten Mineralien dieses Landes. – Leipzig 1788.

Autorenkollektiv: Geologen der Goethezeit. – Abh. Staatl. Mus. Min. Geol. Dresden, 29 (1979), 1–396.

Beck, A.: Ernst der Zweite, Herzog zu Sachsen-Gotha und Altenburg, als Pfleger und Beschützer der Wissenschaft und Kunst. Gotha 1854.

Bülow, K. v.: Der Weg des Aktualismus in England, Frankreich und Deutschland. – Ber. Geol. Ges. DDR, 5 (1960), 160–174, Berlin 1961.

Heim, J. L.: Geologische Beschreibung des Thüringer Waldgebürges, 6 Bde. – Meiningen 1796–1812.

Hoff, K. E. A. v.: Geschichte der durch Überlieferung nachgewiesenen natürlichen Veränderungen der Erdoberfläche. – Gotha, Teil I 1822, Teil II 1824, Teil III 1834, Teil IV 1840, Teil V 1841.

Hoff, K. E. A. v.: Annalen meines Lebens (Tagebuchaufzeichnungen und autobiographische Notizen), 8 Bde. (1771–1837), handschrifliches Archivmaterial im Goethe-Schiller-Archiv zu Weimar.

Jacobs, F.: Aus meinem Leben. – in: Vermischte Schriften, Bd. 7, 1–298, Leipzig 1840.

Kaiser, E.: Der Grundsatz des Aktualismus in der Geologie. – Z. deutsch. geol. Ges., 83 (1932), 389–407, Berlin.

Kaiser, E.: Landeskunde von Thüringen. – Erfurt 1933.

Köhler, F.: Carl von Hoff. Ein Gothaer, der eine Bresche in die versteinerte Naturanschauung schlug. in: Gothaer Geographen und Kartographen. Gotha 1985, 45–52

Mathé, G.: Karl Ernst Adolf von Hoff (1771–1837). Verdienste und Grenzen eines gothaischen Staatsbeamten um die Förderung geologischen Denkens. – in: Prescher (Hrsg.): Leben und Wirken deutscher Geologen im 18. und 19. Jahrhundert. – Leipzig 1985.

Regel, F.: Thüringen. Ein geographisches Handbuch. – Jena 1892–1896.

Reh, H.: Überblick über die Geschichte der geologischen Erforschung Thüringens. – Thüringer Heimat, 3 (1959), 65–75, Weimar.

Reich, O.: Karl Ernst Adolf von Hoff – der Bahnbrecher moderner Geologie. – Leipzig 1905.

Schneider, G.: Gothaer Gedenkbuch. – Gotha 1906.

Schultes, J. A.: Historisch-statistische Beschreibung der gefürsteten Grafschaft Henneberg. – Hildburghausen 1796.
Vogel, C.: Zur Geschichte der Kartographie des Thüringer Waldgebirges mit besonderer Beziehung auf C. Vogels topographische Karte vom Thüringer Wald und seines Vorlandes. – Gotha 1863.

Für die Abbildungen stellten freundlicherweise das Kupferstichkabinett des Schloßmuseums Gotha (27), die Forschungsbibliothek Gotha (11) und das Museum der Natur Gotha (2) Reproduktionen aus ihren Beständen zur Verfügung.